"十三五"高等职业院校经济与贸易类融岗式示范教材

国际货运代理实务

主　编　赵　阔

副主编　段丽娜　金　盾　张牧华

中国财富出版社

图书在版编目（CIP）数据

国际货运代理实务／赵阔主编．—北京：中国财富出版社，2017.6

（“十三五”高等职业院校经济与贸易类融岗式示范教材）

ISBN 978－7－5047－6498－0

Ⅰ.①国…　Ⅱ.①赵…　Ⅲ.①国际货运—货运代理—高等职业教育—教材
Ⅳ.①F511.41

中国版本图书馆 CIP 数据核字（2017）第 133491 号

策划编辑　寇俊玲　　**责任编辑**　李　丽

责任印制　尚立业　　**责任校对**　孙丽丽　　**责任发行**　王新业

出版发行　中国财富出版社

社　　址　北京市丰台区南四环西路 188 号 5 区 20 楼　　**邮政编码**　100070

电　　话　010－52227588 转 2048/2028（发行部）　　010－52227588 转 321（总编室）

010－68589540（读者服务部）　　010－52227588 转 305（质检部）

网　　址　http://www.cfpress.com.cn

经　　销　新华书店

印　　刷　中国农业出版社印刷厂

书　　号　ISBN 978－7－5047－6498－0/F・2778

开　　本　787mm×1092mm　1/16　　**版　　次**　2018 年 8 月第 1 版

印　　张　15　　**印　　次**　2018 年 8 月第 1 次印刷

字　　数　311 千字　　**定　　价**　38.00 元

前　言

本书以高等职业技术院校师生为服务对象，紧密结合外贸业务实际环节，注重实际操作技能的培养和训练，旨在培养实用型、复合型的高技能国际贸易人才。本书特点如下。

本书基于工作过程和工作项目开发，在介绍国际货运代理业务基本知识的基础上，引入实际国际货运代理业务，模拟国际货运代理方案设计，完成理论与实践的无缝对接。本书共分六大模块，分别为：认识国际货运代理、国际货运代理企业的设立与经营、国际海洋货运代理业务、国际航空货物运输代理业务、国际陆路货物运输代理业务、国际货运代理方案设计。每个模块下设有学习目标、任务导入、相关知识、拓展链接、简单实训、巩固提升等模块。按实际工作和学习规律将理论知识和实践技能有机结合起来培养学生的货运代理应用能力。

在模块一中介绍了国际货运代理的基本知识；模块二中介绍了设立国际货运代理企业应具备的资质及设立方法；模块三、四、五详细讲述了国际海洋货运代理业务、国际航空货运代理业务、国际陆路货运代理业务的基本知识、操作流程以及重要业务单据的填写与准备；模块六讲述了根据实际国际货运代理业务设计国际货运代理方案。

为适应国际贸易业务的最新发展趋势，内容上本书收集实际业务中最新的业务操作流程及业务单据。

本书模块一由辽宁经济职业技术学院张牧华编写；模块二由辽宁建筑职业学院金盾编写；模块三、四、五由辽宁经济职业技术学院赵阔编写；模块六由沈阳农业大学经济管理学院段丽娜编写。全书最终由赵阔统编。

本书以实用技能的培养为宗旨，内容翔实、新颖，重点突出、明确，结构完整、系统、实用，既方便教学又便于使用，可作为高等职业技术院校国际贸易实务、报关与国际货运、电子商务、跨境电商、国际物流等相关专业的教材，也可供上述专业工作者参考。

编　者

2018 年 1 月

目　录

模块一　认识国际货运代理

学习目标

知识目标： 1. 了解国际货运代理的含义；
2. 了解中国、世界国际货运代理行业的发展历程；
3. 了解国际货运代理行业组织；
4. 了解国际货运代理人的特点、类型、作用、应具备的素质；
5. 了解国际货运代理人的从业资格。

技能目标： 1. 通过中国国际货运代理协会网站等网络信息平台随时了解国内外货运代理行业以及国际货运代理组织的最新信息；
2. 通过课程的学习与自身的努力能够具备国际货运代理人的业务素质。

任务一　国际货运代理的发展历程

任务导入

从国际贸易方面来看，国际贸易中商品需远距离运输，途中涉及面广、环节多，如果每一个环节都由买卖双方亲力而为，由于专业技能、精力等条件限制，往往造成事倍功半的后果。因此国际贸易中的买方或卖方就把办理报关、商检、卫检、订舱、保险、装卸、储存等手续委托给国际货运代理人去完成。可见，国际货运代理从属于、服务于国际贸易，相伴于国际贸易的发展而发展，二者之间互相推动，良性循环。

从国际运输方面来看，外贸运输货源分散，货物品种繁杂。如果承运人亲力而为同一个又一个零担货主洽商，同样会造成事倍功半的后果。可见，国际货运代理也服务于国际运输，并随着运输业规模的扩大而不断发展壮大。那么国际货运代理究竟是怎样的呢？

一、国际货运代理的含义

国际货运代理来源于“The Freight Forwarder”一词，简称“国际货代”，或者“货运代理”，或者“货代”。

国际货运代理协会联合会（FIATA）对货运代理的定义是：货运代理是根据客户的指示，并为客户的利益而揽取货物运输的人，其本身并不是承运人。2004 年修正版《中华人民共和国国际货物运输代理业管理规定实施细则》第 2 条规定：

国际货物运输代理企业（以下简称国际货运代理企业）可以作为进出口货物收货人、发货人的代理人，也可以作为独立经营人，从事国际货运代理业务。

国际货运代理企业作为代理人从事国际货运代理业务，是指国际货运代理企业接受进出口货物收货人、发货人或其代理人的委托，以委托人名义或者以自己的名义办理有关业务，收取代理费或佣金的行为。

国际货运代理企业作为独立经营人从事国际货运代理业务，是指国际货运代理企业接受进出口货物收货人、发货人或其代理人的委托，签发运输单证、履行运输合同并收取运费以及服务费的行为。

二、国际货运代理业的产生与发展

国际货运代理是社会经济关系复杂化和社会分工发展的产物，因而国际货运代理是国际贸易和国际运输发展的直接结果。随着人类社会从产品经济向商品经济的过渡，人们经济贸易往来的频繁，涉及地域的扩大，贸易环节的增加，社会经济关系的日趋复杂以及社会分工细化，运输从国际贸易中分离出来，逐渐成为一个独立的行业。国际贸易和国际运输的进一步发展，对社会分工又提出了一个新的要求，那就是在贸易行业和运输业之间需要有中间人，以便为国际贸易商探听运输信息，选择承运人和运输工具，为其组织安排货物运输并办理相应的业务手续。因此，从公元 10 世纪起，国际货运代理开始在欧洲出现，最初是作为佣金代理（Commission Agency），依附于进出口贸易商，代表进出口贸易商进行货物的装卸、储存、运输、收取贷款等日常业务工作。13 世纪，欧洲的一些咖啡馆里开始出现根据国际贸易货主需要探听运输信息，选择承运人，组织、安排货物运输，代为办理相关业务手续的货运代理人。最初，货运代理人依附于货主，接受收、发货人的委托，办理货物的仓储、交运、装卸、运输、援收、通关手续，并收取一定的佣金。16 世纪，为了稳定客户，收取差价，已有相当数量的货运代理公司开始签发自己的提单、运单，出具自己的仓储收据。18 世纪，已经开始出现将数个托运人发往同一目的地的货物集中向承运人托运，并为客户办理货物投保手续的货运代理公司。此后，货运代理行业逐步发展成为一个为运输关系当事人提供中间性服务的独立行业。图 1－1 显示的是在咖啡馆，货运代理人根据货主需要探听运输信息的场景。

图 1－1 咖啡馆，货运代理人探听运输信息

第二次世界大战以后，各国开始了定期的航班空运业务，不久发展成我们今天所了解的世界航空运输网。航空公司为了集中精力搞好空运组织与生产，往往将有关地面运输的手续（如货物的取送、报关、保管、包装等）委托其他部门办理，由此产生了航空货运代理业（简称空运代理）。最初的空运代理是由经营海运和旅游代理业务的公司兼营的，即在公司内附设一个空运代理部。由于空运代理是一种业务性很强的工作，后来逐步发展成为一个独立以空运代理业务为主的企业。目前，各国空运代理都致力于开展集运业务、包机业务、快递业务以及航空联运业务，约 80% 的空运货物由空运代理掌握。

20 世纪 50 年代以后，公路运输步铁路运输的后尘赶了上来，并有了规模空前的发展。国际货运代理在发展又快又灵活的运输方式——公路运输中起到一定的作用，它不仅提供设备，如托盘、折叠式集装箱等，而且在货物合理装运方面做出了许多努力。

从 20 世纪 60 年代开始，集装箱化运输已成为国际贸易的显著特征。随着国际贸易中集装箱运输的增长，为国际货运代理提供了一个拓展业务的机会，即拼箱和拆箱服务。由于部分发货人的货物不能单独装满一个集装箱，因此国际货运代理可以利用自己拥有的或租赁的集装箱，在货运站将运往同一目的地但属于不同发货人的货物拼装于一个集装箱内，然后以整箱货的价格交给船运公司承运。这样既可赚取运费差价，又可赚取货的拼箱及拆箱费用。国际货运代理在提供这种服务中所扮演的角色比以往发生了变化，已开始突破作为一个代理人的传统作用范围，实际上担负起一个委托人（当事人）的作用。国际货运代理开始签发自己的提单，直接承担在运输途中货物损坏或灭失的责任，成了无船承运人。目前，拼箱业务已成为国际货运代理的主要业务。

20世纪七八十年代，随着国际集装箱运输的进一步发展，国际贸易与国际运输随之发生了深刻的变化，单一的海运、陆运或空运的方式已远不能满足时代的需要，越来越多的国家在大力发展和促进本国的国际多式联运，并放松了运输管制，从而使一些有能力的国际货运代理突破单一的运输方式的限制，介入了国际多式联运。这时，国际货运代理充当了总承运人，承担组织在一个单一合同下，通过多种运输方式，进行门到门的货物运输业务。

到了20世纪90年代，伴随着计算机网络、通信和信息技术革命，因特网在全球普及，为大型跨国公司提供了全新的市场环境。随着现代物流向专业化服务方向发展，企业开始产生对“第三方物流服务”的需求。为适应这一发展趋势，第三方物流服务业应运而生，并以其服务专业化、高效化、一体化给全球经济的发展带来了强大的推动力。近30年来，国外一些大型国际货运代理迎合生产企业的需要，积极开展全球性现代物流服务，已出现了不仅与大型生产企业建立了合作关系，而且有与其他有物流服务需求的组织合作的趋势。为此，有一些国际货运代理提出了除传统点到点运输以外的其他服务项目，包括进出口货物运输、仓储、包装、拼货、选货、装配、产品测试、库存管理、门到门服务等。

现在，国际货运代理已经能够从事海、陆、空多种运输方式的代理，有80%的空运货物由空运代理所掌握，并且随着集装箱运输业务的空前发展，占据了海上运输的极大比例。

三、中国货代业的发展历程

尽管我国的海上贸易发展较早，但货运代理行业的出现却是在资本主义列强变中国为半殖民地的背景下产生的。从1840年鸦片战争后，随着殖民主义者的入侵，资本主义的贸易、海关、航运、保险等行业在中国建立起来，国际货运代理行业也逐渐形成。中华人民共和国成立前，中国的货代行业几乎全部被帝国主义和资本主义国家的洋行所控制和垄断，比如英商太古和怡和洋行，而民族资本的货代企业无法形成有影响的独立行业。

中华人民共和国成立初始，我国就建立了国有的对外贸易运输企业——中国对外贸易运输总公司（以下简称中外运）（见图1－2）。1956年全行业实行公私合营，中华人民共和国成立以前的旧报关行和运输行经过社会主义改造，都并入到各地外运分公司，中外运从1949—1983年成为我国唯一的外贸进出口专业公司的货运总代理。这是由我国当时实行的对外贸易统制政策所决定的。

改革开放后，我国的外贸体制和货运代理体制都已暴露出不适应新形势要求的现象，客观上需要以中远为主体的承运人和以中外运为主体的货运代理人建立新型的业

图 1－2　中国对外贸易运输（集团）总公司新中国成立初期绒线胡同旧址

务合作关系。1983 年国务院曾试图合并中远与中外运，但没有成功，政府行政无法解决的，只好由市场竞争来解决。从 1984 年开始中远与中外运互相兼营、打破了中外运一家经营的局面。此外，货代的行业管理也有明显改善，货运代理市场整顿初见成效，货代行业管理规定及其实施细则以及外商投资货代企业审批办法等一系列法规出台。

随着中国的改革开放，在货运代理以及物流市场逐年开发的过程中，一批国际物流和货运代理公司都以中外合资或独资的方式进入中国，凭借其发达的海外网络、良好的经营水平以及与国际航运或航空公司良好的合作基础，取得了长足的发展。在对外资货运代理公司或物流企业开放的同时，中国对内进一步放宽市场准入，取消了国际货运代理、国内铁路、水路货运代理以及联合运输代理经营资格的行政性审批，改变民航货运销售代理业管理办法，允许各种所有制主体特别是外商独资企业参与投资航空、铁路业。我国的国际货运代理市场逐步拓宽放开，也使得国际货运代理显得异常活跃。

简单实训

国际货运代理业务每时每刻都在进行，无论在中国还是世界，都是不停息的，同学们应该经常关注行业的变化与动态，请同学们查阅相关网络找出国际货运代理行业企业中近期发生的重大事件并完成下面任务单（见表 1－1）。

表 1－1　国际货运代理行业企业中近期发生的重大事件

序号	事件发生时间	事件内容简介	事件来源
1			
2			
3			

任务二　国际货运代理组织

任务导入

在2016年7月28日货代物流发展论坛期间，中国国际货运代理协会与国际商报社联合公布2015年度货代物流百强企业名单，包括综合榜前100名、海运榜前50名、空运榜前50名、陆运榜前20名、仓储榜前20名、民营榜前50名。今年特设了“连续十年上榜稳健型企业”奖。锦程国际物流股份有限公司荣获创新成果奖。中国国际货运代理协会作为联系政府与会员之间的纽带和桥梁，不断扩大并加深中国与世界各国同行业组织、企业的交流与合作，以民间形式代表中国货代业参与国际经贸运输事务并开展国际商务往来。

相关知识

一、国际货运代理协会联合会

国际货运代理由于其业务特点，十分注重业务网络的建立。当欧洲在工业革命中成为世界工厂之时，欧洲各地的国际货运代理建立了国际货运代理协会。1880年国际货运代理协会在莱比锡召开了第一次国际货运代理代表大会，这是一次国家级的货代协会代表大会。进入20世纪，国际货运代理的国际合作有了较大发展，这里需要着重指出的是1926年5月由16个国家的货运代理协会在维也纳成立的国际货运代理协会联合会（见图1-3）。

在国际货运代理业务区域发展方面，欧美发达国家的货代公司借助于本国的经贸实力控制着当今世界的国际货运代理业务。此外，一些市场经济不发达国家的货代公司一方面受到本国经济发展水平的限制，另一方面管理滞后、缺少培训、业务网络不健全，从而影响了此类货代公司的发展，相对于发达国家的货代公司，他们在国际市场上的地位不高。值得一提的是，随着亚太地区的经济显著增长，联合国亚太经社理事会和国际货运代理协会联合会对亚太地区给予了更多关注，1977年，国际货运代理协会联合会在孟买设立了亚洲秘书处，以推动

图1-3　国际货运代理协会联合会标志

会员在亚洲地区的活动。

（一）国际货运代理协会联合会性质

国际货运代理协会联合会（International Federation of Freight Forwarders Associations），法文缩写为 FIATA（也作菲亚塔），是一个非政府的、非营利性的、世界性的国际货运代理行业组织。

1926 年 5 月 31 日 FIATA 在奥地利维也纳成立，总部设在瑞士苏黎世，并分别在欧洲、美洲和太平洋、非洲、中东四个区域设立了地区办事处，任命了地区主席。其中亚洲和太平洋地区秘书处设在印度孟买。

FIATA 代表了由大约四万家国际货运代理企业、一千万名左右从业人员组成的国际货运代理业，具有广泛的国际影响。它的宗旨是保障和提高国际货运代理在全球的利益，工作目标是团结全世界的货运代理行业；以顾问或专家身份参加国际性组织，处理运输业务，代表、促进和保护运输业的利益；通过发布信息，分发出版物等方式，使贸易界、工业界和公众熟悉货运代理人提供的服务；提高制定和推广统一货运代理单据、标准交易条件，改进和提高货运代理的服务质量，协助货运代理人进行职业培训，处理责任保险问题，提供电子商务工具。

（二）国际货运代理协会联合会的会员

国际货运代理协会联合会会员分为以下 4 类：①一般会员；②团体会员；③联系会员；④名誉会员。

（三）国际货运代理协会联合会的组织结构

国际货运代理协会联合会的最高权力机构是会员代表大会，下设主席团。主席团对外代表 FIATA，对内负责 FIATA 的管理。

会员代表大会根据国际货运代理协会联合会章程和会员代表大会决议完成有关工作。其中，代表权通常由主席团的两名成员共同行使。主席团由主席、上届主席、三位副主席、秘书长、司库组成，任期两年，每年至少召开两次会议，以多数票通过决议。在赞成票和反对票相当的情况下，主席拥有最终决定权。

作为世界运输领域最大的非政府间国际组织，国际货运代理协会联合会被国际商会、国际航空运输协会、国际铁路联盟、国际公路运输联盟、世界海关组织、世界贸易组织等一致确认为国际货运代理业的代表，并在联合国经济及社会理事会、联合国贸易与发展大会、联合国欧洲经济委员会、联合国亚洲及太平洋经济和社会理事会、联合国国际贸易法委员会中拥有咨询顾问的地位。

FIATA 每年举行一次世界性的代表大会，即 FIATA 年会。大会通过 FIATA 上年度的工作报告和财务预算，并对一年内世界货运代理业所发生的重大事件进行回顾，探讨影响行业发展的紧迫问题，通过主要的法规和条例，促进世界贸易和货运代理业健康发展。

（四）主要成就

（1）国际货运代理协会联合会制定了《国际货运代理业示范规则》。

（2）国际货运代理协会联合会制定了《国际货运代理标准交易条件》；1996 年 10 月国际货运代理协会联合会所推出的 FIATA 标准条件，为国际货运代理人的定义及责任风险做了法律界定，并为货运代理人及托运人之间的委托关系制定了合约文本，对全球货运代理的业务规范化和风险防范起了巨大的推动作用。

（3）国际货运代理协会联合会制定了八套标准格式单证。包括运送指示、运输凭证、收货凭证、托运人危险品运输证明、仓库收据、可转让联运提单、不可转让联运提单、发货人联运重量八种货运代理单证格式，为各国货运代理广泛使用，并在国际上享有良好的信誉，对国际货运代理业的健康发展，起到良好的促进作用。

（4）培训了数万名学员，被誉为“运输业的建筑师”。

国际货运代理协会联合会官方网站，如图 1－4 所示。

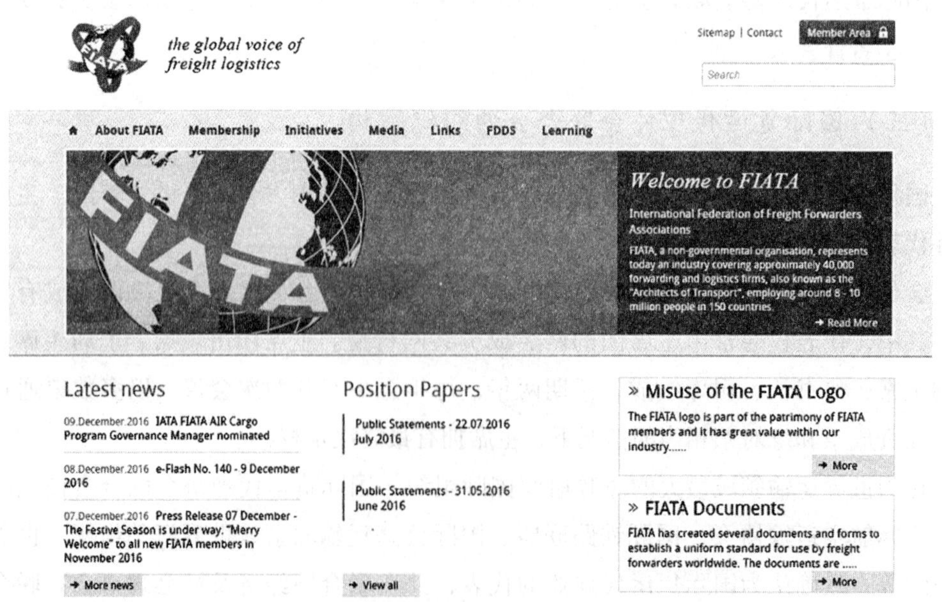

图 1－4　国际货运代理协会联合会官方网站

二、中国国际货运代理协会

（一）概况

中国国际货运代理协会（简称 CIFA）（见图 1－5）是国际货运代理行业的全国性中介组织，于 2000 年 9 月 6 日在北京成立，是经国家主管部门批准从事国际货运代理业务、在中华人民共和国境内注册的国际货运代理企业，以及从事与国际货运代理业务有关的单位、团体、个人自愿结成的非营利性的具有法人资格的全国性行业组织。目前，CIFA 拥有会员近 700 家，其中理事会成员 89 家，各省市团体会员 27 家，包括各省市协会会员计 6000 多家，代表着整个货运代理行业。

图 1－5　中国国际货运代理协会标志

CIFA 以民间形式代表中国货运代理业参与国际经贸运输事务并开展国际商务往来。它与世界运输领域最大的非政府和非营利性的国际组织——国际货运代理协会联合会保持着极为密切的关系，CIFA 于 2001 年年初被 FIATA 接纳为国家会员，罗开富会长为 FIATA 副主席。CIFA 不断扩大并加深着我国与世界各国同行业组织、企业的交流与合作。CIFA 还取得过全球货代业界的盛会——2006 年 FIATA 年会的举办权。

CIFA 的宗旨是遵守宪法、法律、法规和国家政策，遵守社会道德风尚。充分发挥政府和企业之间的桥梁作用，配合政府部门加强对我国国际货运代理行业的管理；提供对行业企业的服务；维护国际货运代理业正常经营秩序；推动会员企业间的交流与合作；依法维护本行业利益；保护会员企业合法权益；促进我国国际货运代理业健康稳步发展。

（二）会员

1. CIFA 会员分类

CIFA 会员分为个人会员和单位会员。单位会员为从事国际货运代理业务、现代物流业务及相关业务、具有合法资质的企业或各省、自治区、直辖市、计划单列市以及其他重点城市的国际货运代理协会。

2. 申请会员资格的条件

（1）拥护中国国际货运代理协会的章程。

（2）有加入中国国际货运代理协会的意愿。

（3）在中国国际货运代理协会的业务领域内具有一定的影响。

3. 会员入会的程序

（1）提交入会申请书。

（2）经协会办事机构审核无异议。

（3）秘书长和常务副会长签字。

（4）经理事会或常务理事会通过决议认可。

（5）由理事会或理事会授权的机构发给会员证。

（三）组织机构

CIFA 的组织架构如图 1－6 所示。

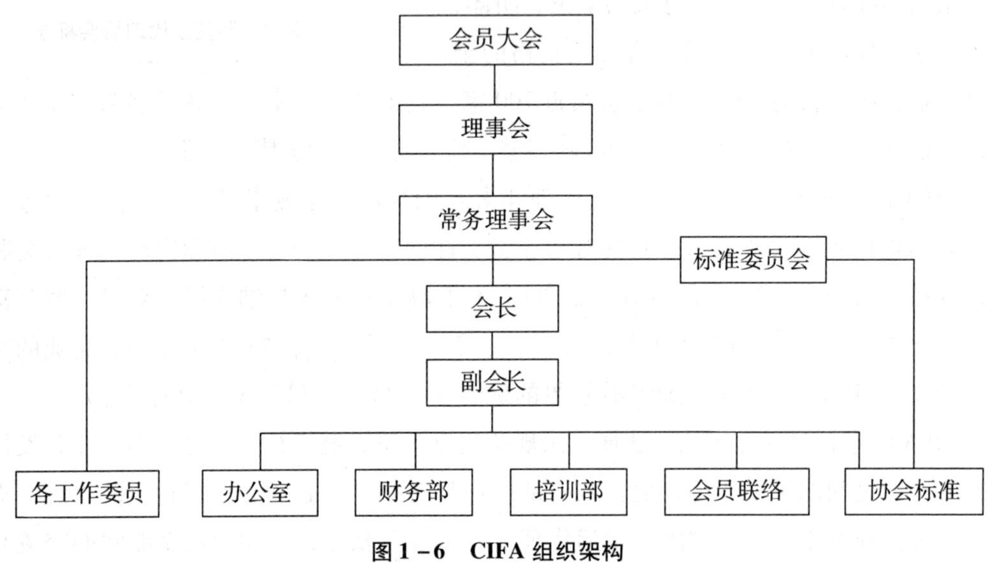

图 1－6　CIFA 组织架构

CIFA 最高权力机构是会员大会，会员大会的职权是：制定和修改章程；选举和罢免理事；审议理事的工作报告和财务报告；制定并修改会费标准；决定终止事宜；决定其他重大事宜。会员大会每届 4 年。

（四）机构成就

（1）CIFA 成立以来，在发挥政府和企业之间的纽带和桥梁作用方面，在倾听、反映货代物流企业呼声，坚决维护其合法权益方面做了大量的工作，得到了政府部门、货代物流企业及社会各界的肯定和认同，为促进货代物流行业发展做出了开创性的贡献。

（2）承办的 FIATA2006 上海年会取得圆满成功，受到了国内外与会代表的盛赞。

（3）连续举办九届“中外货代物流企业洽谈会”，已形成国际行业品牌，为中外货代物流企业搭建了交流与合作的平台。

(4) 商务部货代法律法规及行业标准的参与修订，进一步规范了行业管理，实现了与国际接轨。

(5) 申请并取得 FIATA 有关使用、印制、分发其运输单证的授权，在全国开始推广 FIATA 单证，提高了我国货代物流行业的国际竞争力。

(6) 邀约保险公司全球性价比最优的货代责任保险条款，并以保费低廉、索赔及时等优势通过保监会报备，有效地帮助货代企业减少风险获取更多的业务机会。

(7) 货代物流企业百强排名及信用评价的开展，促进了行业建设与发展。

(8) 组织实施国际货运代理企业业务备案，能够及时向政府主管部门反映行业信息与动态。

(9) 组织货代物流从业人员的国际、国内资格证书培训考试，提高了行业整体素质。

CIFA 官方网站如图 1 -7 所示。

图 1 -7　CIFA 官方网站

简单实训

CIFA是我国各省（自治区、直辖市）国际货运代理行业组织、国际货代物流企业、与货代物流相关的企事业单位自愿参加的社会团体，也吸纳在中国货运、运输、物流行业有较高威望和影响的个人。目前，CIFA拥有会员近700家，其中理事会成员89家，各省市团体会员27家。包括各省市协会会员计6000多家。代表着整个货运代理行业。请同学们通过网站查找信息并完成以下任务单（见表1－2）。

表1－2　CIFA会员信息任务单

序号	会员名称	企业性质	企业简介
1			
2			
3			

任务三　国际货运代理人

任务导入

2016年9月17日至21日，享有盛誉的国际化大都市上海再次成为全球货代精英瞩目的焦点。全球顶尖的国际货代物流企业汇集上海，洽谈业务、寻觅商机，开辟新市场、谋求新发展。这就是由中国国际货运代理协会（CIFA）和世界货运联盟（WCA）主办的以“一对一洽谈”为特色的第十三届中外货代物流企业洽谈会。本次会议，注册代表有1100余人，代表120多个国家和地区。按参会代表人数排列依次为中国近500人、其他亚洲国家和大洋洲250人、欧洲150人、北美50人、印度次大陆45人，以及独联体、中东、中南美、非洲等地的代理有100多人。据统计，“一对一”注册会谈达1.5万人次。国际货运代理人应具备哪些素质才能成为优秀的国际货运代理？参加盛会如何拓展业务？

相关知识

一、国际货运代理人的含义与特点

（一）国际货运代理人的含义

目前，对国际货运代理人的定义基本上可以划分成两大类：一类是仍将国际货运代理人限定在纯粹代理人的范畴，即国际货运代理人只能作为代理人以委托人的名义代办货物运输及其相关业务；另一类是突破国际货运代理人只能作为代理人的界限，允许国际货运代理人作为独立经营人，开展当事人业务，从而使国际货运代理人具有多重属性。

（二）国际货运代理人的业务特点

从《国际货物运输代理业管理规定》及其实施细则的规定来看，我国的国际货运代理具有如下几个特点。

（1）在名称上，只要企业名称中包含“货运代理”“运输服务”“集运”或“物流”等相关字样即可。

（2）在注册资本最低限额上，对经营海、陆、空国际货运代理业务规定了不同的注册资本最低限额。

（3）在业务经营上，既有地域限制，也有运输方式的限制。

（4）在业务范围上，与船务代理人、航空销售代理人、无船承运人、多式联运经营人、专业报关行等其他运输中间人存在一定的业务交叉。

二、国际货运代理人类型

（一）按法律特征的不同分类

按法律特征的不同分类，国际货运代理分为三种类型。

1. 居间人型

居间人型的货运代理的特点是其经营收入来源为佣金。货运代理人作为中间人，根据委托人的指示和要求，向委托人提供订约的机会或进行订约的介绍活动，在成功地促成双方达成交易后，有权收取相应的佣金。这种类型的企业一般规模小、业务品种单一。

2. 代理人型

代理人型的货运代理的特点是其经营收入来源为代理费。根据代理人开展业务活动中是否披露委托人的身份，可再细分为以下两种类型：①披露委托人身份的代理人，即代理人以委托人名义与第三方发生业务关系。传统意义下的代理人即属于此种类型，在英美法系国家，通常将这类代理称为直接代理、显名代理。②未披露委托人身份的代理人，即代理人以自己名义与第三方发生业务关系。在英美法系国家，通常将这类代理称为间接代理、隐名代理；在德国、法国、日本等大陆法系国家，这类代理通常称为经纪人。在我国《合同法》委托合同一章，吸收了英美法系有关这类代理的相关规定。

3. 当事人型

当事人型，也称委托人型、独立经营人型。这种类型的货运代理的特点是其经营收入的来源为运费或仓储费差价，即已突破传统代理人的界限，成为独立经营人，具有了承运人或场站经营人的功能。这种类型的货运代理既有仅局限于某一种运输方式领域，如海运中的无船承运人，也有从事多种运输方式运输组织的多式联运经营人，以及提供包括货物的运输、保管、装卸、包装、流通所需要的加工、分拨、配送、包装物废品回收等以及与之相关的信息服务的物流经营人。

在实际业务中，根据需要与可能，国际货运代理，尤其是大型国际货运代理，总是力图同时兼有居间人、代理人和当事人等多种功能，以便能向委托人提供全方位的服务，因此，现代国际货运代理大多具有多重角色。

（二）按从事业务不同分类

按从事业务的不同分类，国际货物运输代理可以分为以下六类。

1. 租船订舱代理

租船订舱代理与国内外货主有着广泛的业务关系。

2. 货物报关代理

货物报关代理应到海关注册登记备案，取得进出口报关资格才可以代理货主办理报关业务。

3. 转运及理货代理

转运及理货代理其办事机构一般设在中转站及港口。

4. 储存代理

储存代理包括货物保管、整理、包装以及保险等业务。

5. 集装箱代理

集装箱代理包括装箱、拆箱、转运、分拨以及集装箱租赁和维修等业务。

6. 多式联运代理

多式联运代理即多式联运经营人或称无船承运人，是与货主签订多式联运合同的当事人，不管一票货物运输要经过多少种运输方式，要转运多少次，多式联运代理必须对全程运输（包括转运）负总的责任。

三、国际货运代理人应具备的业务素质

国际货运代理人作为承托双方之间的桥梁，既要考虑委托人的利益，也要考虑第三人的利益。货运代理企业不仅要对委托的客户诚实守信，更应该对各种运输方式和

运输工具的特点、常见货物、有关承运人、经营航线、挂靠港口、运价、结算、有关法律法规等方面的知识有全面的了解，只有这样才能充分发挥自己的优势。

（一）具备良好的资信

资信包括资本和信誉两个方面。目前，国际货运班轮代理可分为非资产型和资产型两种。其中非资产型班轮代理主要以提供单证服务、业务管理、专业技能和物流技术服务为主；而资产型班轮代理则以拥有仓储设施与集装箱运输工具为依托向客户提供全方位的物流服务。但无论哪一种，都需要有一定的专业基础知识和技能以及信息与业务关系网络，并本着平等互利的原则，处理好与委托人的关系，树立为客户服务的思想，做到热情接待，不断提高服务质量水平。

（二）了解有关法律法规与政策

由于各国政治、法律、金融货币制度不同，政策、法令、规定不一，贸易、运输习惯和经营做法也有不同。很多国家的对外贸易政策受政治、经济和自然条件的影响，对进出口货物有着不同的规定，因此国际货运代理企业应对此有所了解。

（三）精通国际货运相关业务知识

国际海运代理人不仅要掌握国际知识，熟悉国际贸易实务、外贸单证等相关知识，同时还要精通海关以及检验检疫等基础知识。

1. 了解国际班轮航线的现状和构成，即知线。
2. 了解装卸港口情况，即知港。
3. 了解船舶情况，具备一定的船舶知识，即知船。
4. 了解货物对运输的要求，即知货。
5. 了解运价市场，即知价。
6. 了解业务操作规程，即知规程。
7. 掌握外贸单证的使用。
8. 掌握报关报检程序以及单证的使用。
9. 掌握关于保险的基本知识。
10. 掌握承运人的运输责任和风险。
11. 提高物流管理能力和水平。

四、国际货运代理人的作用

从事国际货运代理业务的人员需要通晓国际贸易各个环节，精通各种运输业务，熟悉有关法律、法规，业务关系广泛，信息来源准确、及时，与各种运输方式的承运人、仓储经营人、保险人、港口、机场、车站、堆场、银行等相关企业，海关、检验检疫、进出口管制等有关政府部门存在着密切的业务关系，不论对于进出口货物的收发货人，还是对于承运人和港口、机场、车站、仓库经营人都起着重要的桥梁和纽带作用。

（一）组织协调作用

国际货运代理人历来被称为“运输的设计师”“门到门”运输的组织者和协调者。凭借其拥有的运输知识及其相关知识，国际货运代理人组织运输活动，设计运输路线，选择运输方式和承运人，协调货主、承运人、仓储保管人、保险人、银行、港口、机场、车站、堆场经营人以及海关、检验检疫、进出口管制等有关当局的关系。因此，货主可以省去亲自办理这些事情的时间，减少许多不必要的麻烦。

（二）专业服务作用

国际货运代理人的本职工作是利用自身的专业知识和经验，提供国际货物运输中的货物承揽、交运、拼装、集运、接卸、交付等服务。国际货运代理人可以接受委托人的委托办理货物的保险、海关、检验检疫、进出口管制等手续，有时也可以代理委托人支付运费、垫付税金和政府规费。国际货运代理人通过向委托人提供各种专业服务，可以使委托人不必在自己不太熟悉的业务领域花费太多的心思和精力，使不便或难以依靠自己力量办理的事情得到恰当有效的处理，有助于提高委托人的工作效率。

（三）沟通控制作用

国际货运代理人拥有广泛的业务关系、发达的服务网络、先进的信息技术手段，可以随时保持货物运输关系人之间、货物运输关系人与其他有关企业、部门的有效沟通，对货物运输的全过程进行准确跟踪和控制，保证货物安全、及时抵达目的地，顺利办理相关手续，将货物准确送达收货人，并应委托人的要求提供全过程的信息服务及其他相关服务。

（四）咨询顾问作用

国际货运代理人通晓贸易各个环节，精通各种运输业务，熟悉有关法律、法规，了解世界各地有关情况，信息来源准确、及时，因此可以就货物的包装、储存、装卸和照管，货物的运输方式、运输路线和运输费用，货物的保险、进出口单证和价款的结算，领事、海关、检验检疫、进出口管制等有关当局的要求等为货主提供明确、具体的咨询意见，协助货主设计、选择适当的处理方案，使货主避免或减少各种风险、周折和不必要的费用支出。

（五）降低成本作用

国际货运代理人掌握货物的运输、仓储、装卸、保险等市场行情信息，与货物运输关系人、仓储保管人、港口、机场、车站、堆场经营人和保险人有着长期、密切的友好合作关系，拥有丰富的专业知识和业务经验、有利的谈判地位与娴熟的谈判技巧。通过国际货运代理人的努力，货主可以选择货物的最佳运输路线、运输方式、最佳仓储保管人、装卸作业人和保险人，争取公平、合理的费率，甚至可以通过集运效应使所有相关各方受益，从而降低货物运输关系人的业务成本，提高经营效益。

（六）资金融通作用

国际货运代理人与货物运输关系人、仓储保管人、装卸作业人及银行、海关当局等相互了解，关系密切，长期合作，彼此信任。国际货运代理人可以代替收发货人支付有关费用、税金，提前与承运人、仓储保管人、装卸作业人结算有关费用，凭借自己的实力和信誉向承运人、仓储保管人、装卸作业人及银行、海关当局提供费用、税金担保或风险担保，可以帮助委托人融通资金，减少资金占压，提高资金利用率。

五、国际货运代理人的从业资格

国际货运代理协会联合会于2005年4月5日，在北京成立FIATA国际货运代理资格证书中国考试中心，此前FIATA总部已通过了中国国际货运代理协会的申办，授权中国国际货运代理协会（CIFA）为中国唯一有资格从事FIATA国际货运代理资格证书培训和考试的组织者。这标志着FIATA国际货运代理资格证书在中国落地生根，FIATA资格证书的培训与考试顺利地走进了中国国际货运代理业。

（一）FIATA国际货运代理资格证书

FIATA国际货运代理资格证书即“国际货运代理协会联合会国际货运代理资格证书”（FIATA DIPLOMA IN FREIGHT FORWARDING），它是国际货运代理协会联合会于1995年向全球货运代理人推出的一项重要的货运代理行业统一的资格培训和考试项目，目的是整体提高全行业货运代理从业人员的水平，同时也为了统一并规范全球货运代理资格证书的培训和考试，采用规范的培训教材，依照统一的考核标准，签发相同的证书。

图1-8　FIATA证书样例

FIATA国际货运代理资格证书被全世界货运代理企业广泛承认，是目前世界上货代从业人员资格证书中最具权威的证书。许多国家的政府主管或其代理机构，在审批或年审国内货运代理公司时，把“FIATA国际货运代理资格证书”的持有者人数作为一项硬性指标。

（二）FIATA国际货运代理资格证书的取得

FIATA国际货运代理资格证书的获得，必须满足以下条件：①参加FIATA授权并认证的国家级货运代理协会的资格培训；②必须通过书面考试；③必须经过复试及面试合格。

FIATA国际货运代理资格证书由国际货运代理协会联合会主席和授权的国家级货代协会主席联合签署，并由FIATA总部签发并编号。此证书是该行业中权威性最高的资格证书，在全球范围内通用，终身有效。FIATA证书样例如图1-8所示。

（三）FIATA国际货运代理资格证书申请者应具备的条件

（1）凡从事货运代理业务两年或两年以上的中国或境外公民，有一定的货运代理专业知识和实际操作（或企业管理）能力，并有相当程度的英语水平，均有权申请参加“FIATA货运代理资格证书”的培训和考试。

（2）非货代专业人员（如在校学生）也有权申请参加培训和考证，但考生必须先通过由商务部授权、CIFA组织的全国国际货代资格证书培训考试并取证，考生需有累计一年以上的货运代理、海运、空运、铁路或公路运输、物流或外贸等相关专业的集中学习经历。

（四）FIATA国际货运代理资格证书的考试科目

考试题目及答案一律采用英文。考试科目有：

（1）国际货运代理基础理论（包括外贸专业知识）。

（2）国际海上货运代理及多式联运和现代物流专业知识。

（3）国际航空货运代理专业知识。

简单实训

将学生进行分组，以5～6人为宜，采用头脑风暴法，先思考2～3分钟，然后每组依次说出一个成为优秀的国际货运代理人员应具备的素质，经过几轮，每一轮换一个学生，让每个学生都有参与意识，通过这样的训练可以提高学生快速思考的能力，而且能增强学生的团队意识。

巩固提升

一、单项选择题

1. 根据我国现行的国际货运代理行业管理规定，国际货运代理企业不得从事的业务是（　　）。

A. 接受收货人委托从事货运服务

B. 接受其他货运代理人转托运的货物

C. 允许其他单位、个人以该企业或其营业部名义从事国际货运代理业务

D. 以宣传自己服务优势的竞争手段从事经营活动

2. 国际货运代理人签发自己的提单时，其身份是（　　）。

A. 货主代理人　　B. 托运人代理

C. 收货人代理　　D. 承运人

3. 国际货运代理人为货主办理代理业务时，收取的报酬是（　　）。

A. 差价　　B. 运费　　C. 佣金　　D. 租金

4. 国际货运代理人与货主之间的关系称为（　　）。

A. 委托代理关系　　B. 承托关系　　C. 运输合同关系　　D. 买卖合同关系

5. 以下表示国际货运代理协会联合会的是（　　）。

A. FIATA　　B. IATA　　C. CIFA　　D. ICAO

二、多项选择题

1. 国际货运代理人可从事的业务主要有（　　）。

A. 代为客户订舱

B. 代为客户报关报验

C. 代为客户制单

D. 代为客户办理保险

E. 代为客户安排内陆疏运

2. 国际货运代理人可充当（　　）。

A. 货主代理人　　B. 无船承运人　　C. 第三方物流经营人

D. 海上承运人　　E. 多式联运经营人

3. 以下可以成为无船承运人的有（　　）。

A. 货运代理人　　B. 发货人　　C. 收货人

D. 船公司　　E. 对运输合同承担责任的人

4. 国际货运代理人充当无船承运人，主要应具有（　　）。

A. 自己的提单　　B. 自己的银行账号　　C. 主管部门注册的营运执照

D. 与船公司的协议　　E. 与货主的协议

5. 下列属于国际货物运输代理企业的经营范围的有（　　）。

A. 国际展品运输代理　　B. 国际多式联运　　C. 私人信函快递业务

D. 报关、报检　　E. 外贸进出口业务

三、案例分析题

大连兴隆进出口公司于2016年5月9日通过出口货物明细单，委托中航货运代理公司代理出运鲜活龙虾，要求于5月30日前由船公司的“东方”轮从上海运至东京。中航货运代理公司接受委托后办理了订舱手续。5月20日，货物运抵中航货运代理公司的仓库。由于中航货运代理公司收到船公司的通知“东京港压港严重，导致班轮脱班，遂将东方轮的航次调整到6月6日”。中航货运代理公司接到通知后第一时间内通知了大连兴隆进出口公司，征求其意见，大连兴隆进出口公司同意6月6日装船，并将货物暂存在中航货运代理公司的仓库直至装船，但货物运抵东京后全部死亡腐烂，于是大连兴隆进出口公司将中航货运代理公司告上法庭，要求给予赔偿。另查明，在中航货运代理公司储存期间，集装箱温湿度始终控制在大连兴隆公司所要求的温湿度内。

问：大连兴隆进出口公司的要求是否合理？为什么？

模块二　国际货运代理企业的设立与经营

学习目标

知识目标：1. 了解设立国际货运代理企业的条件；
2. 掌握国际货运代理企业备案的程序；
3. 了解国际货运代理企业的经营范围、服务内容、行为规范；
4. 了解无船承运人的管理、经营范围；
5. 理解无船承运人与国际货运代理的主要区别。

技能目标：1. 能够办理国际货运代理企业及业务备案；
2. 能够精通国际货运代理企业与无船承运的相关业务。

任务一　设立国际货运代理企业

任务导入

中国的货代企业除了经过商务部审批或在商务部备案的1万多家较有规模的货代企业以外，还有众多中小企业和挂靠在其他企业的货代。业内人士估计总数在3万~4万家。

据新版《中国货代企业名录大全》所收录的11000多家企业统计得出，货代物流企业较多的前10个地区依次为：上海约2100个、广东约1700个、山东约800个、江苏约760个、天津约740个、港澳台约700个、辽宁约650个、浙江约620个、北京约600个、福建约600个。

具体来说，收录企业最多的上海约占收录企业总数的19.1%，位居第二的广东则占15.5%，其余名列前8位的地区所占比例分别为：山东约7.3%、江苏约6.9%、天津约6.7%、港澳台约6.4%、辽宁约5.9%、浙江约5.6%、北京约

5.5%、福建约 5.5%。货代企业较多的前 10 个地区占到了收录企业总数的 84.3%，这一结果基本符合业内有识之士对中国货代企业分布的看法。国际货运代理企业在全国范围内都有分布，虽然受到地域的限制但仍然不能阻碍它的快速发展，那么如何才能成立一个国际货运代理企业呢？需要哪些手续呢？

相关知识

一、设立国际货运代理企业的条件

设立国际货物运输代理企业，根据其行业特点，应当具备下列条件。

（1）有与其从事的国际货物运输代理业务相适应的专业人员；具有至少 5 名从事国际货运代理业务 3 年以上的业务人员，其资格由业务人员原所在企业证明；或者，取得外经贸部门颁发的资格证书。

（2）有固定的营业场所和必要的营业设施；有固定的营业场所，自有房屋、场地须提供产权证明；租赁房屋、场地，须提供租赁契约；有必要的营业设施，包括一定数量的电话、传真、计算机、短途运输工具、装卸设备、包装设备等。

（3）有稳定的进出口货源市场。有稳定的进出口货源市场，是指在本地区进出口货物运量较大，货运代理行业具备进一步发展的条件和潜力，并且申报企业可以揽收到足够的货源。

（4）国际货物运输代理企业的注册资本最低限额应当符合下列要求：①经营海上国际货物运输代理业务的，注册资本最低限额为 500 万元人民币；②经营航空国际货物运输代理业务的，注册资本最低限额为 300 万元人民币；③经营陆路国际货物运输代理业务或者国际快递业务的，注册资本最低限额为 200 万元人民币。

经营前款两项以上业务的，注册资本最低限额为其中最高一项的限额。

国际货物运输代理企业每设立一个从事国际货物运输代理业务的分支机构即分公司，应当增加注册资本 50 万元人民币。如果企业注册资本已超过最低限额，则超过部分，可作为设立分支机构的增加资本。

（5）企业申请的国际货运代理业务经营范围中如包括国际多式联运业务，还应当具备下列条件：①从事有关业务 3 年以上；②具有相应的国内、外代理网络；③拥有在外经贸部登记备案的国际货运代理提单。

（6）经营国际货运代理业务，必须取得商务部颁发的《中华人民共和国国际货物运输代理企业批准证书》。

二、设立国际货运代理企业的备案程序

1. 领取国际货运代理企业备案表（以下简称备案表）

国际货代企业可以通过商务部政府网站（http：//www. mofcom. gov. cn）下载，或到所在地备案机关领取备案表。

2. 填写备案表

国际货代企业应按备案表要求认真填写所有事项的信息，并确保所填写内容完整、准确和真实；同时认真阅读备案表背面的条款，并由法定代表人签字、盖章。

3. 向备案机关提交备案材料

（1）备案表。

（2）营业执照复印件。

（3）组织机构代码证书复印件。

（4）符合要求的责任保险合同（复印件）。

（5）如果签发多式联运提单，需要同时提供多式联运提单样本。

（6）如果签发国际货运代理货运单和航空货运分运单，则同时提供国际货运代理货运单和航空货运分运单样本。

4. 国际货运代理企业的备案流程

国际货运代理企业的备案流程，如图 2 –1 所示；国际货运代理企业的业务备案流程，如图 2 –2 所示。

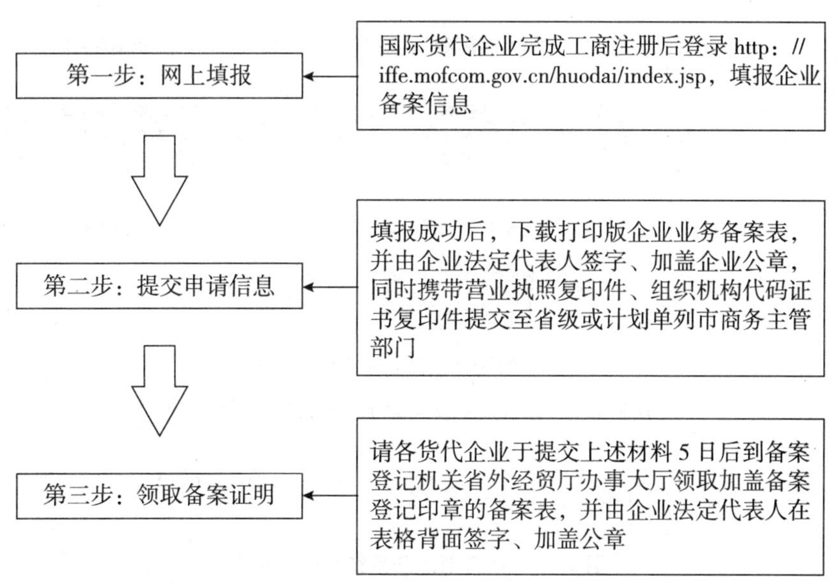

图 2 –1　企业备案

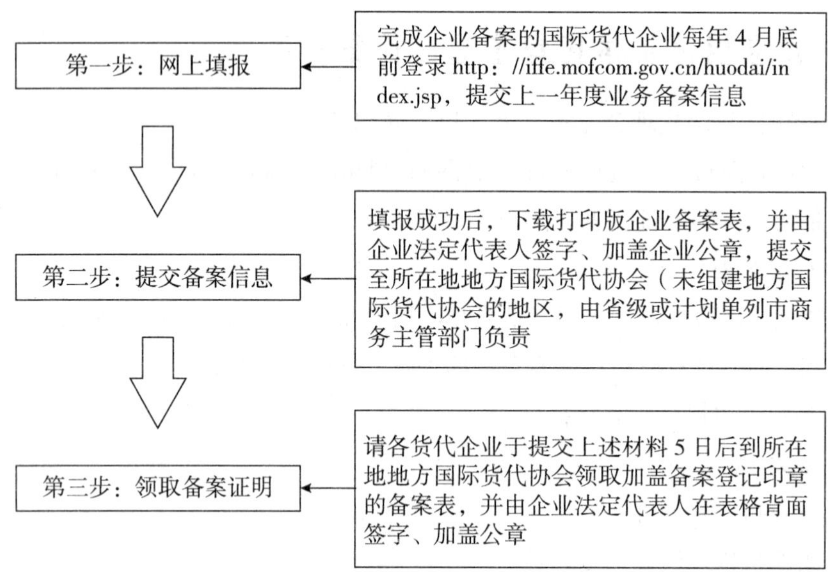

图2－2　企业业务备案

5. 国际货运代理企业备案网上平台

商务部业务系统统一平台，如图2－3、图2－4、图2－5所示。

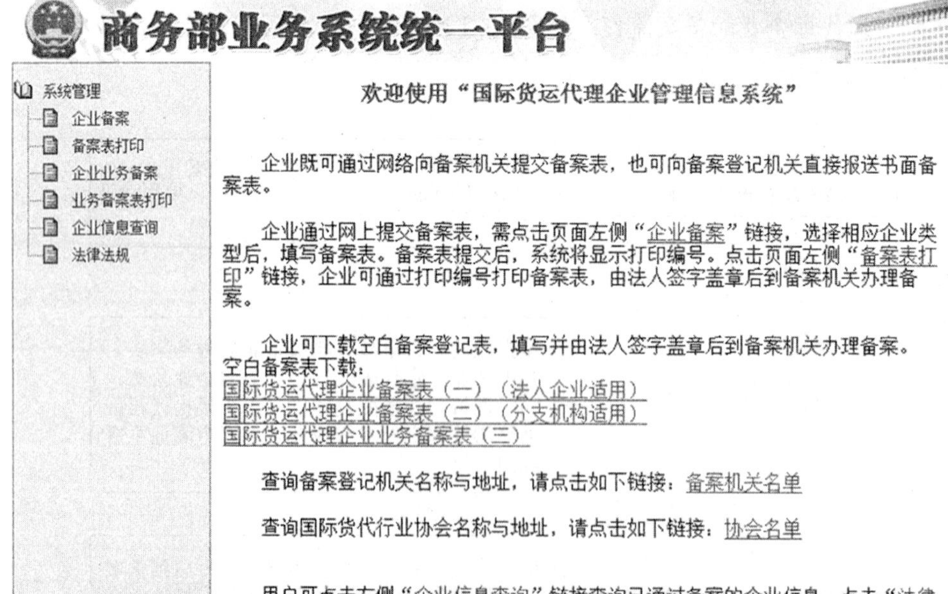

图2－3　商务部业务系统统一平台1

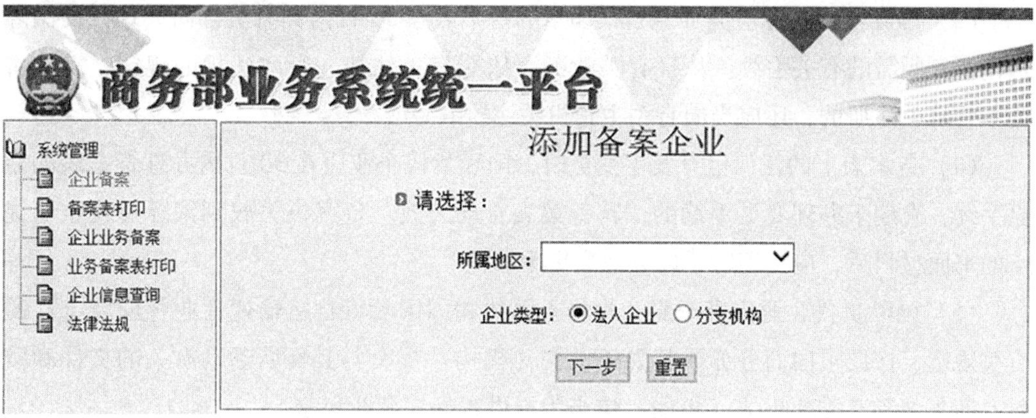

图 2－4　商务部业务系统统一平台 2

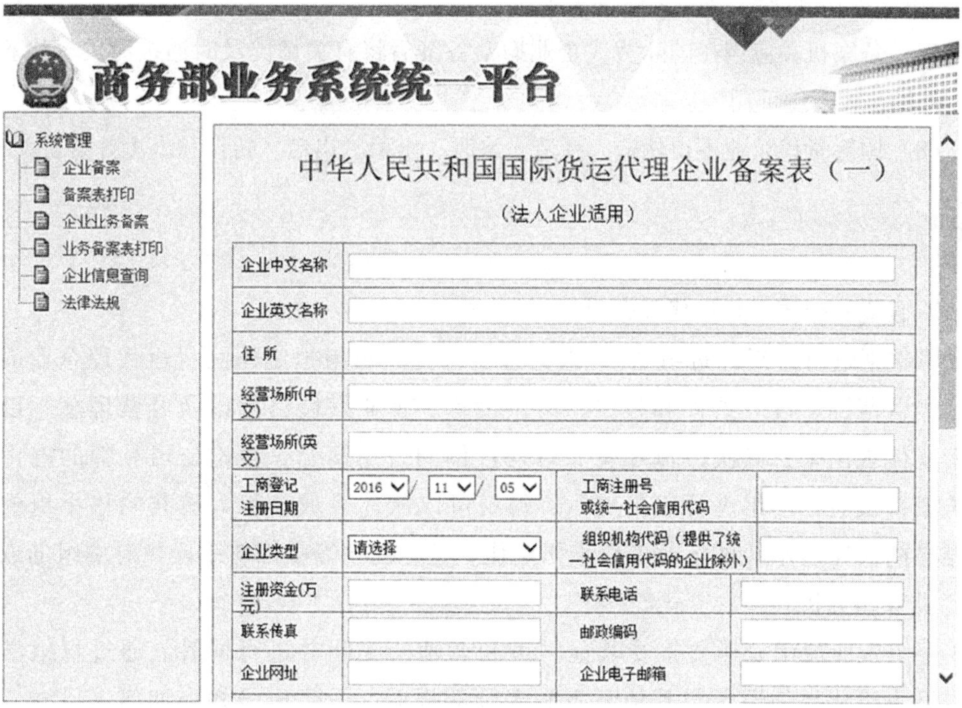

图 2－5　商务部业务系统统一平台 3

三、设立国际货运代理企业备案的相关规定

（1）备案机关应自收到国际货代企业提交的上述材料之日起 5 日内办理备案手续，在备案表上加盖备案印章。

（2）备案机关在完成备案手续的同时，应当完整准确地记录和保存国际货代企业的备案信息材料，依法建立备案档案。

（3）国际货代企业应凭加盖备案印章的备案表在30日内到有关部门办理开展国际货代业务所需的有关手续。从事有关业务，依照有关法律、行政法规的规定，需经有关主管机关注册的，还应当向有关主管机关注册。

（4）备案表上的任何信息发生变更时，国际货代企业应在30日内办理备案表的变更手续，逾期未办理变更手续的，其备案表自动失效。备案机关收到国际货代企业提交的书面材料后，应当即时予以办理变更手续。

（5）国际货代企业应当按照《中华人民共和国国际货物运输代理业管理规定》的有关规定，按要求向商务部或其委托机关（机构）提交与其经营活动有关的文件和资料。商务部和其委托机关（机构）应当为提供者保守商业秘密。

（6）国际货代企业已在工商部门办理注销手续或被吊销营业执照的，自营业执照注销或被吊销之日起，备案表自动失效。

（7）备案机关应当在国际货代企业撤销备案后将有关情况及时通报海关、检验检疫、外汇、税务等部门。

（8）国际货代企业不得伪造、变造、涂改、出租、出借、转让和出卖备案表。

简单实训

1. 设立一个国际货运代理企业。

将学生进行分组，每组4～5人为宜。首先，每组拟定国际货运代理企业的名称、经营范围、设立条件和程序、岗位设置、企业发展目标以及经营理念，以文字形式体现出来；其次，拟定企业对外宣传的公司简介，讨论公司品牌的宣传策划方案；最后，小组进行成果展示，每组可以派代表或全组人员共同将小组的操作结果向大家展示，展示时可以采用制作PPT、视频等多媒体手段，对本组的成果进行讲解和分析。

每个企业展示完毕要接受其他学生和老师的提问并进行回答。通过每组学生对自己小组成果的展示与其他学生和老师的提问，学生应该知道如何去设立一家国际货运代理企业。教师根据每组学生的汇报情况进行点评和归纳总结，指出学生的优缺点，从中得到的启示，以便下次做得更好，从而进一步了解国际货运代理企业的设立。

2. 要求学生通过网络平台或实地考察形式查找5家本地国际货运代理企业，并通过商务部网站确认该企业的基本信息，将企业的基本信息填入表2－1。

表 2－1 5 家本地国际货运代理企业基本信息

序号	企业名称	企业经营代码	是否备案
1			
2			
3			
4			
5			

任务二 国际货运代理企业的运营

任务导入

2016 年 7 月 6 日，中国国际货运代理协会网站上发布了《关于发布 2016 年度第一批货代物流信用企业名单的通告》，根据商务部、国资委联合下发的《关于行业信用评价工作有关事项的通知》国际货运代理协会本着公开、公平、公正、科学的原则，经企业自愿申报、第三方评价机构评审，中工国际物流有限公司等 6 家企业成为 2016 年首批 AAA 级企业。货物代理企业通过为客户提供优质服务获得客户的信任，那么国际货运代理企业主要从事哪些业务？能为客户提供哪些服务呢？

相关知识

一、货运代理业务

（一）国际货运代理企业的经营范围

根据《中华人民共和国国际货物运输代理业管理规定》《中华人民共和国国际货物运输代理业管理规定实施细则》和《外商投资国际货运代理业管理办法》的有关规定，国际货运代理企业可以接受委托，作为代理人或者作为独立经营人从事下列全部或部分经营活动：

（1）揽货、订舱（含租船、包机、包舱）、托运、仓储、包装；

（2）货物的监装、监卸、集装箱装拆箱、分拨、中转及相关的短途运输服务；

（3）报关、报检、报验、保险；

（4）缮制签发有关单证、交付运费、结算及交付杂费；

（5）国际展品、私人物品及过境货物运输代理；

（6）国际多式联运、集运（含集装箱拼箱）；

（7）国际快递（不含私人信函）；

（8）咨询及其他国际货运代理业务。

上述8条并不是每个国际货运代理企业都具有的经营范围，国际货运代理企业应当按照批准证书和营业执照所列明的经营范围和经营地域从事经营活动。因为商务主管部门根据各个国际货运代理企业的具体情况不同，批准的国际货运代理业务经营范围会有所不同。不过，国际货运代理企业经营满一年后，可申请拓宽经营范围。

（二）国际货运代理企业的服务内容

货运代理企业的业务服务范围很广泛，通常为接受客户的委托、完成货物运输的某一个环节或与此有关的各个环节的任务。除非客户（发货人或收货人）想亲自参与各种运输过程和办理单证手续，否则货运代理企业可以直接或通过其分支机构及其雇用的某个机构为客户提供各种服务，也可以利用其在海外的代理机构为客户提供服务。

国际货运代理通常是接受客户的委托完成货物运输的某一个环节或与此有关的各个环节，可直接或通过货运代理及其雇用的其他代理机构为客户服务，也可以利用它的海外代理人提供服务。其主要服务内容包括：

1. 代表发货人（出口商）

①选择运输路线、运输方式和适当的承运人；②向选定的承运人提供揽货、订舱；③提取货物并签发有关单证；④研究信用证条款和所有政府的规定；⑤包装；⑥储存；⑦称重和量尺码；⑧安排保险；⑨将货物运到港口后办理报关及单证手续，并将货物交给承运人；⑩做外汇交易；⑪支付运费及其他费用；⑫收取已签发的正本提单，并交付给发货人；⑬安排货物转运；⑭通知收货人货物动态；⑮记录货物灭失情况；⑯协助收货人向有关责任方进行索赔。

2. 代表收货人（进口商）

①报告货物动态；②接收和审核所有与运输有关的单据；③提货和付运费；④安排报关和付税及其他费用；⑤安排运输过程中的存仓；⑥向收货人交付已结关的货物；⑦协助收货人储存或分拨货物。

3. 作为多式联运经营人

收取货物并签发多式联运提单，承担承运人的风险责任，对货主提供一揽子的运输服务。在发达国家，由于货运代理发挥运输组织者的作用巨大，故有不少货运代理主要从事国际多式联运业务，而在发展中国家，由于交通基础设施较差，有关法规不健全以及货运代理的素质普遍不高，国际货运代理在作为多式联运经营人方面发挥的作用较少。

4. 其他服务

根据客户的特殊需要进行监装、监卸、货物混装、集装箱拼装拆箱运输、咨询服务、特种货物装挂运输服务以及海外展览运输服务等。

（三）国际货运代理企业的行为规范

（1）国际货运代理企业应当按照工商行政管理机关的要求，办理营业执照列明经营范围和经营地域。按照有关法律、法规，需要经过有关主管机关批准、登记、注册的，还应当向有关主管机关办理批准、登记、注册手续。

（2）国际货运代理企业应当依照国家有关规定确定收费标准，并在营业地点公布其收费标准。

（3）国际货运代理企业应当遵循安全、迅速、准确、节省、方便的经营方针，为进出口货物的收发货人提供服务。

（4）国际货运代理企业从事国际货运代理业务，必须使用税务机关核准的发票。

（5）国际货运代理企业可以使用中国国际货运代理协会参照国际惯例制定的国际货运代理标准交易条款，也可以自行制定交易条款。国际货运代理人之间还可以相互委托办理全部或部分国际货运代理业务。

（6）国际货运代理企业不得将规定范围内的注册资本挪作他用；不得转让国际货运代理经营权；不得以发布虚假广告、分享佣金、退还回扣或其他不正当竞争手段从事经营活动。

二、无船承运业务

（一）无船承运人的管理

在我国确立独立的无船承运人制度后，《国际货物运输代理业管理规定》中的国际货运代理企业不再包括从事无船承运业务的企业。但是我国沿用的“国际货运代理人”表示“Freight Forwarder”的含义与国际不接轨，FIATA 组织和一些国家使用的“Freight Forwarder”的含义是包括《中华人民共和国国际海运条例》规定的无船承运业务经营者的。《中华人民共和国国际海运条例》由中华人民共和国交通运输部负责解释，即中华人民共和国交通运输部负责主管无船承运人业务。

国内许多国际货运代理企业在开展经营活动时，其实是同时具备国际货运代理和无船承运人经营资质的。但更多的国际货运代理则是只具有国际货运代理经营资质。显然，同时具备两种经营资质的国际货运代理企业的实力较强，法定经营范围较大。

为了规范无船承运市场，交通运输部水运司会定期在其网站上公布“无船承运业务经营者名单”“终止无船承运业务经营者名单”和“无船承运业务保证金退款公示清单”。这三种名单以电子表格形式供需求者免费下载，收到国际货运代理企业签发的货代单的外贸企业和个人，可以去下载来验证该货代企业签发的提单在国内流通的合法性。“无船承运业务经营者名单”上查找不到的货代企业不具备无船承运业务资质，即法规不允许签发自己的提单，也不允许代理无船承运人签发提单。“无船承运业务经营者名单”（截至2015年4月10日）节选，如表2－2所示。

表2－2　“无船承运业务经营者名单”（截至2015年4月10日）节选

编号	证书编号	公司中文名	公司英文名	注册地	备注	证书有效截止期	承保机构
1	NOC－NY00001	中国外轮代理有限公司	CHINA OCEAN SHIPPING AGENCY CO.，LTD.	北京		2017/3/19	
2	NOC－NY00002	海虹国际货运代理有限公司	SEA FAINBOW INTERNATIONAL FREIGHT CO.，LTD.	北京		2017/3/19	
3	NOC－NY00003	上海铁洋多式联运有限公司	SHAINGHAI TIE YANG MULTT MODAL TRANSPORTATION CO.，LTD.	上海		2017/3/19	
4	NOC－NY00004	锦海捷亚国际货运有限公司	JHJ INTERNATIONAL TRANSPORTATION CO.，LTD.	上海		2015/6/12	
5	NOC－NY00005	上海龙飞国际物流有限公司	SHANGHAI LONGFEI INTERNATIONAL LOGISTICS CO.，LTD.	上海		2017/3/19	
6	NOC－NY00006	天津振华国际物流运输有限公司	TIANJIN ZHENGHUA INTERNATIONAL LOGISTICS TRANSPORTATION CO.，LTD.	天津		2017/4/2	
7	NOC－NY00012	上海永丰货运有限公司	SHANGHAI JINCHENG INTERNATIONAL SHIPPING AGENCY LTD.	上海	责任保险	2015/8/6	
8	NOC－NY00014	锦海捷亚国际货运有限公司南京分公司	JHJ INTERNATIONAL TRANSPORTATION CO.，LTD. NANJING BRANCH	南京	作为分支机构	2017/4/1	

续　表

编号	证书编号	公司中文名	公司英文名	注册地	备注	证书有效截止期	承保机构
9	NOC－NY00015	锦海捷亚国际货运有限公司青岛分公司	JHJ INTERNATIONAL TRANSPORTATION CO.，LTD. QINGDAO BRANCH	青岛	作为分支机构	2017/4/1	
10	NOC－NY00016	锦海捷亚国际货运有限公司大连分公司	JHJ INTERNATIONAL TRANSPORTATION CO.，LTD. DALIAN BRANCH	大连	作为分支机构	2017/4/1	
11	NOC－NY00017	锦海捷亚国际货运有限公司天津分公司	JHJ INTERNATIONAL TRANSPORTATION CO.，LTD. TIANJIN BRANCH	天津	作为分支机构	2017/4/1	
12	NOC－NY00018	锦海捷亚国际货运有限公司北京分公司	JHJ INTERNATIONAL TRANSPORTATION CO.，LTD. BEIJING BRANCH	北京	作为分支机构	2017/4/1	
13	NOC－NY00022	深圳市联合物流发展有限公司	SHENZHEN UNITED LOGISTICS DEVELOPMENT CO.，LTD.	深圳	责任保险	2015/7/22	太平洋财险北京分公司
14	NOC－NY00026	嘉宏国际运输代理有限公司	CARGO SERVICES（CHINA）LTD.	上海		2017/4/2	
15	NOC－NY00028	深圳联合雅达国际货运有限公司	SHENZHEN UNITED ATLANTA INTERNATIONAL TRANSPORTATION CO.，LTD.	深圳		2017/4/2	
16	NOC－NY00029	深圳市森邦国际货运有限公司	SHENZHEN SENBANG INTERNATIONAL FREIGHT CO.，LTD.	深圳	责任保险	2015/6/11	
17	NOC－NY00030	克运船务（天津）代理有限公司	KEYUN SHIPPING（TIANJIN）AGENCY CO.，LTD.	天津		2017/4/3	
18	NOC－NY00032	中远国际货运有限公司	COSCO INTERNATIONAL FREIGHT CO.，LTD.	北京		2017/4/15	

续 表

编号	证书编号	公司中文名	公司英文名	注册地	备注	证书有效截止期	承保机构
19	NOC－NY00034	中国外运广东有限公司	SINOTRANS GUANG-DONG CO., LTD.	广州	保证金保函，作为分支机构	2019/3/9	中外运长航财务有限公司
20	NOC－NY00035	港中旅华贸国际物流股份有限公司	CTS INTERNATIONAL LOGISTICS CORPORA-TION LIMITED	上海		2018/5/11	

（二）无船承运业务的经营范围

无船承运人业务，包括围绕其所承运的货物开展的下列活动。

（1）以承运人身份与托运人订立国际货物运输合同。

（2）以承运人身份接收货物、交付货物。

（3）签发提单或者其他运输单证。

（4）收取运费及其他服务报酬。

（5）向国际船舶运输经营者或者其他运输方式经营者为所承运的货物订舱和办理托运。

（6）支付港到港运费或者其他运输费用。

（7）集装箱拆箱、拼箱业务。

（8）其他相关的业务。

（三）无船承运人与国际货运代理的主要区别

（1）无船承运人可以签提单（HOUSE B/L），俗称“货代单”。

（2）在中国，主管部门不同。国际货代的主管部门是商务部，无船承运人是交通运输部。国际货代是根据从事的业务缴纳相应的注册金，并在商务部备案相关材料。而无船承运人则依据《国际海运条例》规定，经营无船承运业务，向交通运输部办理提单登记，并按规定缴纳保证金。

简单实训

据韩国 KBS 新闻网 2016 年 8 月 31 日报道，韩国最大海运公司韩进海运即将进入法定管理程序（指对濒临倒闭的企业，由法院指定第三者管理），实际就等于宣布进入破产程序。作为全球第七大、韩国第一大的班轮运输公司，韩进海运的这一举动引发了全球关注。

请同学们分析这一事件，从中可以得到哪些启示？请每组派代表分析一下上述问题，然后教师归纳总结，以便提高学生的综合素质。

巩固提升

一、单项选择题

1. 货运代理人经委托人授权以委托人的名义从事代理行为时，其法律地位为（　　）。

A. 多式联运经营人　　B. 代理人　　C. 当事人　　D. 承运人

2. 申请设立国际货代企业应该具备的营业条件中，以下说法正确的是（　　）。

A. 具有至少 3 名从事国际货运代理业务 1 年以上的业务人员，其资格由业务人员原所在企业证明

B. 具有至少 5 名从事国际货运代理业务 3 年以上的业务人员，其资格由业务人员原所在企业证明

C. 具有至少 7 名从事国际货运代理业务 9 年以上的业务人员，其资格由业务人员原所在企业证明

D. 具有至少 9 名从事国际货运代理业务 11 年以上的业务人员，其资格由业务人员原所在企业证明

3. 申请经营海上国际货物运输代理业务时，注册资本最低限额为（　　）万元人民币。

A. 100　　B. 200　　C. 300　　D. 500

4. 某国际货运代理企业想要拥有无船承运人的身份，应到（　　）进行申请登记。

A. 商务部　　B. 海关总署　　C. 外交部　　D. 交通运输部

5. 下列有关无船承运人说法不正确的是（　　）。

A. 无船承运人对于托运人来说就是承运人

B. 无船承运人是实际承运人的代理人，并赚取实际承运人的佣金

C. 无船承运人有权向托运人收取运费，也有义务向实际承运人支付运费

D. 无船承运人有权签发自己的提单

二、多项选择题

1. 国际货运代理具有（　　）的作用。

A. 顾问　　B. 开拓控制　　C. 中间人　　D. 组织协调

2. 经批准，外商投资国际货运代理企业可经营的业务有（ ）。

A. 订舱（租船、包机、包舱）、托运、仓储、包装

B. 货物的监装、监卸、集装箱拼装拆箱、分拨、中转及相关的短途运输服务

C. 代理投关、报验、报检、保险

D. 国际展品、私人物品及过境货物运输代理

E. 国际快递（包括私人信函和党政军机关公文的寄递业务）

3. 国际货代企业备案时应向备案机关提交的备案材料包括（ ）。

A. 申请书 B. 按要求填写的备案表

C. 营业执照复印件 D. 组织机构代码证书复印件

E. 项目可行性研究报告

4. 货运代理人可以为（ ）服务。

A. 发货人 B. 海关 C. 收货人 D. 船公司

5. 在下列情况中，（ ）国际货运代理可以免除责任。

A. 因货物标志不清造成的损失

B. 因不可抗拒因素造成的损失

C. 因申报不实造成的损失

D. 因国际货运代理人的疏忽或过失造成的损失

三、案例分析题

货主翰轩进出口公司向作为无船承运人的金晶货运代理公司订舱出运 20 个出口集装箱。金晶货运代理公司接受委托承运后签发了提单，又以自己的名义将其中 10 个集装箱交由船公司 A 运输，将另外 10 个集装箱交由船公司 B 运输。船公司 B 的船舶在运输途中遇强风，部分装在甲板上的集装箱因绑扎不牢而落入海中灭失。收货人持金晶货运代理公司签发的 B/L 提货时发现少了 3 个集装箱，收货人向金晶货运代理公司索赔，金晶货运代理公司拒赔，从而引发诉讼，请分析：

1. 金晶货运代理公司是否应对收货人承担索赔责任，为什么？

2. 船公司 B 是否应对收货人承担索赔责任，为什么？

模块三　国际海洋货运代理业务

学习目标

知识目标：1. 了解班轮运输的特点、作用以及船期表的内容；
2. 了解租船运输的特点分类以及租船合同格式；
3. 掌握集装箱的含义、种类、规格、标记、流转方式以及交接方式；
4. 了解世界主要港口、航线；
5. 掌握海洋运费的计算方法。

技能目标：1. 能够帮助客户正确选择运输方式；
2. 能够拟订租船合同；
3. 能够正确选择集装箱箱型以及交接方式；
4. 能够根据客户实际情况帮助客户选择适合的航线港口；
5. 能够正确核算海运费并向客户报价。

任务一　认识国际海洋货物运输代理业务

任务导入

上海佳美公司将于2016年11月向美国出口价值30万美元的皮鞋，在签订货运代理合同时，由于该公司负责该项业务的业务员刚刚工作一个月，对于运输条款并不熟悉，在与货运代理公司商讨运输条款时不知道究竟是应该选择CFS－CFS条款还是CY－CY条款？哪种条款对于自己所在公司是有利并且适合的呢？

一、国际海洋运输

（一）国际海洋运输的含义

国际海洋货物运输是指使用船舶通过海上航道在不同国家和地区的港口之间运送货物的一种方式，在国际货物运输中使用最广泛，是国际物流中最主要的运输方式。目前，国际贸易总运量中的2/3以上，中国进出口货运总量的约90%都是利用海上运输。

（二）国际海洋运输的特点

（1）通过能力强。海洋运输借助天然航道进行，不受道路、轨道的限制，通过能力更强。

（2）载运量大。随着国际航运业的发展，现代化的造船技术日益精湛，船舶日趋大型化。

（3）运费低廉。海上运输航道为天然形成，港口设施一般为政府所建，经营海运业务的公司可以大量节省用于基础设施的投资。

（4）运输的国际性。海洋运输一般涉及不同的国家、地区的个人和组织，不仅会受到国际法和国际管理的约束，也会受到各国政治、法律的约束和影响。

（5）速度慢、风险大。海洋运输是各种运输工具中速度最慢的运输方式。由于海洋运输是在海上，受自然条件的影响比较大，比如台风，可以将运输船卷入海底，还有诸如海盗侵袭等情况，也同样会给海洋运输带来风险。

（6）不完整性。海洋运输只是整个运输过程的一个环节，若完成整个运输还必须依赖其他运输方式的衔接和配合。

（三）海洋运输方式

1. 班轮运输

（1）班轮运输的定义。班轮运输（Liner Shipping），也称定期船运输，是指船公司将船舶在特定航线的各既定挂靠港口之间，按事先公布的船期表和运费率往返航行，从事客货运输业务的一种运输方式（见图3－1）。班轮运输适合于货流稳定、货种多、批量小的杂货运输。

（2）班轮运输的特点。①具有“四固定”的特点，即固定航线、固定港口、固定船期和相对固定的费率，这是班轮运输的最基本特征；②班轮运价内包含装卸费用，

图 3-1　班轮运输

即货物由承运人负责配载装卸，承托双方不计滞期费和速遣费；③承运人对货物负责的时段是从货物装上船起，到货物卸下船止，即“船舷至船舷”（Rail to Rail）或“钩至钩”（Tackle to Tackle）；④承托双方的权利义务和责任豁免以签发的提单为依据，并受统一的国际公约制约。

（3）班轮船期表。①班轮船期表的概念。班轮船期表（Line Schedule）是指班轮航行靠泊的时间表。它是班轮运输营运组织工作中的一项重要内容，各个班轮公司根据自己的实际情况，编制公布的船期表会有所不同，一般来说，近洋班轮航线编制公布的船期表比远航线编制公布的船期表准确。②班轮船期表的作用。公布班轮船期表有多方面的作用：一是为了招揽航线途经港口的货载，满足货主的需要，同时体现海运服务的质量；二是有利于船舶、港口和货物的及时衔接，以便船舶可能在挂靠港口的短暂时间内取得尽可能高的工作效率；三是有利于提高船公司航线经营的计划质量。③班轮船期表的内容。班轮船期表的主要内容包括：航线、船名、航次、编号，始发港、中途港、终点港的港名，到达和驶离的时间，其他有关的注意事项等。国际海上货运代理人不但应了解班轮船期表的内容，而且还应了解在哪里可以查找到船期表（见表 3-1）。

表 3-1　班轮船期

VESSEL 船名	VOYAGE 航次	SHANG-HAI 上海	LEHA-VRE 勒阿弗尔	HAMB-URG 汉堡	ROTTE-RDAM 鹿特丹	SOUTH-AMPTON 南安普顿	ZEEBRU-GGE 泽布吕赫	SAILING SHA/PORT 班期/挂靠码头
CMA CGM HYDRA 达飞海特尔	FM562W	2-Jun	27-Jun	29-Jun	3-Jul	5-Jul	6-Jul	周日（Sun）洋山 3 号码头（SGICT）

续 表

VESSEL 船名	VOYAGE 航次	SHANG-HAI 上海	LEHA-VRE 勒阿弗尔	HAMB-URG 汉堡	ROTTE-RDAM 鹿特丹	SOUTH-AMPTON 南安普顿	ZEEBRU-GGE 泽布吕赫	SAILING SHA/PORT 班期/挂靠码头
CMA CGM PEGASUS 达飞珀加索斯	FM564W	9 - Jun	4 - Jul	6 - Jul	10 - Jul	12 - Jul	13 - Jul	周日（Sun）洋山3号码头（SGICT）
CMA CGM LEO 达飞利奥	FM566W	16 - Jun	11 - Jul	13 - Jul	17 - Jul	19 - Jul	20 - Jul	
CMA CGM GALLISTO 达飞卡利斯特	FM568W	23 - Jun	18 - Jul	20 - Jul	24 - Jul	26 - Jul	27 - Jul	
CMA CGM VELA 达飞维拉	FM570W	30 - Jun	25 - Jul	27 - Jul	31 - Jul	2 - Aug	3 - Aug	

（4）世界主要班轮公司。据统计，截至2016年10月，全球班轮公司运力100强中排名前十位的分别是马士基航运、地中海航运、达飞轮船、中远集运、长荣海运、赫伯罗特、汉堡南美航运集团、东方海外、阳明海运和阿拉伯联合航运（见表3-2）。全球班轮公司运力排名20的公司总运力为1726.55万TEU（Twenty-feet Equivalent Unit的缩写，国际标准箱单位），占集装箱总运力的83.06%。

表3-2　世界主要班轮公司

排序	中文名称	英文名称	英文缩写	公司标识
1	马士基航运	Maersk	MSK	MAERSK LINE
2	地中海航运	Mediterranean Shipping Company S. A.	MSC	msc

续　表

排序	中文名称	英文名称	英文缩写	公司标识
3	达飞轮船	CMA CGM - the France	CMA	CMA CGM
4	中远集运	COSCO Container Line	COSCO	中国远洋运输集团 COSCO CHINA OCEAN SHIPPING GROUP
5	长荣海运	Evergreen Marine Corp	EMC	EVERGREEN
6	赫伯罗特	Hapag - Lloyd	HLC	Hapag-Lloyd
7	汉堡南美航运集团	Hamburg - Sud Group	HSG	HAMBURG SÜD
8	东方海外	OOCL Line	OOCL	OOCL
9	阳明海运	Yang Ming Line	YML	YANG MING
10	阿拉伯联合航运	United Arab Shipping Co. （S. A. G. ）	UASC	UASC

2. 租船运输

（1）租船运输的概念。租船运输（Tramp Shipping），是与班轮运输相对应的一种营运方式。它的营运不是按预定的时刻表、固定的航线、固定的港口和事先规定的运费费率表等固定形式进行的，而是按承托双方达成的有关运输航线、运输货物种类及数量、停发地点、起运与终到时间、运价或租金等运输合同来进行的，适用于运输批量大、能组织整船运输的货物。

（2）租船运输的基本特点。①属于不定船期，没有固定的航线、装卸港及航期；②没有固定的运价；③租船运输中的提单不是一个独立的文件；④租船运输中的船舶港口使用费、装卸费及船期延误，按租船合同规定划分及计算；⑤租船主要是用来运输国际贸易中的大宗货物。

(3) 租船运输的分类

1) 航次租船 (voyage charter, trip charter)

航次租船又称“程租船”或“程租”，是指由船舶所有人向承租人提供船舶或船舶的部分舱位在指定的港口之间进行单向或往返的一个航次或几个航次用以运输指定货物的租船运输方式。它是租船市场上最活跃、最为普遍的一种租船方式。航次租船分类主要有：①单航次租船 (single trip or single voyage charter)，即船舶所有人负责把货物从起运港运至目的港卸船这样一个单程运输，合同义务即告完成。②往返航次租船 (return trip or single voyage charter)，即船舶所有人与承租人约定，提供船舶完成一个往返航次的租船方式。返航航次的出发港和目的港不一定与往航航次相同，即两个单航次租船，适用于当一个货主只有去程载货，而另一个货主有回程载货，两个货主联合起来向船舶所有人租船。③连续单航次租船 (consecutive single voyage charter)，即船舶所有人与承租人约定，提供船舶连续完成两个以上的单航次运输的租船方式。适用于单航次很难完成的大批量运输。这种方式下，可以签订一个租船合同，也可以签订若干个单独的租船合同。④连续往返航次租船 (consecutive return voyage charter)，即被租船舶在相同两港之间连续完成两个以上往返航次的运输形式。这种形式很难实现，因为货主很难同时有较大的往返货载。

2) 定期租船 (time charter, period charter)

定期租船又称“期租船”或“期租”，是指由船东将特定的船舶，按照租船合同的约定，在约定的期间内租给承租人使用的一种租船方式。这种租船方式以约定的使用期限为船舶租期，而不以完成航次数多少来计算。在租期内，承租人利用租赁的船舶既可以进行不定期船货运输，也可以投入班轮运输，还可以在租期内将船舶转租，以取得运费收入或谋取租金差额。租期的长短完全由船东和承租人根据实际需要约定。

3) 光船租船 (bare - boat charter, demise charter)

光船租船又称为船壳租船。这种租船方式实质是财产租赁。租期内，船舶人员、物资配备、揽货运营都由承租人负担。该方式来源于战争时期政府对船舶的征用。现在，随着船舶信贷的发展和方便，其被广泛应用，光船租船有所增加。有的班轮公司为了提高自身运力，也采用这种方式。

4) 包运租船 (contact of affreightment, COB)

包运租船指船舶所有人向承租人提供一定吨位的运力，在确定的港口之间，按事先约定的时间、航次周期和每航次较为均等的运量，完成合同规定的全部货运量的租船方式。这种合同叫作包运租船合同，也称为运量合同 (quantity contract/volume contract)。

5）航次期租（time charter on trip basis，TCT）

航次期租介于航次租船和定期租船之间的一种租船方式，也称为“日租租船”(daily charter)。它没有明确的租期期限，而只确定了特定的航次。以完成航次运输为目的，按实际租用天数和约定的日租金率计算租金，费用和风险则按期租方式处理。将船舶各种延误风险，转嫁给承租人。船舶所有人不承担航次租船中承运人的最低义务，即派船和管货的义务。

（4）租船合同

1）航次租船合同

①航次租船合同的含义。航次租船合同，是指船舶所有人按双方事先议定的运费率（或包干运费）与条件将船舶租与租船人，自某一港口或若干港口装运整船货物或部分货物至指定的目的港或者某一地区的若干港口而签订的租船合同。

②航次租船合同的主要内容。航次租船合同主要包括合同当事人的名称、船舶概况与船舶动态、货物种类与数量、装卸港口、受载期限与解约日、装卸费用、提单、运费、滞期费、速遣费、双方当事人责任与免责、经纪人佣金、船舶代理人指定、留置权、绕航、燃料补给、共同海损、仲裁等条款。

航次租船最大的特点是货物装卸责任及其费用需要由当事人在合同中予以规定。

装卸费用条款。常用的装卸费用条款主要有：出租人不负担装卸费条款（FIO），指出租人不负担装货费和卸货费；出租人不负担装卸费、平舱费和积载费条款（FI-OST），指出租人除了不承担装卸费外，也不承担平舱费和积载费，在涉及货物绑扎费用时，为了避免引起双方争议，合同通常采用“FIOST Lashed”条款，以明确绑扎费用由承租人负担；出租人负担装卸费条款，也称班轮条款（Liner Term）、泊位条款（Berths Term）、总承兑条款（Gross Term）、船边交接货物条款（FAS）等，指出租人装卸货物的责任与班轮运输方式下的船东责任相同；出租人不负担装船费用，但负担卸货费用条款（FI，FILO）；出租人负担装货费用，但不负担卸货费用条款（FO，LIFO）等。

滞期费、速遣费条款。滞期费是指在定程租船运输中，如果由于租船人的原因而非船方的责任，未能在租船合同规定的时间内完成装船或者卸货，致使船舶留港时间延长，增加船东在港口所支付的费用和遭受船期损失，为补偿船东的这种损失，租船人应当按照实际滞延的时间以及租船合同中规定的费率向船东支付补偿金。这种补偿金称为滞期费，其费率称为滞期费率。速遣费是指由于租船人的原因，在约定的装货或卸货时间之前完成装货或者卸货，使船舶早日离港，节约了船东的港口费用并获得船期利益。对所节约的时间，船东应该给予租船人一定的奖励，这种奖励称为速遣费。速遣费通常按照滞期费的50%计算。

③航次租船合同的格式。在租船业务中，为了简化、加快租船合同签订的进程，节省为签订租船合同所花的费用，双方当事人是以选定的某一租船合同格式作为洽商合同条款的基础，对其内容进行必要的增、删、改。为了能正确地选用标准租船格式并能视其需要增删内容，学习和研究广泛使用的标准租船格式成为租船合同双方和租船经纪人开展租船业务的基础。目前国际上比较有影响并被广泛采用的租船合同主要有统一杂货租船合同和谷物泊位租船合同。

统一杂货租船合同（Uniform General Charter）：简称“金康”（GENCON），在航次租船中，目前以该格式应用最为普遍。它是由国际上著名的船东组织——波罗的海国际航运公会（BIMCO）于 1922 年制定，并经历 1939 年、1950 年、1966 年、1976 年、1994 年多次修改的标准航次租船合同格式。它是一个适用于各种货物、各种航线的较广泛的标准格式。目前国际上采用的是 1994 年修订后的版本，共 19 项条款，更大地保护了船东的利益、不分货种和航线，适用范围较广。

谷物泊位租船合同（berth grain charter party）：简称“巴尔的摩 C 式”（BALTIMORE Form C），由北美粮食出口协会、北美托运人协会及纽约土产交易联合会制定，1974 年修改，被广泛应用于从北美和加拿大出口谷物的海上运输租船业务中。

2）定期租船合同

①定期租船合同的含义。定期租船合同（TC），简称期租合同，是指船舶所有人按一定的条件，以收取租金的方式，在一定的期限内把船舶出租给租船人，由租船人按约定的用途使用的租船合同。有关租期的长短主要由出租人与承租人双方根据实际情况洽商而定。短期的合同通常为 2 ~3 个月，长期的则为 3 ~5 年不等。

②定期租船合同的主要内容。定期租船合同通常包括：船舶说明条款、交船条款、租期条款、合同解除条款、货物条款、航次区域条款、出租人提供的事项条款、承租人提供的事项条款、租金支付条款、还船条款、停租条款、出租人责任与免责条款、使用与赔偿条款、转租条款、允许承租人派人随船监督条款、共同海损条款、仲裁条款、首要条款、新杰森条款、双方互有过失碰撞条款、战争条款、佣金条款等。

③定期租船合同的格式。目前，常见的定期租船合同格式主要有波尔的姆合同和土产格式合同。

a. 统一定期租船合同（Uniform Time Charter），租约代码为波尔的姆。它是由 BIM－CO 于 1909 年制定，后经 1911 年、1912 年、1939 年、1950 年、1974 年数次修订的标准定期租船合同。它比较维护出租人的利益。

b. 定期租船合同（Time Charter），代码为土产格式（Produce Form）。它是由美国纽约土产交易所（NYPE）于 1913 年制定，后经 1946 年和 1993 年修订的标准定期租船合同，也称 NYPE 格式。NYPE 格式较多地维护了承租人的利益。目前，使用比较多的是1946年的格式。

（5）租船程序

租船合同的洽订通常情况下是通过租船经纪人进行的。一项租船业务从发出询价到缔结租船合同的全过程称为租船程序（Chartering Procedure，Chartering Process）。通常情况下，租船程序经过询盘、发盘、还盘和受盘几个阶段。租船程序的整个过程实际上是船舶出租人和承租人通过经纪人或直接就各自的交易条件向对方进行说明、说服、协商的谈判过程。

二、集装箱

（一）集装箱的含义

集装箱是指具有一定强度、刚度和规格，专供周转使用的大型装货容器。使用集装箱转运货物，可直接在发货人的仓库装货，运到收货人的仓库卸货，中途更换车、船时，无须将货物从箱内取出换装。因此集装箱是一种伟大的发明。集装箱最大的成功在于其产品的标准化以及由此建立的一整套运输体系，能够让一个载重几十吨的庞然大物实现标准化，并且以此为基础逐步实现全球范围内的船舶、港口、航线、公路、中转站、桥梁、隧道、多式联运相配套的物流系统，这的确堪称人类有史以来创造的伟大奇迹之一。

（二）常用集装箱种类

1. 通用集装箱

通用集装箱（Dry Cargo Container）（见图3－2）以装运件杂货为主，通常用来装运文体用品、日用百货、医药、纺织品、工艺品、化工制品、五金交电、电子机械、仪器及机器零件等。这种集装箱占集装箱总数的70%～80%。

2. 冷藏集装箱

冷藏集装箱（Refrigerated Container）（见图3－3）是专为运输要求保持一定温度的冷冻货物或低温货物而设计的集装箱。它分为带有冷冻机的内藏式机械冷藏集装箱和不带冷冻机的外置式机械冷藏集装箱，适用装载肉类、水果等货物。冷藏集装箱造价和营运费用较高，使用中应注意冷冻装置的技术状态及箱内货物所需的温度。

3. 散货集装箱

散货集装箱（Solid Bulk Container）（见图3－4）除了有箱门外，在箱顶部还设有2～3个装货口，适用于装载粉状或粒状货物，使用时要注意保持箱内清洁干净，两侧保持光滑，便于货物从箱门卸货。

图3－2　通用集装箱

图3－3　冷藏集装箱

4. 开顶集装箱

开顶集装箱（Open Top Container）（见图3－5）也称敞顶集装箱，是一种没有刚性箱顶的集装箱，但有可折式顶梁支撑的帆布、塑料布或涂塑布制成的顶篷，其他构件与干货集装箱类似。开顶集装箱适于装载较高的大型货物和需吊装的重货。

图3－4　散货集装箱

图3－5　开顶集装箱

5. 框架集装箱

框架集装箱（Flat Rack Container）（见图3－6）没有箱顶和侧壁，甚至有的连端壁也去掉，只保留底板和四个角柱。这种集装箱有很多类型。它们的主要特点是：为了保持其纵向强度，箱底较厚。箱底的强度比普通集装箱大，而其内部高度则比一般集装箱低。在下侧梁和角柱上设有系环，可把装载的货物系紧。框架式集装箱没有水密性，怕水湿的货物不能装运，适合装载形状不一的货物。

6. 罐装集装箱

罐装集装箱（Tank Container）（见图3－7）是专为装运液体货物如酒类、油类及液状化工品等而设计的集装箱。它由罐体和箱体框架两部分组成，装货时货物由罐顶部装货孔进入，卸货时则由排货孔流出或从顶部装货孔吸出。

7. 挂式集装箱

挂式集装箱（Dress Hanger Container）（见图3－8）顶部有一排排的横杆，适合于挂装服装类商品，避免褶皱。

图 3-6　框架集装箱

图 3-7　罐装集装箱

图 3-8　挂式集装箱

（三）集装箱的规格

集装箱的规格主要有以下几类。

（1）外尺寸为 20 英尺① ×8 英尺 ×8 英尺 6 英寸，简称 20 尺货柜或 20'GP（General Purpose）。

（2）外尺寸为 40 英尺 ×8 英尺 ×8 英尺 6 英寸，简称 40 尺货柜或 40'GP。

（3）外尺寸为 40 英尺 ×8 英尺 ×9 英尺 6 英寸，简称 40 尺高柜或 40'HC（High Cube），亦根据读音简写为 HQ。

集装箱内容积及配货毛重与体积参考值如表 3-3 所示。该数据为安全保守数值，实际装货时可能会略高于此。

① 1 英尺 =0.3048 米。

表 3－3　　集装箱内容积及配货毛重与体积参考值

箱型	内容积	配货毛重	配货尺码
20 尺柜	5.69 米×2.13 米×2.18 米	17.5 吨	25 立方米
40 尺柜	11.8 米×2.13 米×2.18 米	25 吨	55 立方米
40 尺高柜	11.8 米×2.13 米×2.72 米	25 吨	68 立方米
45 尺高柜	13.58 米×2.34 米×2.72 米	29 吨	86 立方米
20 尺开顶柜	5.89 米×2.32 米×2.31 米	20 吨	31.5 立方米
40 尺开顶柜	12.01 米×2.33 米×2.15 米	30.4 吨	65 立方米

国际上，常用“TEU”作为表示船舶装载集装箱的能力或集装箱港口的吞吐量的单位。所谓 TEU（Twenty－feet Equivalent Unit），译为国际标准集装箱单位，即把一个 20 英尺的普通集装箱作为一个单位（1 个 TEU），一个 40 英尺集装箱作为两个单位（2 个 TEU）来计算。

（四）集装箱的标记

为了便于对集装箱在流通和使用中识别和管理，便于单据编制和信息传输，集装箱上都印有标记。国际标准化组织还专门制定了集装箱标记的标准，即《集装箱的代号、识别和标记》［ISO 6346—1981（E）］。国际标准化组织规定的标记有必备标记和自选标记两类，每一类标记中又分识别标记和作业标记。

1. 必备标记

（1）识别标记。即集装箱箱号，如图 3－9 中的“UESU 300246[9]”。其中，4 个英文字母的前 3 个字母是箱主（船公司、租箱公司）代码，由箱主自己规定，并向国际集装箱局登记；第四位“U”代表海运集装箱；后面的 6 位阿拉伯数字是集装箱的编号；箱号中最后一个数字是集装箱的识别码，用于计算机核对箱主号与顺序号的正确性，一般位于顺序号之后，用 1 位阿拉伯数字表示，并加方框以显得醒目。

图 3－9　集装箱识别标记

（2）作业标记。这组标记包括最大总重和自重。最大总重（MAX. GROSS），又称额定重量，用千克（KG）和磅（LB）同时标出。其中：最大总重（MAX. GROSS）＝集装箱的自重（TARE WEIGHT）＋最大允许载货量。

2. 自选标记

（1）识别标记。它包括“国籍代号＋尺寸代号＋类型代号”。国籍代号由3位拉丁字母表示，说明集装箱登记国，如“RCX”为中国。尺寸代号由2位阿拉伯数字组成，用于表示集装箱的尺寸大小，例如，20表示20英尺长、8英尺高的集装箱。类型代号由2位阿拉伯数字组成，说明集装箱的类型，例如，00－09为通用集装箱。

（2）作业标记。它包括超高标记和国际铁路联盟标记。超高标记为在黄色底上标出黑色数字和边框，此标记贴在集装箱每侧的左下角，距箱底约0.6米处，同时应贴在集装箱主要标记的下方。凡高度超过2.6米的集装箱应贴上此标记；凡符合规定的集装箱，可以获得国际铁路联盟标记，该标志是在欧洲铁路上运输集装箱的必要通行标志。

上述标记要具有耐久性，其颜色应与集装箱门颜色有明显的不同。

拓展链接

世界主要船公司使用集装箱箱号前缀一览如表3－4所示。

表3－4　世界主要船公司使用集装箱箱号前缀一览

船公司	集装箱箱号前缀
北欧亚海运	NORU
长荣海运	EVRU，EVEU
川崎汽船	KLEU，KLGU
地中海	MSCU
东方海外	OOCU，OOLU
俄罗斯远东	FESU
法国达飞	CMAU，CMCU
高丽海运	KMTU
韩进海运	HJLU，HJCU
赫伯罗特	HPLU
宏海	RCLU
立荣海运	UNLU，UNGU
马士基	MAEU，MASU，MARU

续 表

船公司	集装箱箱号前缀
美国总统邮轮	APLU，APSU
日本邮轮	NYKU
太平	PILU
铁行轮船公司	PONU，POLU
万海	WHLU
现代商船	HYNU，HYGU
烟台海运	SYMS
阳明海运	YWLU，YMGU
以星航运	ZIMU，ZCSU
意大利邮轮	LTLU
远东	FESU
正利	CNCU
中海集团	CSLU，CCLU
中远集团	COSU，CBHU
公共租箱公司	
Amficon	AMFU
Bridgehead Containers	BHCU
Capital	CLHU
Carlisle	CRLU
Cronos	CRXU，HNPU，IATU，ICSZ，IEAU，INNU，ITLU，IPIU
Florens	FBLU，FSCU
Gateway	GATU
Gold	GLDU，GRDU，SLMU，TECU
One Way	ANYU，LSEU
Tex Tainer	MLCU，PRSU，TEXU TGHU，WCIU，XTRU
Tip International	CRMU，GCEU
Trarsamerica	ICSU，NSIU，TOLU，TPHU，TRLU，TRZU
Triton	TRIU，TTNU，UXXU

（五）集装箱货物的流转形态

1. 整箱货

整箱货（Full Container load，FCL）是指由发货方负责装箱和计数、填写装箱单并加封志的集装箱货物，通常只有一个发货人和一个收货人。在目前的海上货运实践中，班轮公司主要从事整箱货的货运业务。

2. 拼箱货

拼箱货（Less than Container Load，LCL）是指由承运人的集装箱货运站负责装箱和计数、填写装箱单，并加封志的集装箱货物，通常每一票货物的数量较少，因此装载拼箱货的集装箱内的货物会涉及多个发货人和多个收货人。承运人负责在箱内每件货物外表状况明显良好的情况下接受并在相同的状况下交付拼箱货。

在目前的货运实践中，主要由拼箱集运公司或货运代理公司从事拼箱货的货运业务。

3. 集装箱货物流转过程中的交接方式

在集装箱货物的流转过程中，其流转形态分为整箱货和拼箱货，因此货物在起运港和目的港的交接方式通过排列与组合可得出以下 4 种。

（1）整箱交、整箱接（FCL/FCL）。货主在工厂或仓库把装满货后的整箱交给承运人，收货人在目的地以同样整箱接货，换言之，承运人以整箱为单位负责交接。货物的装箱和拆箱均由发货方负责。

（2）拼箱交、拆箱接（LCL/LCL）。货主将不足整箱的小票托运货物在集装箱货运站或内陆转运站交给承运人或其代理人，由后者负责拼箱和装箱。货物运至目的地货运站或内陆转运站后，由承运人负责拆箱，拆箱后，收货人凭单接货。货物的装箱和拆箱均由承运人负责。

（3）整箱交、拆箱接（FCL/LCL）。货主在工厂或仓库把装满货后的整箱交给承运人，在目的地的集装箱货运站或内陆转运站由承运人负责拆箱后，各收货人凭单接货。

（4）拼箱交、整箱接（LCL/FCL）。货主将不足整箱的小票托运货物在集装箱货运站或内陆转运站交给承运人，由承运人分类调整，把同一收货人的货集中拼装成整箱。货物运到目的地后，承运人整箱交，收货人整箱接。

（六）集装箱货物交接方式与地点

1. 集装箱堆场

集装箱堆场（Container Yard）是交接和保管空箱和重箱的场所，也是集装箱换装运输工具的场所。可细分为以下类型。

（1）集装箱前方堆场，即在集装箱码头前方，为加速船舶装卸作业，暂时堆放集装箱的场地。其作用是当集装箱船到港前，有计划、有次序地按积载要求将出口集装箱整齐地集中堆放，卸船时将进口集装箱暂时堆放在码头前方，以加速船舶装卸作业。

（2）集装箱后方堆场，即集装箱重箱或空箱进行交接、保管和堆存的场所。有些国家对集装箱堆场并不分前方堆场或后方堆场，统称为堆场。集装箱后方堆场是集装箱装卸区的组成部分，是集装箱运输“场到场”交接方式的整箱货办理交接的场所。

（3）空箱堆场，即专门办理空箱收集、保管、堆存或交接的场地。它是专为集装箱装卸区或转运站堆场不足而设立。这种堆场不办理重箱或货物交接。它可以单独经营，也可以由集装箱装卸区在区外另设。在有些国家经营这种空箱堆场时，需向航运公会声明。

2. 集装箱货运站（Container Freight Station）

集装箱货运站是拼箱货交接和保管的场所，也是拼箱货装箱和拆箱的场所，一般应具备设施完善的库房和装卸设备。集装箱堆场和货运站也可以同处于一处。

3. 门（Door）

为保证整箱货物的装卸安全，通常会将空箱直接调至发货人工厂或仓库进行产地装箱及将整箱货物直接送至收货人仓库，即所谓的服务到“门”。

4. 集装箱货物交接方式的分类

按照不同的交接地点进行排列组合，集装箱货物交接方式又可以分为以下 9 种。

（1）门到门（Door to Door）。托运人在工厂和仓库，将由他负责装箱的集装箱交承运人验收，承运人负责将集装箱运至收货人的工厂或仓库交箱。

（2）场到场（CY to CY）。从装箱港的集装箱堆场将箱运至目的港的集装箱堆场交接。

（3）门到场（Door to CY）。从发货人的工厂或仓库，将集装箱运至目的港的集装箱堆场交接。

（4）场到门（CY to Door）。从装箱港的集装箱装卸区的集装箱后方堆场，将集装箱运至收货人的工厂或仓库交接。

（5）站到站（CFS to CFS）。从起运地或装箱港的集装箱货运站，将集装箱运至目的地或卸箱港的集装箱货运站交接。

（6）场到站（CY to CFS）。从装箱港的集装箱堆场，将集装箱运至目的港的集装箱货运站交接。

（7）门到站（Door to CFS）。从发货人的工厂或仓库，将集装箱运至目的地或卸货港的集装箱货运站交接。

（8）站到门（CFS to Door）。从起运地或装箱港的集装箱货运站，将集装箱运至收货人的工厂或仓库交接。

（9）站到场（CFS to CY）。从起运地或装箱港的集装箱货运站，将集装箱运至目的地或卸货港集装箱装卸区的集装箱后方堆场交接。

集装箱的交接方式及地点均涉及对货物状况、托运人与承运人各自承担的责任，前者侧重责任的划分，后者侧重责任的起始。

三、港口

港口是位于江、河、湖、海沿岸，具有一定设施和条件，供船舶进行作业、在恶劣气象条件下靠泊，旅客上下、货物装卸、生活物料供应等的地方。港口按所在地理位置分类，有海港、河港、湖港和水库港等。按性质和用途分类，有商港、军港、工业港、渔港、散货港、油港等。港口最常用的分类则是基本港和非基本港。

1. 基本港

基本港（Base Port），指船公司的船一般要定期挂靠的港口。基本港大多数为较大口岸，港口设备条件比较好，货载多而稳定。规定为基本港口就不再限制货量。运往基本港口的货物一般均为直达运输，无须中途转船。但有时也因货量太少，船方决定中途转运，由船方自行安排，承担转船费用。

2. 非基本港

凡基本港以外的港口都称为非基本港（Non – Base Port）。非基本港一般除按基本港收费外，还需另外加收转船附加费，达到一定货量时则改为加收直航附加费。例如，新几内亚航线的侯尼阿腊港（Honiara）便是所罗门群岛的基本港口；而基埃塔港（Kieta）则是非基本港口。运往基埃塔港口的货物运费率要在侯尼阿腊港运费率的基础上增加转船附加费 USD43.00/FT。

拓展链接

表 3 – 5　　我国主要港口中英文对照

国家	港口中文	港口英文
China（中国）	Port of Lianyungang	连云港港
	Port of Ningbo-Zhoushan	宁波舟山港
	Port of Shanghai	上海港
	Port of Qingdao	青岛港
	Port of Dalian	大连港
	Port of Shenzhen	深圳港
	Port of Yingkou	营口港
	Port of Xiamen	厦门港
	Port of Tianjin	天津港
	Port of Guangzhou	广州港

四、航线

国际贸易货物运输，绝大部分是通过海洋运输，特别是远洋运输完成的，全球海运主要有太平洋航线、大西洋航线、印度洋航线以及广泛应用的集装箱航线。

（一）太平洋航线

太平洋沿岸有30多个国家和地区，经济水平比较发达。太平洋航线有以下几条。

（1）远东—北美西海岸航线。

（2）远东—加勒比，北美东海岸航线。

（3）远东—南美西海岸航线。

（4）远东—东南亚航线。

（5）远东—澳大利亚，新西兰航线。

（6）澳、新—北美东西海岸航线。

（二）大西洋航线

（1）西北欧—北美东海岸航线。

（2）西北欧、北美东海岸—加勒比航线。

（3）西北欧、北美东海岸—地中海，苏伊士运河—亚太航线。

（4）西北欧、地中海—南美东海岸航线。

（5）西北欧、北美东海—好望角、远东航线。

（6）南美东海—好望角—远东航线。

（三）印度洋航线

（1）波斯湾—好望角—西欧，北美航线。

（2）波斯湾—东南亚—日本航线。

（3）波斯湾—苏伊士运河—地中海—西欧，北美运输线。

除以上三条油运线外，印度洋其他航线还有：远东—东南亚—东非航线；远东—东南亚，地中海—西北欧航线；远东—东南亚—好望角—西非，南美航线；澳新—地中海—西北欧航线；印度洋北部地区—欧洲航线。

（四）集装箱航线

目前世界上规模最大的三条集装箱航线是：远东—北美航线，远东—欧洲、地中海航线和北美—欧洲、地中海航线。

（1）远东—北美航线，也叫作太平洋航线，该航线实际上可以分为两条航线：一是远东—北美西航线，主要由远东—加利福尼亚航线和远东—西雅图、温哥华航线组成。二是远东—北美东航线，主要有纽约港、新泽西港、查尔斯顿港和新奥尔良港。

（2）远东—欧洲、地中海航线，也叫作欧地航线，该航线由远东—欧洲航线和远东—地中海航线组成。

（3）北美—欧洲、地中海航线，也叫作跨大西洋航线。该航线实际包括三条航线：北美东岸、海湾—欧洲航线，北美东岸、海湾—地中海航线和北美西岸—欧洲、地中海航线。

五、海洋运输费用

（一）班轮运费

班轮运费以船公司或货代公司公布的运价表为基础计算。班轮运费由基本运费和附加费两大部分构成。

1. 基本运费

基本运费（Basic Rate）是指货物从装运港到卸货港所应收取的基本海运费用，由基本运费率乘以货运量而得出。基本运费率是指运价表中对货物规定的必收的基本运费单价，是其他一些以百分比计收的附加费的计算基础。运费率的表示方法是每单位（每公吨或每立方米或每一集装箱）货物的价格。每公吨或每立方米可统称为1运费吨。

2. 附加费

为了使基本费率在一定时期内保持稳定，又能准确反映出各航线港口的航运成本，船公司在基本费率之外，又规定了各种附加费（Surcharges）。其主要包括：

（1）“THC”（Terminal Handling Charge），即“码头操作费”，也叫“码头处理费”。

（2）“BAF”（Bunker Adjustment Factor）或“BS”（Bunker Surcharge），也称为“FAF”（Fuel Adjustment Factor），即“燃油附加费”。

（3）“CAF”（Currency Adjustment Factor），即“货币贬值附加费”。

（4）“PSS”（Peak Season Surcharge），即“旺季附加费”。

（5）“AMS”（Automatic Manifest System），现称为“自动舱单系统录入费”。

（6）“ENS”（Entry Summary Declaration），即“入境摘要报关单”，指的是欧洲海关提前申报舱单规则。

（7）其他，如港口附加费（Port Additional）、港口拥挤附加费（Port Congestion Surcharge）、转船附加费（Transshipment Additional）、直航附加费（Direct Additional）、选港附加费（Optional Surcharge）、绕航附加费（Deviation Surcharge）、日元升值附加费（YAS）、变更卸货港附加费（Alternation of Destination Charge）、超额责任附加费（Additional for Excess of Libility)、整体费率上调（General Rate Increase，GRI）、目的地交货费（Destination Delivery Charge，DDC）、破冰费（Ice Surcharge）等，这些附加费会在不同的时间、不同的场合、不同的航线上发生。

由于附加费种类繁多，托运人在询价时应了解清楚，除了基本运价外还有哪些附加费用。当收到货代公司业务员的海运价时，切记不要以为只付基本运价就行了，有时附加费要占整体运费的30%以上。货代业务员在报价时也务必将每条不同航线所要征收的附加费解释清楚，以免收费时引起争议。

3. 杂货班轮运费计算

早期班轮运输以散杂货为主，当时船公司运价表根据结构可分为等级运价表和单项费率运价表，其中等级运价表使用最多。该表前部列有常用商品等级表，不同商品，有不同等级，每一等级对应一基本费率，一般分为20个等级，一级运费最低，二十级运费最高。在等级表后列有各航线的费率，同时附有计收标准及各种附加费。班轮货物分级（节选）如表3-6所示；班轮航线费率（中国—欧洲）（节选）如表3-7所示。

表3-6　班轮货物分级（节选）

Scale of Commodities Classification

COMMODITY	BASIS	CLASS
Beans	W	5
Fresh Fruits	M	7
Sweatshirt	W/M	8
Tea	M	8
Timber	W/M	9
Agricultural Machine	W	10
Silk Yarn	W	14
Antler	Ad. Val	15
Fire Cracker & Fireworks	W/M	17

表3-7　班轮航线费率（中国—欧洲）（节选）

Scale of Class Rates for China – Europe Service

Class	Hamburg	Antwerp	Rotterdam
1	30. 00	50. 00	50. 00
2	34. 00	57. 00	57. 00
3	39. 00	62. 00	62. 00
4	42. 00	68. 00	68. 00
5	45. 00	74. 00	74. 00
6	47. 00	79. 00	79. 00
7	49. 00	84. 00	84. 00

续 表

Class	Hamburg	Antwerp	Rotterdam
8	50.00	90.00	90.00
9	55.00	93.00	93.00
10	62.00	99.00	99.00
11	68.00	105.00	105.00
12	73.00	110.00	110.00
13	77.00	116.00	116.00
14	80.00	120.00	120.00
15	86.00	123.00	123.00
16	90.00	128.00	128.00
17	94.00	130.00	130.00
18	99.00	136.00	136.00
19	102.00	142.00	142.00
20	110.00	151.00	151.00
AD. VAL	2%	2%	2%

（1）等级运费的计算方法

海运费的计算标准。

①按货物重量（Weight）计算，用“W”表示，如以1公吨（1000千克）、1长吨（1016千克）或1短吨（907.2千克）为一个计算单位，也称重量吨。

②按货物尺码或体积（Measurement）计算，用“M”表示。如以1立方米（约合35.3147立方英尺）或40立方英尺为一个计算单位，也称尺码吨或容积吨。

③按货物重量或尺码，选择其中收取运费较高者计算运费，用“W/M”表示。在运价表中，重量吨及尺码吨统称为“运费吨”。

④按货物FOB价收取一定的百分比作为运费，称从价运费，用“AD Valorem”或“AD. VAL.”表示，来源于拉丁文，英文是“按照价值”（According to Value）的意思。

⑤按货物重量或尺码或价值，选择其中一种收费较高者计算运费，用“W/M or AD. VAL.”表示。

⑥按货物重量或尺码选择其高者，再加上从价运费计算，用“W/M plus AD. VAL.”表示。

⑦按每件为一单位计收。如活牲畜和活动物，按“每头”（Per Head）计收；车辆有时按“每辆”（Per Unit）计收；起码运费按“每提单”（Per B/L）计收。

（2）运费计算公式及步骤

①首先根据货物的实际情况，查货物分级表，确定货物等级及计费标准；

②根据确定的货物等级查班轮航线费率表确定基本运费率；

③根据货物积载情况，确定货物的计费重量；

④查附加费率表确定货物的附加费，其中附加费可能是绝对数，也可能是相对数（百分比）；

⑤根据基本运费率和附加费率计算出实际运费。

具体公式如下：

运费 = 基本运费 + 附加费

①若运价表中某附加费为绝对数，则公式应为：

运费 = 基本运费率 × 计费重量 + 附加费绝对数之和 × 计费重量

= （基本运费率 + 附加费率之和） × 计费重量

②若运价表中某附加费为相对数（百分比），则公式应为：

运费 = 基本运费率 × 计费重量 + 基本运费率 × 计费重量 × 各附加费率之和

（1 + 各附加费率之和） × 基本运费率 × 计费重量

【例题 1】

拟出口金属工具一批，货物总重量为 19.6 公吨，总体积为 14.892 立方米，由上海装船经香港转运至温哥华港。经查，上海至香港，该货运费计算标准为 W/M，等级为 8 级，基本费率为每运费吨 20.50 美元；香港至温哥华，计算标准为 W/M，等级为 8 级，基本费率为每运费吨 60 美元，另收香港中转费，每运费吨 13.00 美元，燃油附加费 25%，试计算该批货的总运费。

解：

F = 基本运费 + 附加费

= （20.5 + 60） × 19.6 + 13 × 19.6 + （20.5 + 60） × 19.6 × 25%

= 1577.8 + 254.8 + 394.45 = 2227.05（美元）

4. 集装箱班轮运费计算

20 世纪后期，班轮运输多以集装箱货物运输为主，采用集装箱班轮运输货物时，杂货班轮运费的计收方法也曾被应用于计算集装箱货物的运费和其他费用，即在费率表中列明基本运费、附加运费及计费标准，对具体的航线按货物的等级和不同的计费标准来计算运费。但人们更趋向于仅按集装箱箱型和数量计费的包箱费率计费而不考虑货物的种类和级别。包箱费率也称“均一费率”（Freight All Kinds，FAK），指对单位集装箱计收的运费率。采用包箱费率计算集装箱基本运费时，只需要根据具体航线、货物等级及箱型、尺寸所规定的费率乘以箱数即可，即以一个集装箱计收若干美元运费的形式计算运费，拼箱货运费计收以每运费吨为标准（取货物总立方米及总公吨数中的较大值），不再区分货物等级，但对于危险品货物要加收运费。在此情况下，船公司运价及货运代理公司集装箱整箱、拼箱价格如表 3－8 所示。

表 3-8 集装箱整箱、拼箱价格

某公司中国—日本航线集装箱费率表			美元
CHINA—JAPAN CONTAINER SERVICE			IN USD
上海—神户，大阪，名古屋，横滨，四日市			
SHANGHAI—KOBE，OSAKA，NAGOYA，YOKOHHAMA，YOKKAICIII			
宁波—神户，横滨			温州—横滨
NINGBO—KOBE，YOKOHAMA			WENZHOU—YOKOHAMA
等级 CLASS	LCL W/M	CY—CY	
		20′	40′
1-7	55.00	770.00	1460.00
8-10	58.00	820.00	1560.00
11-15	61.00	870.00	1650.00
16-20	64.00	920.00	1750.00
CHEMICALS，N，H.	61.00	870.00	1650.00
SEMI-HAZARDOUS	68.00	1200.00	2280.00
IIAZARDOUS		1650.00	3100.00
REEFER		2530.00	4800.00

【例题2】

有一批罐头共1500箱，总毛重为160吨，总尺码为245立方米，从大连港装运，目的港为阿拉伯联合酋长国的港口迪拜，查“中远集装箱运输有限公司”运价表得知为20’集装箱运价为1960美元，另收燃油附加费15%，该批货物共装20’集装箱10只，则该批货物的总运费为多少？

解：

F =基本运费+附加费

$=1960\times10+1960\times10\times15\%=22540$（美元）

（二）租船运费

1. 租船运费的形式

租船运费因船舶出租方式的不同而区分为下列三种形式。

（1）程租运费。它是指按航程租船的报酬。在程租运费情况下，出租的船舶是一种不定期的船舶，以航程作为租船的计量单位。程租方式下的承租人通常为货主或托运人，运费大都在目的港支付，按卸货吨位数计算。在航程租船中，如果货物不能或尚未送达目的地，船东就没有运费请求权。但如货物呈现损坏状态到达目的地，按照惯例，货主必须支付运费。

（2）期租运费。它是指按时间计算租船报酬。在期租运费情况下，通常是船舶按时间出租，租金按船舶载重吨位按月支付，燃料及到港费由承租人负责；船长与船员的雇用、工资、给养、船舶的修理和保险等费用，由船东负责。

（3）光船运费。它是指出租光船的报酬，与期租船一样，在出租光船的情况下，通常也是船舶按时间出租。但与期租船不同的是，出租光船的燃料、进港费、船长和船员的雇用及其工资、伙食的供给、船用物品的补充，以及船舶修理与保险等全部由承租人负责。至于租金可以按月支付，也可以在船东交船时一次付清。

租船运费的保险，根据不同的租船形式而不同。在程租方式下，其运费大都在目的港支付，所以一般都由船东购买保险。在期租方式下，运费或租金通常按月支付，一旦该船遭受自然灾害或意外事故而不能航行，船东的运费将受损失，因此迫使船东购买运费保险。在光船出租的方式下，如果租金是按月支付的，其结果与期租船相似，由船东投保运费保险。但若租金是在船东交船时一次付清，则由承租人投保运费保险。

2. 租船运费的计算

租船运费的计算相对简单，因为运费在订船合同时已由双方商定。

（1）运费率。①按运费率计算是按货物每单位重量或体积若干金额计算，首先要确定按货物装船时的重量还是卸船时的重量进行计算。由于货物的特性，途中自然损耗、装卸条件等因素影响，装货与卸货的重量可能不同，因此要在合同中订明。②如按装船重量计算运费，还应明确提单上的重量是毛重还是净重，通常装有包装的货物采用毛重，只有在袋装食糖和粮食时，才习惯用净重。如按卸船重量计算运费，也应明确如需衡量后确定重量，则衡量发生的费用和迟延的时间损失，是否由租船人或收货人负担。

（2）整船包价。通常在装轻泡货时，采用整船包价，合同中不订明货量，只订明船舶载货能力，也就是定一笔整船运费，船方只要保证船舶提供载重量和容积，不论租方实际装货多少，运费一般按照合同的规定支付。

（3）按租用时间。根据具体船舶和航线的情况，估算船舶每营运吨天的固定费用和平均每吨天的航次费用。以此两项费用作为确定每吨天日租金的下限，其中：

每营运吨天固定费用 =（船舶投资费用 + 船舶维持费 + 一般管理费）/（计划营运天数 × 船舶载重吨）

每吨天航次费用 =（燃油费 + 港口使用费 + 其他费用）/（航次时间 × 载重吨）

式中：船舶的投资费用包括折旧和利息；船舶维持费指为使船舶能随时就航于某一特定航线而经常发生的费用，如船舶保险费、维修费、船员费、物料费、润滑油费用及其他相关费用。

3. 其他注意事项

费率的高低主要决定于租船市场的供求关系，但也与运输距离、货物种类、装卸率、港口使用、装卸费用划分和佣金高低有关。合同中对运费按装船重量或卸船重量计算，运费是预付或到付，均需定明。特别要注意的是应付运费时间是指船东收到运费的日期，而不是租船人付费的日期。

简单实训

1. 作为国际货运代理人应具备的素质，其中一项就是"知港"，因此对各大洲的港口都要做到心中有数，请同学们认真参阅相关材料，然后从中筛选填写表 3 -9。

表 3 -9　各大洲港口信息

亚洲				
序号	所属国家	港口中文名称	港口英文名称	港口代码
欧洲				
序号	所属国家	港口中文名称	港口英文名称	港口代码
非洲				
序号	所属国家	港口中文名称	港口英文名称	港口代码

续 表

南美洲				
序号	所属国家	港口中文名称	港口英文名称	港口代码
北美洲				
序号	所属国家	港口中文名称	港口英文名称	港口代码
大洋洲				
序号	所属国家	港口中文名称	港口英文名称	港口代码

2. 国际海洋运输代理揽货报价。

（1）广州易欣玩具公司出口到日本一批玩具，公司拟委托一家国际货运代理公司办理货物的运输，该批货物共500箱，每箱毛重25千克，体积20厘米×30厘米×40厘米。现该公司向广丰国际货运代理公司询价，若你为广丰国际货运代理公司货运代理员，你将如何报价？

注：查货物分级表及运价表得知该批货为8级，计费标准为W/M，运价为80美元，查附加费率表得知该批货物将征收转船附加费20%，燃油附加费10%。

（2）上海顺鑫贸易公司出口一批货，准备从上海装船，在香港转船运至荷兰鹿特丹港。货物共2640件，总重量为37.8公吨，总体积为124.486立方米，拟用集装箱装运，现该公司向广丰国际货运代理公司询价，若你为广丰国际货运代理公司货运代理员，你将如何报价？

参考资料（见表3-10）。

表3-10　　货物参考资料

箱型	配货毛重	配货尺码
20尺柜	17.5公吨	25立方米
40尺柜	25公吨	55立方米

查运价表得知：运费计算标准为M，等级为1～8级，从上海至鹿特丹港口并在香港转船费率为USD2050/20'，USD3915/40'。

（3）一批出口商品，产品所用包装纸箱尺寸为长485毫米×宽366毫米×高275毫米，每箱毛重为25KGS，用40英尺钢质集装箱装运出口，请问该批货物应配多少个集装箱？

任务二　国际海洋货物出口运输代理业务

任务导入

2015年6月15日，中国对外贸易经济合作企业协会发布了关于安哥拉政府允许无单放货的紧急通知。根据安哥拉官方规定，由于持续的外汇紧缺，安哥拉政府允许运抵安哥拉的进口货物无单放货。该政策无疑令发货人面临巨大风险。根据上述规定，建议出口企业今后对安哥拉出口必须使用T/T收汇方式（即先收妥全部货款后再发货），否则将面临货款两空局面。

国际海洋运输中存在着许多不确定的因素和风险，无论是货主还是货运代理公司在进行国际海洋运输的过程中都要详细考察业务对象，合理安排运输的各项事宜，尽量避免风险的出现。那么国际海洋货物出口代理的业务主要包括哪些呢？

相关知识

一、揽货

（一）揽货的含义

揽货（Canvass）是指国际货运代理企业通过一定的营销手段争取对货物的承运权，以期获得最好的经营效益的行为，所以也称为揽载。

揽货与托运并不完全一样。在国际货运代理行业中，托运（Consign）是指托运人（Shipper）或其代理人委托承运人或其代理人运送货物。揽货是以国际货运代理企业为主动方，而托运是以委托人（托运人或其代理人）为主动方，这两个环节都以国际货运代理企业接单为终结。承运人为了使运输工具的载量或舱位得到充分利用，力争做到“满仓满载”，除了自己揽货外，还委托其代理人揽货，甚至主动与货运代理公司建立关系，签订协议，留给货运代理公司一定数量的舱位，以争取更多的货源。货运代理人有时为了获得较低的运价或稳定的舱位，主动与承运人协作，并签订双方合作协议。

（二）揽货的方式

1. 人员揽货

人员揽货是指国际货运代理企业利用揽货员推销其服务产品的行为，这是国际货运代理企业与客户建立业务联系、取得客户信任的最有效的方式之一，但它并非揽货的全部。其特点是揽货员可以同客户直接接触，信息双向传递，并根据客户的态度、反应及时调整营销策略，准确了解客户的真实需要。这样既有利于揽货员与客户培养感情、增进友谊，也便于企业与客户建立长期稳定的业务关系。

2. 广告宣传

国际货运代理企业可以通过网络、杂志、报纸、电视、广告牌或各种流动载体等媒介向目标客户传递企业的产品、商标、服务、企业文化等信息。广告可以促进客户和公众对国际货运代理企业及其服务的认识，同时也能提高企业的知名度，加快揽货速度，这也是企业品牌策略的一部分。其优点是可以在揽货员到达前或到达不了的地方宣传企业和企业的服务产品，传递服务信息。

3. 销售促进

为了正面吸引有需要的客户而采取的各种促销措施，包括有奖销售、点数赠送或优惠折扣、路线折扣或货类折扣、推广会等，其共同特点是可以有效吸引客户转换代理，因而促销的短期效果显著。

4. 公共关系

公共关系是指为了使公众理解企业的经营方针和让经营策略符合公众利益，有计划地进行加强与公众的联系、树立企业信誉的一系列活动。其特点是不以直接的短期促销效果为目标，通过公共关系的宣传报道使潜在客户对企业及其产品产生好感，并在社会上树立良好的企业形象。

广告宣传、销售促进、公共关系是吸引客户上门的重要手段，许多指订货的来源是因为客户慕名而来，买方会提供货物供应方的名称、联系人、电话和地址。企业知名度的提高，也使企业的柜台推销和会议推销更加方便。

（三）揽货的程序

国际货运代理企业的揽货程序一般经过以下六个步骤（见图3－10）。

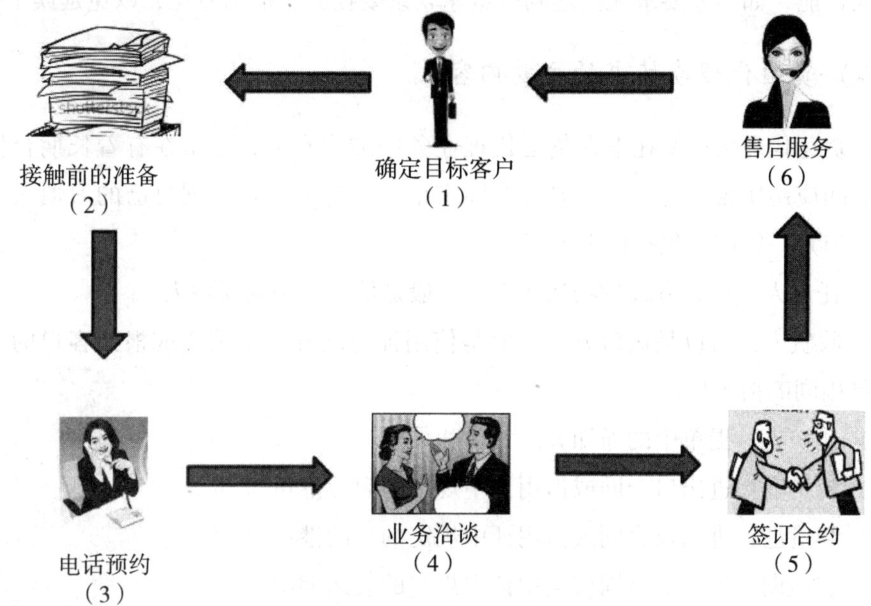

图3－10　国际货运代理企业的揽货程序

二、确定委托代理关系

无论是国际货运代理企业为主动方揽货成功，还是托运人为主动方托运成功，双方均要建立一种货运代理关系，这种货运代理关系的建立一般由货主作为委托人提出委托，由货代公司作为代理人接受委托，从而达成双方的委托代理关系。这种代理关系的确定，通常是通过签订一份货运代理委托书来达成的。在双方有长期货运代理业务的基础上，有时也会以托运单、场站收据联单、货物明细表、简易提单，甚至传真或者电子邮件的形式来代替委托书。为了明确双方的委托代理关系，在实际业务操作中，最好以规范的委托书或者合同的形式将双方的关系明确，以防日后发生纠纷时无法分清双方的责任和权利。

（一）货运代理委托书的功能

1. 委托方（货主）与代理方（货代公司）之间的契约文件

委托方与代理方通常要通过多次口头和书面上的交流沟通之后才能达成一致，此时应该将全部探讨落实的内容写进委托书中，任何一方如有变动应及时通知对方，以免产生不必要的法律后果。双方契约行为的成立以双方单位的签字或盖章为依据，使之成为有效的法律文件。

2. 货运代理企业的工作依据

货代公司接到委托方的委托书后，应及时审核，根据要求及时联系有关船公司或其代理人订舱，如某些要求无法达到应迅速联系委托方，征求意见，以免延误工作。

（二）货运代理委托书的主要内容

国际货运代理出口委托书在货运代理业务中最为常见，通常在有着长期合作关系的公司之间应用比较广泛。它一般没有固定格式，每个公司根据自己的习惯采用不同的格式，但是一般都应包括以下内容。

（1）托运人：出口方或货物托运人，一般是信用证中的受益人。

（2）收货人：可以是进口方，一般是信用证中的开证申请人或根据客户的要求做成与提单相同的抬头栏。

（3）通知人：提单中的通知方。

（4）装货港：进出口合同或信用证中规定的启运港口。

（5）卸货港：进出口合同或信用证中规定的目的港口。

（6）装运期：进出口合同或信用证中规定的装运期限。

（7）货物描述：商品的相关情况描述。

（8）运输标志：进出口合同或信用证中规定的唛头，无则填写“N/M”。

（9）货物的数量：进出口合同或信用证中的大包装件数。

（10）货物的重量：货物净重、毛重。

（11）货物的尺码：货物的体积总数。

（12）转船/分批：按进出口合同或信用证要求填写“允许”或“不允许”。

（13）集装箱说明：集装箱的数量、规格以及是否冷藏等。

（14）运输条款：如 CY－CY（堆场到堆场）、CY－DR（堆场到门）、DR－CY（门到堆场）、CFS－CFS（站到站）、CY－CFS（堆场到站）等。

（15）支付运费方式：如运费已付、运费待付。

（16）服务项目的选择：如自理报关还是委托报关，自派拖车运输还是委托派车运输。

（17）备注或特别条款：合同或信用证中有关运输方面的特殊要求。

（18）联系方式：委托人的姓名、联系电话，以便于相互之间的联系。

（19）承托双方签字盖章：合同生效。

国际货运代理出口委托书是委托方与受托方进行业务的主要凭证，受托方将按照国际货运代理出口委托书的内容完成货运代理业务的各项工作，因此，国际货运代理出口委托书的内容必须与货物实际情况一致，否则将在业务中引起不必要的麻烦，影响出口货物的正常发运。

海运出口委托书范例，如表3－11所示。

表3－11　　海运出口委托书

<table>
<tr><td colspan="6">国际货运代理委托书</td></tr>
<tr><td colspan="6">发货人 Shipper：</td></tr>
<tr><td colspan="6">收货人 Consignee：</td></tr>
<tr><td colspan="6">被通知人 Notify Party：</td></tr>
<tr><td>出口口岸</td><td></td><td>目的港</td><td></td><td>开航日</td><td></td></tr>
<tr><td>海运费</td><td>□ 预 付
□ 到 付</td><td>可否分批</td><td></td><td>可否转船</td><td></td></tr>
<tr><td>标记唛头
Marks</td><td colspan="2">货名规格及货号
Description of goods</td><td>件数
CTNS</td><td>毛重
KGS</td><td>体积
CBM</td></tr>
<tr><td></td><td colspan="2"></td><td></td><td></td><td></td></tr>
<tr><td colspan="6">总计：</td></tr>
<tr><td colspan="6">柜型：　□×20'　　□×40'</td></tr>
<tr><td colspan="6">装柜地址：
联系人：
电话：</td></tr>
<tr><td colspan="6">交接方式：□Door to Door　□ CY to CY　□CFS to CFS</td></tr>
<tr><td colspan="6">货物种类　□ORDINARY　□REEFER　□DANGEROUS　□AUTO
□LIQUID　□LIVE ANIMAL　□BULK</td></tr>
<tr><td colspan="6">特别条款</td></tr>
<tr><td colspan="6">我司及本人承诺：我们委托贵司出运的货物中没有易燃易爆类危险品，危及人身安全的危险性物品及军用品，国家限制出口的资源类物资，涉毒物品，反动淫秽物品，国家文物及大宗侵权货物及国家与海关明令禁止出口的商品，如果有，所引起的一切后果和法律责任由我司（或本人）承担。</td></tr>
<tr><td colspan="6">委托客户（公司或个人）盖章（签字）：
地址：
电话：
托单位（人）盖章（签字）：</td></tr>
<tr><td colspan="6">年　月　日</td></tr>
</table>

三、租船订舱

国际货运代理公司接受货主的委托后，根据委托人希望的出运日期，结合各船公司的船期表，选择承运人及拟订舱的船名航次。

（一）租船订舱的含义

租船订舱是发货人或其代理人与承运人联系运输事项的过程。租船订舱的概念本身包括租船运输的租船和班轮运输的订舱两个方面的含义，其中的租船是指租用整条船，而订舱是指租用船上的一部分舱位。但在实际业务中，人们习惯上将向承运人租船或订舱这个业务环节统称为租船订舱。对于班轮运输而言，租船订舱指的就是订舱；对集装箱运输而言，租船订舱就是指订箱；对散装货物等需要租船运输而言，租船订舱就是指租整船。

（二）租船订舱的流程

（1）接受委托。货运代理公司接受托运人的订舱委托。

（2）查找信息。通过网络查看各个船公司的相关信息。

（3）询价。货运代理员根据托运人的要求向船公司询价，供托运人选择。

（4）确定船公司。通过与托运人商讨船期、运价等相关信息后，选择合适的船公司。

（5）填写托运单。货运代理填制托运单（集装箱运输时使用场站收据联单），也称订舱委托书，随同商业发票、装箱单等其他必要单证一同转给船公司或其代理公司办理订舱。

（6）等待船公司确认。一般情况下填制好的委托书或是“场站收据”联单的第一联，传真给船公司或其代理。对方接受会回传两份船东确认（booking confirmation，CFM）。船东确认的主要信息有：船名、航次、编号（俗称关单号）、停靠码头、海运费。关单号基本与提单号保持一致，所以也叫作唯一的提单号（B/L No.）

（7）排载。至少提前三天，美欧线提前四天。排这一航次的船要等上一航次的船驶离码头。普通货物集装箱排载所需单据：盖有“一代订舱章”，打印上提单号（关单号）、货代和货主代码的“场站收据”联单其他各联，船东确认1份，船东装箱单1份。

排载是货代去船公司代理（以下简称船代）处办理的，首先，船代审核船公司是否是其代理的船公司，如果不是则不予办理。其次，审核货代提供的上述单据是否齐全，“场站收据”联单与船东装箱单内容是否正确一致。最后，审核完毕后，船代收走船东确认、船东装箱单和“场站收据”联单的第二联及第八联，并在“场站收据”联单的第五联“装货单”（白联）上盖“排载章”，然后退还给货代，让其办理其他手续用。

排载手续办好，订舱环节才算完成。订舱是船公司初步确认愿意承运发货人的货物，而船代办理的排载手续则是表示正式确认船公司同意接受该货物的运输。

拓展链接

在集装箱运输中，货运代理公司多以集装箱场站收据联单作为集装箱货物的托运单，联单由货代公司缮制送交船公司或其代理人订舱，其作用相当于订舱单。

1. 场站收据的概念

场站收据（Dock Receipt）也称码头收据或港站收据，是承运人委托集装箱堆场或集装箱货运站收到集装箱整箱货或拼箱货后签发的收据。场站收据由发货人或其代理人编制，并跟随货物一起运至集装箱堆场或货运站，由接收货物的人在收据上签字后交还给发货人，证明托运的货物已收到。场站收据的作用，相当于传统运输中的大副收据，它是发货人向船公司换取提单的凭证。如果同一批货物装有几个集装箱，场站通常先凭装箱单验收，直到最后一个集装箱验收完毕时，才由场站管理员在场站收据上签收。

接收货物的人在签署场站收据时，应仔细审核收据上所记载的内容与运来的货物实际情况是否一致，如果货物的实际情况与收据上记载的内容不一致，必须修改；如果发现货物外表或箱子外表有损坏或有异样时，则一定要在收据的备注栏内加批注，说明货物或箱子的实际情况。码头收据的签署，不仅表明承运人已收到货物，同时也明确表明承运人对收到的货物已开始负有责任。

2. 场站收据的作用

与传统件杂货运输使用的托运单证比较，场站收据是一份综合性单证，它把货物托运单（订舱单）、装货单（关单）、大副收据、理货单、配舱回单、运费通知等单证汇成一份，这对于提高集装箱货物托运效率和流转速度有很大意义。

一般认为场站收据的作用有：

（1）船公司或船代确认订舱并在场站收据上加盖有报关资格的单证章后，将场站收据交给托运人或其代理人，意味着运输合同开始执行；

（2）场站收据是出口货物报关的凭证之一；

（3）场站收据证明承运人已收到托运货物并对货物开始负有责任的证明；

（4）场站收据是换取海运提单或联运提单的凭证；

（5）场站收据是船公司、港口组织装卸、理货、配载的资料；

（6）场站收据是运费结算的依据；

（7）如信用证中有规定，场站收据可作为向银行结汇的单证，但其不是物权凭证。

3. 场站收据的构成

场站收据是集装箱运输中重要的出口单证，其组成格式在不同的港口、场站有所不同，表 3－12 以十联单的格式说明场站收据的组成情况。

表 3－12　场站收据的构成

序号	名称	颜色	用途
1	集装箱货物托运单——货方留底	白色	托运人留存备查
2	集装箱货物托运单——船代留底	白色	编制装船清单、积载图、预制提单
3	运费通知（1）	白色	计算运费
4	运费通知（2）	白色	运费收取通知
5	装货单——场站收据副本（1）	白色	报关并作为装货指示
	附页：缴纳出口货物港杂费申请书	白色	港方计算港杂费
6	大副联——场站收据副本（2）	粉红色	报关，船上留存备查
7	场站收据	淡黄色	报关，船公司或其代理人凭以签发提单
8	外理留底	白色	缮制货物流向单
9	配舱回单（1）	白色	货运代理缮制提单等
10	配舱回单（2）	白色	根据回单批注修改提单

4. 场站收据的流转

集装箱进入堆场后，由堆场工作人员按照堆场作业程序编制集装箱配载图，并协调船公司安排装船计划，保证船到港后能以最快的速度装船。

（1）货运代理接受托运人的委托后填制一式十联场站收据，并将第 1 联（货主留底联）由货主留存以备查询，将其余 9 联送船公司或船代申请订舱。

（2）船公司或船代经审核确认接受订舱申请，确定船名、航次给每票货物一个提单号，将提单号填入 9 联单相应栏目，并在第 5 联（装货单联）加盖确认订舱章，然后留下第 2～4 联，第 5～10 联退还托运人或货代。

（3）货代留下第 8 联（货代留底联）用于编制货物流向单及作为留底以备查询，并将第 9、10 联（配舱回单联）退给托运人。

（4）货代将第 5～7 联（已盖订舱章的装货单联、缴纳出口货物港务费申请书联、场站收据大副联、场站收据正本联）随同报关单和其他出口报关用的单证向海关办理货物出口报关手续。

（5）海关接受报关申报后，经过查验合格、征关税后对申报货物进行放行，在第 5

联（装货单联）上加盖海关放行章，并将第5～7联退还给货代。

（6）货物装箱后，货代将退回的第5～7联随同装有货物的集装箱交给堆场。

（7）堆场相关人员查验集装箱或货物后，先查验第5联船公司的订舱章和海关放行章，再检查进场货物是否与单证相符。若无异常情况则在第7联（场站收据正本联）上加批实收箱数并签字、加盖场站收据签证章。堆场留下第5联及附页，第5联（装货单联）归档保存以备查询；第5联附页用来向托运人或货代结算费用。

（8）堆场将签字后的第7联（场站收据正本联）退回托运人或货代。

（9）堆场将第6联（大副联）连同配载图应及时转交理货部门，由理货员在装船完毕后交船上大副留底。

（10）托运人或货代拿到第7联（场站收据正本联如表3－13所示），并凭此要求船代签发正本提单（装船前可签发收货待运提单，装船后可签发已装船提单）。

四、提空、装箱、进场

（一）提取空箱

1. 使用的单据

（1）提箱通知单。船公司或其代理人在接受订舱、承运货物后，发货人或其代理人应在预定的装运期之前联系船公司或其代理人，提取已经预订的集装箱。提取空箱时，船公司或其代理人应该开具提箱通知单。空提箱通知单通常是一式三份，发箱人留存一份，司机留存一份，用箱人留存一份。发货人或其代理人凭提箱通知单到指定的集装箱货运站或堆场提取空箱。同时需办理缴纳提箱押金及换领集装箱设备交接单的手续。在箱站的检查桥或门卫处，提箱人与箱管双方在集装箱设备交接单上签字交接，并各执一份。

（2）设备交接单。“集装箱设备交接单”（Equipment Interchange Receipt，EIR），简称“设备交接单”，是集装箱进出港区、场站时，用箱人、运箱人与管箱人或其代理人之间交接集装箱及设备的凭证，因此兼交接凭证和发放凭证两种功能，对集装箱运输特别是箱务管理起着重大作用。

设备交接单使用时，应按照有关制度规定进行。要求做到一箱一单、箱单相符、箱单同行。用箱人、运箱人凭设备交接单进出港区、场站，到设备交接单指定的提箱地点提箱，并在规定的地点还箱。同时，用箱人必须在规定的日期、地点将箱子和机械设备按交付时状态交还给管箱人或其代理人，对集装箱的超期使用或租用，用箱人应支付超期使用费。对使用或租用期间发生的任何箱子及设备的灭失和损坏，用箱人应承担赔偿责任。

表 3－13　　场站收据样单

Shipper（发货人）

D/R No.（编号）

（实际托运人章）

Consignee（收货人）

场站收据副本
大副联

第六联

COPY OF DOCK RECEIPT
（FOR CHLEF OFFICER）

Notify Party（被通知人）

Received by the Carrier the Total number of containers or other packages or units stated below to be transported subject to the ter-ms and conditions of the Carrier's regular f-orm of Bill of loading（for combined Transp-ort or Port to Port Shipment）Which shall b-e deemed to be incorporated herein.
Date（日期）：

场站章

Pre-carriage by（前程运输）　　Place of Receipt（收货地点）

Ocean Vessel（船名）　　Voy.No.（航次）
Port of Loading（装货港）

Port of Discharge（卸货港）　　Place of Delivery（交货地点）　　Final Destination for the Merchant's Reference（目的地）

Container No.（集装箱号）	Seal No.（封志号）Marks & Nos.（标记与号码）	No of containers or Packages.（箱数或件数）	King of Package: Description of Goods（包装种类与货名）	Gross Weight 毛重（千克）	Measurement 尺码（立方米）

TOTAL NUMBER OF CONTAINERS OR PACKAGES（IN WORDS）集装箱数或件数合计（大写）

Container No.（箱号）	Seal No.（封志号）	Pkgs.（件数）	Container No.（箱号）	Seal No.（封志号）	Pkgs.（件数）
			Received（实收）	By Terminal clerk（场站员签字）	

FREIGHT & CHARGES	Prepaid at（预付地点）	Payable at（到付地点）	Place of Issue（签发地点）
	Total Prepaid（预付总额）	No.of Original B(s)/L（正本提单份数）	BOOKING（订舱确认）APPROVED BY

Service Type on Receiving　□—CY　□—CFS　□—DOOR

Service Type on Delivery　□—CY　□—CFS　□—DOOR

Reefer Temperature Required（冷藏温度）　°F　°C

TYPE OF GOODS（种类）
□Ordinary.（普通）　□Reefer.（冷藏）　□Dangerous（危险）　□Auto.（裸装车辆）
□Liquid.（液体）　□Live Animal.（活动物）　□Bulk.（散货）　□______

危险品　Class:
Property:
IMDG Code Page:
UN NO.

设备交接单一式六联，前三联用于出场，印有“OUT”字样，如表 3－14 所示。第一联盖有船公司或其代理人的图章，集装箱空箱堆场凭以发箱，一、二联由堆场发箱后留存，三联由提箱人留存。

表 3－14　　集装箱及设备交接单

EQUIPMENT INTERCHANGE RECEIPT　　**OUT** 出场

日期（DATE）：NO.

用箱人/运箱人（CONTAINER USER/HAVLIER）		提箱地（PLACE OF DELIVERRY）	
发往地点（DELIVERED TO）		返回/收箱地点（PLACE OF RETURN）	
船名/航次 （VESSEL/VOYAGE No.）	箱号 （CONTAINER No.）	尺寸/类型 （SIZE/TYPE）	营运人 （CNTR. OPTR.）
提单号（B/L No.）	铅封号（SEAL No.）	免费期限 （FREE TIME PERIOD）	运载工具牌号 （TRUCK，WAGON，BARGE NO.）

出场目的/状态 （PPS OF GATE－OUT/STAUS）	进场目的/状态 （PPS OF GATE－IN/STATUS）	出场时间 （TIME OUT）
		月　　日　　时

出场检查记录（INSPECTION AT THE TIME OF INTERCHANGE）			
普通箱（GP CONTAINER）	冷藏箱 （RF CONTAINER）	特种箱 （SP CONTAINER）	发电机（GEN SET）
□ 正常（SOUND） □ 异常（DEFECTIVE）	□ 正常（SOUND） □ 异常（DEFECTIVE）	□ 正常（SOUND） □ 异常（DEFECTIVE）	□ 正常（SOUND） □ 异常（DEFECTIVE）

损坏记录及代号(DAMAGE & CODE)　BR 破损(BROKEN)　D 凹损(DENT)　M 丢失(MISSING)　DR 污箱(DIRTY)　DL 危标(DG LABEL)

左侧(LEFT SIDE)　右侧(RIGHT SIDE)　前部(FRONT)　集装箱内部(CONTAINER INSIDE)

顶部(TOP)　底部(FLOOR BASE)　箱门(REAR)

如有异状，请注明程度及尺寸(REMARK).

除列明者外，集装箱及设备交接是完好无损，铅封完好无损。

用箱人/运箱人签（CONTAINER USER/HAULIERS' SIGNTURE）　箱管员签（CONTAINER MANAGER'S SIGNTURE）　场站值班签（CLERK'S SIGNTURE）

设备交接单的后三联用于进场，印有“IN”字样，如表 3－15 所示。该三联在货物装箱后送到港口作业区堆场时，重箱交接使用，一、二联由送货人交付港区道口，其中第二联留港区，第一联转给船方据以掌握集装箱的去向，送货人自留第三联作为存根。

表 3－15　　集装箱及设备交接单

EQUIPMENT INTERCHANGE RECEIPT　　**IN** 进场

日期（DATE）：NO.

用箱人/运箱人（CONTAINER USER/HAVLIER）		提箱地（PLACE OF DELIVERRY）	
发往地点（DELIVERED TO）		返回/收箱地点（PLACE OF RETURN）	
船名/航次（VESSEL/VOYAGE No.）	箱号（CONTAINER No.）	尺寸/类型（SIZE/TYPE）	营运人（CNTR. OPTR.）
提单号（B/L No.）	铅封号（SEAL No.）	免费期限（FREE TIME PERIOD）	运载工具牌号（TRUCK，WAGON，BARGE NO.）
出场目的/状态（PPS OF GATE－OUT/STAUS）	进场目的/状态（PPS OF GATE－IN/STATUS）		进场时间（TIME OUT）
			月　日　时
出场检查记录（INSPECTION AT THE TIME OF INTERCHANGE）			
普通箱（GP CONTAINER）	冷藏箱（RF CONTAINER）	特种箱（SP CONTAINER）	发电机（GEN SET）
□ 正常（SOUND） □ 异常（DEFECTIVE）	□ 正常（SOUND） □ 异常（DEFECTIVE）	□ 正常（SOUND） □ 异常（DEFECTIVE）	□ 正常（SOUND） □ 异常（DEFECTIVE）

损坏记录及代号(DAMAGE & CODE)　BR 破损(BROKEN)　D 凹损(DENT)　M 丢失(MISSING)　DR 污箱(DIRTY)　DL 危标(DG LABEL)

左侧(LEFT SIDE)　右侧(RIGHT SIDE)　前部(FRONT)　集装箱内部(CONTAINER INSIDE)

顶部(TOP)　底部(FLOOR BASE)　箱门(REAR)

如有异状，请注明程度及尺寸(REMARK).

除列明者外，集装箱及设备交接是完好无损，铅封完好无损。

用箱人/运箱人签（CONTAINER USER/HAULIERS' SIGNTURE）　箱管员签（CONTAINER MANAGER'S SIGNTURE）　场站值班签（CLERK'S SIGNTURE）

设备交接单的下半部分是出场或进场检查记录，由用箱人（运箱人）及集装箱堆场/码头工作人员在双方交接空箱或重箱时验明箱体记录情况，用以分清双方责任。

2. 集装箱交接标准

空箱交接标准是：箱体完好、水密、不漏光、清洁、干燥、无味，箱号及装箱规范清晰；特种集装箱的机械、电器装置正常。

重箱交接标准是：箱体完好、箱号清晰、封志完整无损，特种集装箱机械、电器装置运转正常，并符合出口文件记载要求。

无论是在提取空箱时，还是装货前，都要对集装箱进行严格检查，以分清责任，避免货损。对集装箱的检查是货物安全运输的基本条件之一。发货人、承运人、收货人及其他关系人在相互交接时，除对箱子进行检查外，还应用设备交接单的形式确认箱子交接时的状态。

（二）货物装箱

1. 装箱的方式

（1）货主自装。货主自装是指货主首先从货代公司处取得集装箱“设备交接单”，自己装箱后制作集装箱装箱单，并按要求及时将重箱送码头堆场，等待装船，即通常所说的集港。

（2）集装箱堆场装箱。集装箱堆场装箱是指客户自行安排载货车辆将货物送到指定堆场装箱。一般拼箱货都是场装，就是将货送到货运站拼箱。整箱货用场装方式，通常是工厂无法在装箱前将产品生产好，只有分批将货运到码头附近的堆场进行场装。简单说，就是如果采用拖装的方式装箱，货物无法按时装船时，或者拖装整体运输成本高于场装，整箱货会采用场装的方式。场装适用于场到门、场到场、场到站、站到门、站到场和站到站六种交接方式。

（3）指定地点装箱。指定地点装箱是指集装箱卡车（以下简称集卡）公司将空集装箱拖到客户指定地点装货。拖装是最常见的一种装箱方式，通常集卡从码头堆场将空集装箱运到客户仓库或工厂，由客户组织人员装箱。相对于场装，拖装由于客户在现场组织装货，对于货物的积载客户要自行规划好。拖装适用于货运出口中门到门、门到场、门到站、场到门、场到场和场到站六种交接方式。如果在内陆货运站拼箱，再运抵码头，也会采用拖装的方式。但这种方式对货主来说是场装；对内陆专营拼箱货代来说是拖装。

2. 装箱时使用的单证

集装箱装箱单（Container Load Plan，CLP）（见表3－16），是详细记载集装箱内货物的具体名称、数量、尺码、重量、标志等内容的单据（对于特种货物还应加注特定要求，比如对冷藏货物要注明对箱内温度的要求等）。作为详细记录每一个集装箱内所装货物情况的唯一单据，它是在以集装箱为单位进行运输时非常重要的一种单据。

表 3－16　　　　装箱单

<table>
<tr><td colspan="4">Reefer Temperature Required冷藏温度
°C　°F</td><td colspan="6" rowspan="2">CONTAINER LOAD PLAN
装　箱　单
CHINA MARINE SHIPPING AGENCY SHANGHAI CO
上海船務代理有限公司
Terminal's Copy
①　码头联</td></tr>
<tr><td>Class
等级</td><td>LMDG Page
危规页码</td><td>UN NO.
联合国编号</td><td>Flash point
闪点</td></tr>
<tr><td colspan="4">Ship'sName/Voy. No.　船名／船次</td><td>Port of Loading
装港</td><td>Port of Discharge
卸港</td><td>Place Delivery
交货地</td><td colspan="3">SHIPPER'S / PACKER'S DECLARATIONS: We hereby declare that the container has been thoroughry cleaned without any evidence of cargoes of previons shipment prior to vanning and cargoes has been properly stuffed and secured.</td></tr>
<tr><td colspan="4">Container No　箱号</td><td>Bill of Lading No
提单号</td><td>Packages&packing
件数与包装</td><td>Gross Weight
毛　重</td><td>Measurements
尺　码</td><td>Description　of Goods
货　名</td><td>Marks & Numbers
唛　名</td></tr>
<tr><td colspan="4">Seal No　封号</td><td colspan="2" rowspan="4">Front
前

Door
后</td><td rowspan="4"></td><td rowspan="4"></td><td rowspan="4"></td><td rowspan="4"></td></tr>
<tr><td colspan="2">Cont.Size 箱型
20' 40' 45'</td><td colspan="2">Cont. Type　箱型
GP＝普通箱 TK＝油罐箱
RF＝冷藏箱 PF＝平板箱
OT＝开顶箱 HC＝高箱
FR＝框架箱 HT＝挂衣箱</td></tr>
<tr><td colspan="4">ISO Code For Container Size / Type
箱型／箱类 ISO 标准代码</td></tr>
<tr><td colspan="4">Packer's Name / Address
装箱人名称／地址
TEL NO
电话号码</td></tr>
<tr><td colspan="4">Packing Date　装箱日期</td><td>Received By
驾驶员签收及车号</td><td>Total Packages
总件数</td><td>Total Cargo Wt
总货重</td><td>Total Mesa
总尺码</td><td colspan="2" rowspan="2">Remarks　备注</td></tr>
<tr><td colspan="4">Packing BY　装箱人签名</td><td colspan="2">Receiv ed ByTerminals / Date OfReceipt
码头收箱签收和收箱日期</td><td>Cont.Tare Wt
集装箱皮重</td><td>Cgo/Cont Total Wt
货／箱总重量</td></tr>
</table>

（1）集装箱装箱单的主要作用有：①作为发货人、集装箱货运站与集装箱码头堆场之间货物的交接单证；②作为向船方通知集装箱内所装货物的明细表；③单据上记载的货物与集装箱的总重量是计算船舶吃水差、稳性的基本数据；④在卸货地点办理集装箱保税运输的单据之一；⑤当发生货损时，是处理索赔事故的原始单据之一；⑥卸货港集装箱货运站安排拆箱、理货的单据之一。

集装箱装箱单是每一个集装箱一份，一式五联，其中码头、船代、承运人各一联，发货人联、装箱人两联。集装箱货运站装箱时由装箱的货运站缮制；发货人装箱时，由发货人或其代理人缮制。

（2）集装箱装箱单的流转程序：①装箱人将货物装箱，缮制实际装箱单一式五联，并在装箱单上签字；②5 联装箱单随同货物一起交付给拖车司机，指示司机将集装箱送至集装箱堆场，在司机接箱时应要求司机在装箱单上签字并注明拖车号；③集装箱送至堆场后，司机应要求堆场收箱人员签字并写明收箱日期，以作为集装箱已进港的凭证；④堆场收箱人在5联单上签章后，留下码头联、船代联和承运人联，码头联用以装船计划，船代联和承运人联分送给船代和承运人用以缮制积载计划或处理货运事故；⑤堆场将发货人/装箱人联退还给司机；⑥司机将装箱人联退给装箱人（整箱的装箱人为托运人，拼箱的装箱人为货代或货运站）备查；将发货人联退给发货人，以便发货人通知收货人或卸货港的集装箱货运站，供拆箱时使用。

（三）重箱集港

货物装入空箱后，空箱即称为重箱。拖装的重箱直接运进船舶停靠的码头作业区，场装的则在离作业区最近的海关监管堆场。

重箱凭设备交接单“进场IN”三联和船东装箱单，通过闸头运抵作业区。如果重箱超重了，将不允许运进去。每辆集卡和对应的装集装箱的车架的核定重量都有记录，通过闸头时，地磅将重箱及车辆的总重称出，减去记录里的空车重量，即得重箱重量。重箱总重没有超过国际标准规定的则可入内，否则不行。

每个码头都会有一个专门的网页供货代查询重箱进场的信息，所有进场的重箱箱号都会输入网页数据库。货代只要打开相应网页，输入其操作的箱号，如果无查询记录，则没有进场；有查询记录，就表明进场了。货代也可以通过与司机或货主联系，估计重箱进场的时间。

重箱进场后，货代持打上箱号及封铅号的十联单五联、六联、七联去相应码头办理进场手续。码头工作人员先根据联单上的箱号，打开箱号查询网页，确认箱子进场后，在第五联上盖“进场章”，并签名和注明时间，这里的时间精确到秒。因为重箱进场必须在码头截箱期前运抵该航次船舶预计停靠的码头，否则不能进场，晚一秒也不行。码头截箱期其实就是重箱进码头截止时间，通常在该航次船舶开航前两天，具体时间货代从码头方面获取后提前通知货主备货待装。这个步骤是最容易出问题的，主要就是由于货主未及时备好货发运，导致重箱不能在码头截箱期前进场以致无法装船，迫使货代向船公司或其代理退载，接受船公司的罚金，损失货代公司的信用。“进场章”盖上后，代表出口货物已经由海关监管，未经允许不能挪动。

五、通关、装船

（一）报检

1. 概念及单据

报检是申请人按照法律、法规或规章的规定向检验检疫机构报请检验检疫工作的手续。检验检疫机构接受申请人报检，是检验检疫工作的开始。出境报检时，应填写出境货物报检单并提供对外贸易合同（售货确认书或函电）、信用证、发票、装箱单等必要的单证。

2. 报检时限和地点

报检一般在货物发运前7～10天，鲜货则应在发运前3～10天提出。如申请单位不在商检部门所在地，应在发运前10～15天报检。出境货物最迟应于报关或装运10日前报检，对个别检验检疫周期较长的货物，应留有相应的实验室工作时间。出境活动物，应在动物计划离境60日前向出境口岸检验检疫机构预报，并提交相关资料，在出境口岸隔离检疫一周前报检。

3. 申报

货代在办完重箱进场手续后，到船代处办理，船代以独立的第三方的身份证明货方确已为出口货物安排运输。申报必须在申报截止时间前完成，简称船代截申报。

需要单据一般为打上箱号及封铅号并盖有进场章和经办人员签名的十联单五六七联、货主托运单以及5张船东装箱单。

船代办理申报手续时，首先审核船东装箱单是否为其代理船公司的装箱单，份数够不够，其次核对5张装箱单的数据是否一样，再核对装箱单与十联单的数据是否一样。若都对，就在第五联上盖申报章，将第五、六、七联退回，其他单据收走。

需要注意的是，在航运旺季时，如遇船舶超载，应提前办理申报手续。船公司通常都会超额接受一些货主的订舱，届时肯定有个别货主的货无法在这个航次装船，而被放在码头。像这种船公司接受订舱，在装船环节箱子被落下，俗称为被船公司“甩柜”。

（二）报关

出口货物的发货人或其代理人应当在货物的出境地向海关申报，出口货物的申报期限为货物运抵海关监管区后、装船的24小时前。货代操作的报关其实很简单，就是将报关资料和十联单的排载联（第五、六、七联）交给报关行就好了。其他具体的报关事项，报关行会处理好。只要没有被海关查验，货代报关操作到将资料交给报关行就终止了。

1. 报关资料

（1）已盖好“订舱章”“进场章”“申报章”的排载联。报关行会在上面再加盖报关行的，与其他报关行办理的排载联区别开来，方便随后的查验工作和取回提单联。

（2）所有出口货物都需要的基本单据：货主的代理报关委托书、商业发票、装箱清单和出口收汇核销单。通常说的报关资料指这四张单据。

（3）国家规定的其他单证，如：普惠制原产地证、出口许可证等。这些根据需要而定，不是所有外贸货物都需要的。

2. 报关注意事项

（1）报关单据必须在报关截单时间（海关截单期）之前投递到海关，晚一秒海关也不收。通常，海关截单期只比码头截箱期晚 2 小时，而 2 小时的时间内要完成进场、申报、报关是很紧张的，所以一般货代告诉货主码头截箱期会提前几小时。而具体提前几小时视货代为其后面的操作预估、预留时间而定，无统一标准。

（2）排载联、报关资料和报关单三者必须相符。值得注意的是这些单据都不能有任何的字迹不清、涂改、残缺，否则海关不会放行。尤其是排载联，如果在操作过程中，无意造成损坏，则必须重新打印一份排载联，将旧的排载联附在新的后面，然后将旧排载联盖过的章重新在新的排载联上盖一遍。最后，新旧两份排载联要一起交给海关。

（3）一票多箱时，装箱清单必须注明每箱装货明细。装箱清单与前面出现的船东装箱单是完全不一样的两种单据。装箱清单是发货人出具的，盖有其公章；而船东装箱单由承运的船公司印制并提供。和封铅一样，以前装箱清单是由船公司免费提供，现在船公司都要求货代向其购买，无形中增加了货代的经营成本和货主的运输成本。

（4）核销单必须有电子数据（由客户输入）。外贸公司进行核销业务必须持证上岗。各地外汇管理局每月都会组织一次外贸核销员资格考试，只有通过考试才能在外贸公司从事核销录入等核销业务。核销员证与其他职业资格证书不一样，它具有专属性质。

（5）注明货源地。若是转关货物还需将司机手册、海关关封、报关委托书送报关行，并要求重箱及时送码头，以便报关行及时办理转关手续。

3. 海关查验

海关对货物进行实际检查以确定进出境货物的性质、价格、数量、原产地、货物状况等是否与报关单上已申报的内容相符。通过查验，海关可以核实进出口货物收发货人及其代理有无伪报、瞒报、申报不实等走私、违规行为。

海关查验地点一般在海关监管区内，在进出境口岸码头、车站、机场、邮局或海关的其他监管场所进行。查验开始前，被查验的货物将通过海关查验绿色通道，全程由武警从堆场押运到海关查验区；查验完成后，再由武警押运回原处。海关在进出口货物收发货人或其代理不在场的情况下，自行拆开货物进行查验称为径行查验。这是海关查验的一种特殊方式。海关行使“径行查验”的权利时，应当通知货物存放场所的管理人员或其他见证人到场，并由其在海关的查验记录上签字。

4. 报关结果

查验完毕并通过后，海关实施查验的有关人员应当填写《海关进出境货物查验记录》一式二份。配合海关查验的报关员审阅查验记录准确无误后签字确认。最后将海关已放行的排载单在码头截单期前送码头，如果未按时送达，一样会导致货物因无法装船而退载。

（三）装船

通常集装箱装船时，承运人与港口的交接由理货公司代表与港口业务员在船边完成。普通集装箱装船与货运代理没有业务上的必然联系和交接责任。但是对于危险品集装箱、冷藏集装箱、重大件集装箱，以及动植物检疫货物或活动物集装箱的装船，货运代理人还要派人亲临装船现场，以便联系处理临时性问题。集装箱装船后，应向买方及时发出装船通知。

装船通知（Shipping Advice）是出口方在货物装船后给进口方的通知，目的是让进口方了解货物已装船发运，可准备付款和接货。在以 FOB 或 CFR 条件成交、需进口方自行投保运输险的情况下，装船通知应在装船后无迟延地发出，以便进口方办理投保手续；如有延误导致损失，应由出口方负责。进口方为避免出口方因疏忽而未及时通知，往往在信用证中明确规定出口方必须按时发出装船通知，并规定在议付时必须提供装运通知的副本与其他单据一并提交银行议付。装船通知并无统一格式，但其内容必须符合信用证的规定。

六、换取提单

货运代理凭港口集装箱堆场签发的场站收据正本，到船公司或其代理人处，交付预付运费，换取已装船提单，交发货人结汇。同时货运代理应抓紧做好结算工作，将结汇相关单证（报关单退税联、核销单、商检证等）及时交货主，并与有关各方及货主结清费用，做好台账的整理归档。

（一）提单的含义

海运提单（Marine Bill of Lading or Ocean Bill of Lading），简称提单（Bill of Lading，B/L）（见表 3 - 17），是国际结算中的最重要的一种单据，是指用以证明海上货物运输合同和货物已经由承运人接收或者装船，以及承运人保证据以交付货物的单证。提单中载明的按记名人交付货物，或者按照指示人的指示交付货物，或者向提单持有人交付货物的条款，构成承运人据以交付货物的保证。

表 3－17　　海运提单

Shipper Insert Name，Address and Phone		B/L No
Consignee Insert Name，Address and Phone		中远集装箱运输有限公司 COSCO CONTAINER LINES Port－to－Port or Combined Transport **BILL OF LADING**
Notify Party Insert Name，Address and Phone		
Combined Transport ＊ Pre－carriage by	Combined Transport ＊ Place of Receipt	
Ocean Vessel Voy. No.	Port of Loading	
Port of Discharge	Combined Transport ＊ Place of Delivery	

	Marks & Nos. Container/Seal No.	No. of Containers or Packages	Description of Goods	Gross Weight Kgs	Measurement
Particulars Furnished by Merch- ants			Description of Contents for Shipper's Use Only（Not Part of This B/L Contract）		
	Total Number Of Containers and/or Packages（In Words）				

	Freight & Charges	Revenue Tons	Rate	Per	Prepaid	Collect

	Ex Rate：	Prepaid at	Payable at	Place and date of Issue
		Total Prepaid	No. of Original B（s）/L	Signed for the Carrier：

（二）提单的功能

1. 提单是运输合同成立的证明

由于运输合同是在装货前商订的，而提单一般是在装货后签发的，故提单本身不是运输合同，而只是运输合同的证明，具有法律效力，提单记载事项构成承托双方争议解决的凭证。

2. 提单是证明货物已装船或由承运人接管的货物收据

证实其已按提单的记载收到托运人的货物，也是承运人在货到目的地后据以保证交付货物的凭证。

3. 提单是承运人据以交付货物的保证

提单的持有人拥有支配货物的权利，因此发货人可持提单向银行托收货款或议付信用证项下的货款，此时提单作为“一手交钱一手交单的”凭据，也意味着向银行质押货物的所有权从而提前取得货款；收货人可持提单向承运人提取货物；提单持有人还可通过背书将提单转让给他人，这就意味着货物被转卖，受让人同样可持提单向承运人提取货物。

（三）提单的种类

1. 根据货物是否装船分类

（1）已装船提单（On Board B/L or Shipping B/L），是指承运人已将货物装上指定的船只后签发的提单。这种提单的特点是提单上面有载货船舶名称和装船日期。

（2）备运提单（Received for Shipment B/L，也叫待装船提单），是指承运人收到托运人的货物待装船期间，签发给托运人的提单。这种提单上面没有装船日期，也无载货的具体船名。备运提单在船开后，到船公司处补上开航日和船名，即变为已装船提单。

在国际贸易中，一般都必须是已装船提单。《跟单信用证统一惯例》规定，在信用证无特殊规定的情况下，要求卖方必须提供已装船提单，银行一般不接受备运提单。

2. 根据货物表面状况有无不良批注分类

（1）清洁提单（Clean B/L），是指货物装船时，表面状况良好，承运人在签发提单时未加上任何货损、包装不良或其他有碍结汇批注的提单。

（2）不清洁提单（Unclean B/L or Foul B/L），是指承运人收到货物之后，在提单上加注了货物外表状况不良或货物存在缺陷或包装破损的提单。例如在提单上批注“铁条松失”“包装不固”“×件损坏”等。

在使用信用证支付方式时，银行通常不接受不清洁提单。当装船发生货损或包装不良时，托运人经常要求承运人不在提单上加批注，而由托运人向承运人提供保函，也称“赔偿保证书”（Letter of Indemnity），向承运人保证如因货物破残短损以及承运人因签发清洁提单而引起的一切损失，由托运人负责。承运人则给予签发提单，以便卖方在信用证下顺利结汇。

对于这种保函，有些国家法律和判例并未承认，如美国法律认为这是一种欺骗行为，所以使用保函时要视具体情况而定。

3. 根据收货人抬头分类

（1）记名提单（Straight B/L），又称收货人抬头提单，它是指在提单的收货人栏内，具体写明了收货人的名称。

（2）不记名提单（Open B/L），是指在提单收货人栏内不填写任何内容或注明（To the bearer 或 To the holder）的提单。

（3）指示提单（Order B/L），是在提单收货人栏中填“凭指示”（To Order）或“凭某人指示（To the Order of）”字样的提单。To Order 称为托运人指示提单，就是由托运人为第一背书人转让的提单；To the Order of ABC 称为记名指示提单，就是由 ABC 为第一背书人转让的提单。

4. 根据提单签发人不同分类

（1）班轮提单 Liner B/L，也叫船东单，即 Master B/L（M－B/L），只为整箱货（FCL）签发。

（2）无船承运人提单 NVOCC B/L，也叫货代单，即 House B/L（H－B/L）。整箱货和拼箱货都可签发，但拼箱货只能出货代单。

（3）班轮提单与无船承运人提单的关系。

①操作不同。班轮提单是由货代与船公司结算完毕，船公司出单给货代，然后客户再与货代结算，完毕后货代将班轮提单交给客户；客户取得提单的速度比较慢；而无船承运人提单则是只要客户付清费用，即可取得提单，速度快。

②提单“SHIPPER（发货人）”一栏的填制上不同。船公司给货代的班轮提单的“发货人”一栏填的是“×××国际货运代理有限公司”，收货人（CONSIGNEE）则填“To Order”。无船承运人提单的“发货人”一栏则可以填写实际发货人。

③目的港换单不同。班轮提单到目的港可直接换提货单（D/O），而货代单需先换成班轮提单，方可换提货单。无船承运人提单换班轮提单会产生一笔换单费。

④风险不同。无船承运人提单比班轮提单风险大。在国内，对签无船承运人提单只有规定没有监管，导致容易无单放货。即目的港代理在没见到正本提单情况下，将货物交给收货人。

5. 其他分类

（1）过期提单。过期提单是指卖方向当地银行交单结汇的日期与装船开航的日期相距太久，以致银行按正常邮程寄单预计收货人不能在船到达目的港前收到的提单。此外，根据《跟单信用证统一惯例》规定，在提单签发日期后21天才向银行提交的提单也属过期提单。

（2）倒签提单。倒签提单是指承运人应托运人的要求，签发提单的日期早于实际装船日期提单，以符合信用证对装船日期的规定，便于在该信用证下结汇。在出口业务中，有时在信用证即将到期或不能按期装船时，为了不影响结汇，托运人只好采用倒签提单。当然，根据国际贸易惯例和资本主义国家的法律实践，倒签提单是一种欺骗行为，是违法的。因此，应尽量避免使用倒签提单。

（3）预借提单。预借提单又称无货提单，是指因信用证规定装运日期和议付日期已到，货物因故而未能及时装船，但已被承运人接管，或已经开装而未装毕，由托运人出具保函，要求承运人签发已装船提单。

预借提单和倒签提单同属一种性质，一般都是出口公司出于无奈和应急时而采用的办法。为了防止意外，最好避免使用这两种提单。

（四）海运提单的内容及填制方法

海运提单的格式并不统一，每家船公司都有自己的格式，但其具体内容和项目基本一致。通常海运提单包括正面条款和背面条款。

1. 提单背面条款

提单背面条款主要是规定承运人与货方之间的权利、义务和责任豁免，是处理双方争议时的主要依据。

在实际业务中所用到的海运提单，其背面内容通常是提前印制的固定条款，无须发货人与承运人讨论或更改，发货人或承运人只需对提单正面的条款进行说明。下面对海运提单的正面内容做详尽的介绍。

2. 海运提单的正面条款

（1）提单号码（B/L No.）由承运人或其代理人按该航次所属的提单顺序编号，不需要发货人填写。

（2）契约文句。任何格式的提单正面都印有契约文句。

①装船（或收货）条款。如："Shipped in board the vessel named above in apparent good order and condition（unless otherwise indicated）the goods or packages specified herein and to be discharged at the above mentioned port of discharge or as near thereto as the vessel may safely get and be always afloat." 上列外表状况良好的货物或包装已装在上述指名船

只，并应在上列卸货港或该船能安全到达并保持浮泊的附近地点卸货。

②内容不知悉条款。如：“The weight, measure, marks, numbers, quality, contents and value, being particulars furnished by the Shipper, are not checked by the Carrier on loading.”重量、尺码、标志、号数、品质、内容和价值是托运人所提供的，承运人在装船时并未核对。

③承认接受条款。如：“The Shipper, Consignee and the Holder of this Bill of Lading hereby expressly accept and agree to all printed, written or stamped provisions, exceptions and conditions of this Bill of Lading, including those on the back hereof.”托运人、收货人和本提单持有人兹明白表示接受并同意本提单和它背面所载一切印刷、书写或打印的规定、免责事项条件。

④签署条款。如：“In witness whereof, the Carrier or his Agents has signed Bills of Lading all of this tenor and date, one of which being accomplished, the others to stand void. Shippers are requested to note particularly the exceptions and conditions of this Bill of Lading with reference to the validity of the insurance upon their goods.”为证明以上各项，承运人或其代理人已签署各份内容和日期一样的正本提单，其中一份如果已完成提货手续，其余各份均告失效。要求发货人特别注意本提单中关于该货保险效力的免责事项和条件。

一般称上述契约文句为提单正面条款。各船船公司提单的契约文句虽然不完全一样，但其内容含意基本相同。

（3）发货人（Shipper）又称托运人，即货物的实际发货人一般是出口商或信用证的受益人，应填写名称和地址。托收支付方式下的提单发货人栏应按合同规定的卖方填制；信用证支付方式下的提单发货人栏一般填信用证的受益人名称和地址。如果信用证受益人并不实际办理交货，而是由第三者交货或办理交货，只要信用证没有禁止以第三者为发货人时，本栏允许以信用证之外的第三者作为发货人，但必须慎重。

（4）收货人（Consignee）。在信用证支付方式下，本栏应严格按信用证的规定填写。本栏常见填写方式主要有以下三种。

①指示式。这种方式最普遍，多数信用证都使用这种方式。指示式又可分为空白指示式和记名指示式。

a. 空白指示式。即在本栏填“To order”，然后在提单背面由发货人签字进行背书。背书分为空白背书和记名背书。空白背书即背书人在提单背面签字盖章而不记载被背书人的名称；记名背书即背书人除了在提单背面签字盖章外，还要记载被背书人的名称。

b. 记名指示式。记名指示式又分为发货人指示式、银行指示式和收货人指示式三种。发货人指示式，即在本栏填“To order of shipper”，但发货人必须在提单背面背书，可以空白背书，也可以记名背书，如何背书应按信用证和合同的规定。银行指示式，即在本栏填“To order of ×××bank”。收货人指示式，即在本栏填“To order of ×××co.，Ltd”。银行指示式和收货人指示式，发货人均不需背书。在实践中，发货人指示式和银行指示式较多见，若采用收货人指示式，开证行付款后，其物权不掌握在银行手中，而是掌握在收货人手中，因此，开证行不愿意接受收货人指示式的做法。

②记名式。在本栏直接填入某某人的名称，如填“×××Co.，Ltd.”，发货人不需背书，也无指示字样，而是特定×××公司为收货人。目前这种做法较少见，因为记名式除了收货人本人以外，提单不能转让，承运人只能将货交给特定人，因此开证行不愿接受此种做法。

③不记名式。即在本栏留空不填，或填入“To bearer”（本人抬头），即谁持有该提单，其物权即归谁。不记名式提单可以转让，是仅凭交付即可转让，不需背书或任何转让手续。所以它的风险比较大，目前国际上很少使用。

（5）被通知人（Notify Party）因为提单的收货人栏经常是指示式，甚至是不记名式，船方无法通知实际收货人，所以提单设立“被通知人”栏，以便船方在货到目的港后能及时给收货人或其代理人发出到货通知，使其按时办理有关手续。所以被通知人就是收货人或其代理人。“被通知人”栏需提供详细地址，即使信用证未规定详细地址，为了单证一致，提单正本按信用证规定的无地址的被通知人填制，但其副本一定要加注详细的地址。被通知人的地址应该是目的港的地址。信用证规定的被通知人后如有“Only”一词提单也应照填，不能省略。

托收方式下的提单，本栏可按合同的买方名称填制。信用证方式下关于“Notify Party”的要求一般有以下几种情况：NOTIFYING APPLICANT；NOTIFYING ×××COMPANY LTD AND ADDRESS，此栏的主要目的是便于船公司在船到达目的港时能够和收货人联系。

（6）海运船名、航次号（Ocean Vessel，Voy. NO.）本栏应填写实际承运货物的船舶名称，由发货人或者货运代理按照其租船订舱的船名填写。

（7）装运港（Port of loading）即实际启运港的名称，它必须符合信用证和合同的规定。在信用证或合同中，经常会遇到没有规定具体装运港名称的情况，只是笼统地规定某个范围内的港口。在这种情况下，填制提单时一定要填写确定的具体装货港，而不能把信用证或合同中笼统的规定搬到提单中。例如，信用证没有规定具体的装货港口，但实际装货港是青岛港，这里应该填写“QINGDAO”，而不能写成“CHINESE MAIN PORTS”。

（8）卸货港（Port of discharge）即具体卸货港名称，它必须与信用证及合同的规定一致。与装货港相似，在信用证或合同中，也经常会遇到没有规定具体卸货港名称的情况，只是笼统地规定在某个范围内的港口。在这种情况下，填制提单时同样要填写确定的具体卸货港，而不能把信用证或合同中笼统的规定搬到提单中，但也不能超出信用证规定的范围。

(9) 最终目的港 (Final Destination)。一般在海运提单下，卸货港即目的港，本栏可不填。若是转运货物，可在卸货港栏填转运港名称，本栏填最终目的港名称。同时也可再在“货方提供的项目”栏中注明转运字句。如果是联运，这个栏目填联运的最终目的地。

(10) 标志和号码 (Marks & Nos.)。标志和号码也叫运输标志，俗称“唛头”。唛头应与实际货物以及其他单据一致。如果信用证中规定唛头，则也应与信用证一致，内容排列的顺序以及形状均不得更改。唛头一般包括收货人的简称或代码、合同号、目的港名称、件数或件号等。在实务中，如果是无唛头的情况（如散装货等），可填“NO MARK”或“N/M”。

(11) 集装箱号及集装箱封号 (Number of Containers and Seals)。对于集装箱货物，这个栏目填集装箱号码以及海关放行后锁集装箱用的铅封号码。如果是非集装箱货物，本栏空白。

在实务中，集装箱号按实际订舱时船公司所确定的填写；集装箱封号是在向海关申报后，由海关审单放行时向发货人或其货运代理发放的用于锁集装箱的铅封号码。填写时应注意铅封号码要与集装箱号相对应，否则会给收货人在目的港提货时造成不必要的麻烦。

(12) 件数和包装种类 (Number and Kind of Packages)。件数是指包装数量或包装单位的数量。这里的包装是指运输包装，不能填内包装。如果提单项下商品的包装单位不止一种时，应分别表示。总包装数量应填“PACKAGES”，而不应填写其中的某种包装。

应按照实际装货的包装件数和包装种类填写，同时应该考虑与信用证要求的数量和包装种类相一致。如果信用证要求不得分批装运，那么此栏应该和信用证中的包装数量相一致，否则会被开证行拒付；如果信用证允许分批装运，每一批次的包装数量及其总和应该与信用证对各批次以及总包装数量的要求相一致；如果是多个规格或是多个产品，此栏应填写总的包装数量，即将每个规格或每个产品的包装数量之和填在此栏，而不是某一个产品的包装数量。

(13) 货名 (Description of Goods)。本栏要与信用证规定的货名以及其他单据的货名一致。如果货名繁多、复杂，则按银行接受的货名描述，用统称表示，但不得与信用证中货物的描述有抵触。如果信用证规定以法语或其他语种描述货名时，本栏也应按其语种表示。

（14）毛重（千克）（Gross Weight）。除信用证有特别规定外，本栏应填货物的实际毛重，与包装数量相对应，并以千克表示。若裸装货物没有毛重，只有净重时，应在净重前加注："N. W.（Net Weight）"。提单中的重量应与其他的重量一致。

（15）尺码（Measurement）。即指货物体积，该货的实际尺码，以立方米即"Cubic Meter"为计算单位，小数点以后保留三位。它应和货物的包装数量以及毛重相对应。

本栏所表示的尺码及上述的毛重主要供船方计算运费使用，所以既要与其他单据一致，还必须真实地表示货物的实际尺码与重量，不得有误。例如，中国远洋运输公司提单在背面条款中有这样的规定："承运人有权在装运港或目的港对发货人所报的货物数量、重量、尺码与内容进行查验。若所付的运费低于本来支付的运费，则承运人有权向货主收取违约赔偿金，即按实际货物与报错运费的两倍差额收取。"

（16）运费条款（Freight Clause）。此栏与价格术语有关，应按信用证规定填列。若信用证未具体规定，应按价格条款而定（托收方式也按价格条款而定）。如 FOB 和 FAS 等价格条件应填"Freight collect"（运费到付）或"Freight payable at destination"（运费在目的港付）；如 CIF 和 CFR 等价格条件应填"Freight prepaid"（运费预付）或"Freight paid"（运费付讫）。对于集装箱运输，还应该说明集装箱运费的起止条件术语，如 CY/CY、CY/CFS 或 DOOR/DOOR 等方式。

个别信用证规定所有单据（包括提单）需注明信用证号码或其他声明时，提单可在本栏空白处注明。

（17）大写（In Words）合计件数（Total Packages）。以文字的形式写出包装总件数，并在文字最后写上"ONLY"。如果信用证没有明确规定具体的总包装件数，一般按照实际货物的总包装件数填写。

（18）运费和费用（Freight and Charges）。在实际业务中，运费和费用一般是不对外公开的，除非信用证有特殊规定。因此，此栏一般是空的或填写"Freight and charges as arranged"。

（19）正本提单份数（Number of Original B/L）。提单有正本提单和副本提单之分，一般说的提单都是正本提单，副本提单只能用于日常业务，不具有法律效力。

信用证项下的正本提单签发的份数要依据信用证的规定办理，托收支付方式下的正本提单，一般签发两份或三份都可以。在本栏填列的份数可以用英文表示，如"two""three"等。如信用证规定"full set clean on board bills of lading..."，并未规定具体份数，就按"UCP500"的规定，"开立全套正本提单可以是仅有一份正本提单或是一份以上的正本提单"。所以"全套"可以理解为签发一份、两份或三份以上均可，但一般常用两份或三份为一套提单。正本提单在正面应注明"正本"（ORIGINAL）

字样。

(20) 签单地点和日期 (Place and Date of Issue)。签单地点就是承运人业务所在的地点，一般承运人在装运港设有代理人，所以签单地点多数是承运人接管货物或装运的地点；签单日期是提单上所列货物实际装船完毕的日期。

(21) 承运人 (Carrier)。即承担运输的船公司的名称，也可以是无船承运人的公司名称。虽然船公司提单的格式不同，但在提单的上端均印有作为承运人的船公司的名称。提单上的承运人名称是非常重要的项目，UPC500 第二十三条对银行接受海运提单的条件，首先规定提单表面要注明承运人的名称。因此此栏是不需要另外填写的。

(22) 承运人签字 (Signed for the Carrier)。此栏是承运人签字处，证明承运人已收到货物。任何一种运输单据必须由其承运人盖章才能生效，这是承运人的义务。

承运人或船长的任何签字或签证，必须表明“承运人”或“船长”的身份。代理人代表承运人或船长签字或签证时，也必须表明所代表的委托人的名称和身份，即注明代理人是代表承运人或船长签字或签证。

签字分两种，一种格式是（船长或船公司）签字加“AS CARRIER”；另一种格式是（船公司在装货港的代理人）签字加“AS AGENT OF CARRIER × × × × COMPANY LTD”（船公司名称）。

在实际业务中，海运提单是由船公司或船公司的代理人依据发货人或发货人的货运代理人提供的装货单（俗称下货纸）制作的（见表 3 - 17）。因此，发货人或货运代理人除了应掌握装货单的制作，更应该掌握如何审核提单的内容，并判断提单是否符合信用证或合同的要求。

（五）提单的流转（见图 3 - 11）

(1) A、B、C 为不同的货主，他们将各自的拼箱货交给货代公司。

(2) 货代公司将货主 A、B、C 的货进行整理后装在同一箱内，以整箱方式交给船公司运输。

(3) 船公司在接受整箱货后，向货代公司签发总提单，并在总提单上记载 CY - CY 运输条款。

(4) 货代公司在接受托运的拼箱货后签发自己的分提单，分别给 A、B、C 三个货主。

(5) 货主 A、B、C 持货代签发的分提单去银行结汇。

(6) 出口国银行将分提单转到进口国银行。

(7) 进口国收货人 A′、B′、C′分别向银行付款赎取各自的分提单。

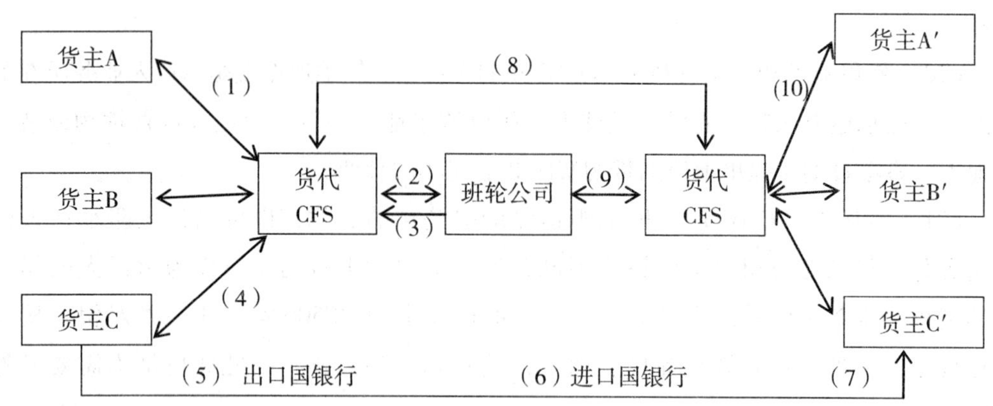

图3－11　提单的流转

(8) 货代公司将总提单转国外代理人。

(9) 在船公司将整箱货运抵进口国后，货代公司代理人凭总提单去船公司提货。

(10) 货代公司在国外代理人提取整箱货后拆箱，收货人A′、B′、C′凭分提单去货代公司在国外的代理人那里提货。

七、交单结算

在出口业务中，货运代理与发货人的提单交接环节是货代出口操作流程的最后一个环节。为了圆满地完成业务，货运代理人员应做到以下几个方面。

(1) 熟悉公司的财务制度。如公司使用外拖车、外堆场的结算原则；选择转账支票或现金结算的原则。通常，货代都是在一票货物的所有费用收清后，才将提单交给发货人。若发货人在市区内，则派人送上门；市区外的一般用快递寄给对方，若正好有集卡前往拖装，也可委托司机代为转交。

(2) 尽快确认费用。货物顺利出运，货代公司从承运人处获取提单后，应尽快与托运人沟通，将费用详单交托运人确认。待双方核实确认无误后，货代公司开具发票，收取运费及一切代垫费用后，将全套正本提单交予托运人。

除海运费外，一票货物的出运还涉及许多其他费用，特别是一些港口费用。港口费用是作为交通运输枢纽的港口，凭自己拥有的设备、设施和人力，为船舶运输和货物装卸提供劳务，根据有关规定标准，向各个服务对象收取的费用。所有这些费用均由货代公司代垫，最终向托运人收取。

(3) 避免提单遗失。避免提单遗失的最好方法是将签发后提单的正面内容复印一份。在交给发货人或委托他人转交发货人时，让接手人在复印件上签名，然后复印件带回公司存档，原件交给签收人。这样做可以很容易分清责任，避免推诿。

若提单签发后遗失，托运人提出补发提单，承运人会根据不同情况进行处理。一般要求提供担保或保证金，还要依照一定的法定程序将原提单声明作废，并检查目的港收货人是否已提货。保证金通常为提单记载货物的等价货款，交船公司账户保管至少1年，在船公司确认在目的港不会有人持遗失提单提货后，方予退回。因为按国际惯例，只要提单持有人持有的提单是合法有效的，作为承运人就必须要让其提取提单记载货物，或者支付提单记载货物的等价货款给对方。

简单实训

1. 通过不同方式找出可能成为潜在客户的公司企业，至少5个目标客户。完成下面的表格（见表3-18）。

表3-18　目标客户信息

序号	企业名称	经营项目	公司地址	联系人	联系方式	备注
1						
2						
3						
4						
5						

2. 根据提供的信息，缮制海运托运单。

2016年9月6日，烟台北方安德利果汁股份有限公司接到国外进口商（PACIFIC MILLENNIUM COMPANY CO., LTD.）开立的信用证，于2016年9月8日制作一份货运代理委托书，委托方华国际物流有限公司办理租船订舱等运输事宜。请制作一份货运代理委托书。

（1）商品名称：APPLE JUICE CONCENTRATED（浓缩苹果汁）

（2）净重：240千克/桶

（3）桶重：15千克/桶

（4）尺寸：80CBM

（5）实际装运350桶，分别装于5个20英尺集装箱

（6）装运港：CHINESE MAIN PORT

（7）目的港：LONG BEACH U. S. A

（8）最迟装运期：OCT 10，2016

（9）货物描述：APPLE JUICE CONCENTRATED

TOTAL QUANTITY：84MT

AT USD 1100/MT CIF LONG BEACH U. S. A

CY/CY

PACKING：IN STANDADR EXPORT DRUM PACKING

（10）随附单证：FULL OF CLEAN ON BOARD OCEAN BILL OF LAND MADE OUT TO ORDER IN 3 ORIGINALS

（11）PARTIAL SHIPMENTS NOT ALLOWED

（12）TRANSSHIPMENT ALLOWED

3. 一批出口商品，产品所用包装纸箱都是用尺寸为长 485 毫米 × 宽 366 毫米 × 高 275 毫米，每箱毛重为 25KGS，用 20 英尺钢质集装箱，箱内尺寸为长 5. 69 米 × 宽 2. 13 米 × 高 2. 18 米，内容积为 25 立方米，最大载重 17500KGS，请计算该集装箱最多可装多少个纸箱。

4. 请根据下面的销售合同填写提单。

销售合同

SALES CONTRACT

卖方 SELLER：	DESUN TRADING CO.，LTD. 29TH FLOOR KINGSTAR MANSION， 623JINLIN RD.，SHANGHAI CHINA	编号 NO.： 日期 DATE： 地点 SIGNED IN：	SHDS03027 APR. 03，2001 SHANGHAI
买方 BUYER：	NEO GENERAL TRADING CO. #362 JALAN STREET，TORONTO，CANADA		

1. 品名及规格 Commodity & Specification	2. 数量 Quantity	3. 单价及价格条款 Unit Price & Trade Terms	4. 金额 Amount
			CIF TORONTO
CHINESECERAMIC DINNERWARE DS151130 – Piece Dinnerware Set DS220120 – Piece Dinnerware Set DS450445 – Piece Dinnerware Set DS512095 – Piece Dinnerware Set	542SETS 800SETS 443SETS 254SETS	USD23. 50 USD20. 40 USD23. 20 USD30. 10	12737. 00 16320. 00 10277. 60 7645. 40
Total：	2039SETS		46980. 00

5. 总值 Total Value：SAY ONE THOUSAND SIX HUNDRED AND THIRTY - NINE CARTONS ONLY.

6. 包装 Packing：TOTAL：1639 CARTONS.

7. 唛头 Shipping Marks：N/M

8. 船名航次 Ocean Vessel Voy. No.：YANGFAN V.557

9. 装运港及目的地 Port of Loading & Destination：FROM：SHANGHAITO：TORONTO

10. 提单号码 B/L NO.：YF1699

11. 被通知人 Notify Party Insert Name，Address and Phone：BUYER

12. 备注 Remarks：（1）提单凭托运人指示

（2）No. of Original B（s）/L：THREE

（3）Gross weight：55KG/CARTONS

（4）Measurement：每箱 50CM×60CM×80CM

5. 请将下列海运出口代理流程进行排序。

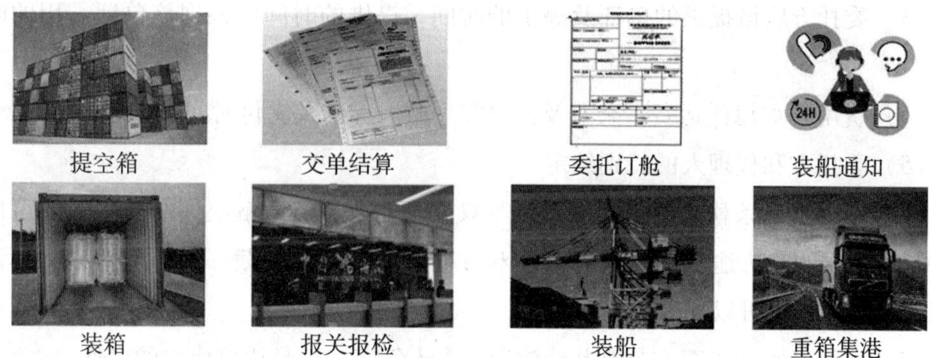

提空箱　交单结算　委托订舱　装船通知

装箱　报关报检　装船　重箱集港

任务三　国际海洋货物进口运输代理业务

任务导入

沈阳宏远进出口贸易公司从韩国进口一批数码照相机，货物从大连口岸进境，沈阳宏远进出口贸易公司就将该笔业务委托给大连久久国际货运代理公司代办提货手续。作为公司的业务员，小李接手了该项业务，他如何完成该项业务呢？

一、委托代理

货运代理人与货主双方建立的委托关系可以是长期的，也可以是就某一批货物而签订的。在建立长期代理关系的情况下，委托人往往会把代理人写在合同的一些条款中。这样，国外发货人在履行有关运输部分的合约时会直接与代理人联系，有助于提高工作效率和避免联系脱节的现象发生。在货代与货主双方之间订立的协议中，通常应明确以下项目。

（1）委托人和代理人的全称，注册地址。

（2）代办事项的范围，如是否包括海洋运输，是否包括装运前的拆卸工作、集港运输，到港后是提单交货还是送货上门等。明确代办事项范围，一旦发生意外，就能够判断双方责任，也可避免因双方职责不明而造成失误。

（3）委托方应该提供的单证及提供的时间，提供的时间应根据该单证需用的时间而定。

（4）费用（如海洋运费、杂费及关税等）收取标准及支付时间、方法。

（5）委托方和代理人的特别约定。

（6）违约责任条款。发生纠纷后，若双方不能通过协商解决纠纷，则一般可以采用仲裁或诉讼的解决途径，地点可以在双方同意的地点，仲裁一般在契约地，诉讼则可以在契约地，也可以在被告所在地。

（7）协议必须加盖双方公章并经法定代表人签字，这是协议成立的要件。

二、准备接货

（一）接单并确定船期

1. 接单

货物抵达目的港前，货代公司需要委托人向其提供包括正本提单在内的全套运输及商业单据（全套单据包括带背书的正本提单或电放副本、装箱单、发票、合同等），并进行整理。接到客户的全套单据后，要查清承担该批进口货物运输的船公司、承运人、船舶代理，并确定换取通关用的提货单的地点。同时，办理业务时应注意：

（1）事先与船公司或船舶代理部门取得联系，确定船舶的到港时间、地点，如果是转船运输，还应及时核查二程船船名；

（2）事先与船公司或船舶代理部门、场站联系确认换单费、押箱费、换单的时间、提箱费、掏箱费、装车费、回空费等。

2. 确定船期

国际货运代理公司在接到进口方提交的装运港装船通知后，应密切联系船公司，随时掌握船舶的运行动态，做好接船和接货的准备工作。

根据我国有关规定，对进口集装箱货物，海上承运人应在船舶抵港前一定时间，例如，近洋航线船舶在抵港72小时前进行船期预报和24小时前进行船期确报；远洋航线船舶在抵港7天前进行报告，并且采用传真、电传、邮寄等方式向卸货港的船舶代理人提供完整准确的提单副本、货物舱单、集装箱装箱单、场站收据副本、积载图、危险货物集装箱清单、危险货物说明书、冷藏集装箱清单等必要的卸船资料。于24小时内制作船舶预计到港通知书、交货通知书、集装舱单等单证，并将这些资料分送港口、外轮理货、海关等单位，同时用到货通知书通知收货人或其代理人。

收货人或其代理人在收到海上承运人或其代理人提供的进口单证资料后，向港口提供货物流向和实际收货人的信息，并做好卸船接货准备。港口的装卸公司、集装箱堆场或货运站的经营人接到上述单证后，为船舶进港和卸箱做好准备，码头堆场据此安排卸船计划。

（二）换提货单

凭带有背书的正本提单（如电报放货，可带电报放货的传真件与保函）去船公司或船舶代理部门换取提货单和设备交接单。

1. 交货记录

“交货记录”标准格式一共五联：①到货通知书；②提货单；③费用账单（蓝色）；④费用账单（红色）；⑤交货记录。

提货单（Delivery Order，D/O）（见表3－19），是交货记录中的第二联，又称小提单，是收货人凭正本提单或副本提单随同有效的担保向承运人或其代理人换取的，可向港口装卸部门提取货物的凭证。

2. “交货记录”联单流转程序

（1）船舶代理人在收到进口货物单证资料后，在规定的时间内向收货人或通知人或其代理人发出到货通知书（第1联）。同时，船代在收到船舶资料后24小时内将其代理的船舶舱单送达口岸海关及卸货港区。

（2）收货人或其代理人在收到到货通知书后，凭海运正本提单（背书）和到货通知书向船舶代理人换取提货单及场站、港区的费用账单联、交货记录联等四联。船代收到正本提单并核对无误后，方可签发提货单等四联，并在提货单上加盖专用章，以示确认。在特殊情况下，收货人或其代理无正本提单提取货物，船代可凭收货人或其代理的银行担保或其他可接受的有效保函签发提货单。但收货人或其代理必须在 30 天内办理销保手续。

表 3－19　提货单

提货单　　NO.

(DELIVERY ORDER)

收货人：　　致：　　港区、场、站

以下货物已办妥手续，运费结清，准予交付收货人				
船名		航次	装运港	目的港
提单号		交付条件	到付海运费	合同号
卸货地点		抵港日期	进库场日期	第一程运输
货名		集装箱号码铅封号		
集装箱数				
件数				
重量				
体积				
标志				

请核对发货

收货人章	海关章		

提货单经船代盖章方始有效。船代签发提货单时，要仔细确认船舶货物是否属于自己代理的职责。不属于自己代理的船舶，任何船代无权签发提货单及其他有关证明。船代仅对其代理的海运承运人（船公司）负责。

（3）收货人或其代理人持提货单在海关规定的期限内备妥报关资料，向海关申报。海关验放后在提货单的规定栏目内盖放行章。收货人或其代理人还要办理其他有关手续的，也应办妥手续，取得有关单位盖章放行。

（4）收货人及其代理人凭已盖章放行的提货单及费用账单和交货记录联向场站或港区的营业所办理申请提货作业计划，港区或场站营业所核对船代的"提货单"是否有效及有关放行章后，将提货单、费用账单联留下，做放货、结算费用及收取费用收据。在第五联"交货记录"联上盖章，以示确认手续完备，受理作业申请，安排提货作业计划，并同意放货。

（5）收货人及其代理人凭港区或场站已盖章的交货记录联到港区仓库，或场站仓库、堆场提取货物。提货完毕后，提货人应在规定的栏目内签名，以示确认提取的货物无误。交货记录上所列货物数量全部提完后，场站或港区应收回交货记录联。

（6）场站或港区凭收回的交货记录联核算有关费用。填制费用账单一式两联，结算费用。将第三联（蓝色）"费用账单"联留存场站、港区制单部门，第四联（红色）"费用账单"联作为向收货人收取费用的凭证。

（7）港区或场站将第二联"提货单"联及第四联"费用账单"联、第五联"交货记录"联留存归档备查。

（三）办理提货预约手续

为便于码头结算港口费用、提前处理有关文件并安排移箱和做好交货准备，避免提货等待和交通堵塞等现象发生，码头堆场一般都规定收货人和其代理办妥提货手续后，应在码头堆场规定的时间内提前向码头商务受理部门办理提取的申请，即通常所称的"提货预约"。

码头堆场提货预约的流程如下所示。

（1）收货人或其代理将办理完报关、报检手续的提货单及其他单据（提箱通知单、进场与出场设备交接单）送至码头堆场办理提货/箱申请。

（2）收货人或其代理填写提货"作业申请单"，说明提货申请的种类，比如整箱提货、拆箱提货、CFS 仓库提货等，以及计划提箱/货的时间。

（3）堆场受理人员首先将提货单上的内容同计算机储存的船、货数据核对，检查是否单单相符、单货相符，提交的提货单是否手续齐全；其次根据收货人计划提箱日期，在费用账单上加盖费用收取截止章，并核算出应缴纳的港口费用，留下提货单作为放货依据，并在确定实际提货时间后，打印出正式的作业申请单一式六联，将客户联连同交货记录三联单交付收货人或其代理。

(4) 收货人或其代理持作业申请单及交货记录三联单到码头收费部门交付港口费用，收费员收取费用后留下费用账单联作为收费依据，并在费用账单客户联上加盖费用收讫章。

(5) 收取港口费用后，受理人员打印"提箱凭证"，在交货记录联、作业申请单申请人联加盖提箱放行章后，将其返还收货人或其代理。

(6) 受理人员将作业申请单其他联分送堆场、货运站、调度、检查口等部门，以便这些部门（单位）凭此申请单安排作业计划。

三、报关报检

根据国家有关法律法规的规定，进口货物必须办理验放手续后，收货人才能提取货物。因此，必须及时办理有关报检、报关等手续。

检验检疫局根据"商品编码"中的监管条件，确认此票货是否要做商检。收货人如果有自己的报关行，可自行清关，也可以委托货代的报关行或其他有实力的报关行清关。报关资料包括带背书正本提单/电放副本、装箱单、发票、合同、小提单。通关时间一般在一个工作日以内，特殊货物需要两到三个工作日。海关查验可以技术查验，就是依据单据以及具体货物决定是否查验，也可以随机查验，海关放行科放行后，电脑自行抽查。如前所述，船抵卸货港卸货，货物入库、进场，卸至集装箱堆场后，船舶代理人会发出到货通知书。货代应该持正本提单及到货通知书前去办理。拼箱货的各收货人可以自行或委托货代持提货单及其他通关单据向海关办理各自进口货物的报关。

四、提货交接

报关报检手续办理后，去港区大厅缴纳港杂费。港杂费用结清后，港方将提货联退给提货人供提货用。

（一）提货

1. 提货方式

(1) 整箱提货。收货人或国际货运代理人将整箱集装箱货提离码头堆场前，需先向承运人委托的管箱单位办理放箱手续。经管箱单位在设备交接单上加盖放箱章后，收货人或国际货运代理人再向营业所办理整箱提离手续。通常场站是承运人和收货人责任、费用划分的场所，故要求收货人结清所有有关费用，留下提货单，然后签署交货记录。收货人或货运代理人在码头堆场提取整箱集装箱货时，要出具船公司或代理人签发的交货记录、设备交接单。经核对无误后，码头堆场才能将集装箱交给收货人或货运代理人，双方应在交货记录上签字交接，并进行集装箱交接。

（2）拆箱提货。当交货地点不具备整箱运输条件而必须拆箱散件运输时，收货人或国际货运代理人需凭经海关放行的交货记录填写整箱拆箱申请单，向码头陆运机构申请，经审核同意拆箱并加盖认可章后，方可在海关监管下进行拆箱作业。同时，收货方与码头堆场要办理箱、货的交接手续。

若整箱货拆箱在国际货运代理人或其他非承运人集装箱货运站拆箱提货时，可将整箱提运至集装箱货运站，在海关监管下拆箱后，进行货运站与收货人的交接，空箱由货运站负责返还码头堆码。

（3）拼箱提货。货代或其目的港代理凭船公司签发的提货单、各分票提单副本、舱单及入库清单等，向海关申请将整箱货移至货代自己拥有的或指定的监管库，以便拆箱分拨货物。海关查验单证后将这些单证制作关封交付监管整箱货堆场的海关，海关审核无误后盖章放行。货代安排的拖车公司持海关放行手续到码头堆场提取整箱货并移至监管库，按照集装箱装箱单的顺序进行拆箱，分类进行入库保管，如有短损，填写溢短单或残损单。

拼箱货货代通知货主到货，签发提货单。货运代理人或其目的港代理向收货人发到货通知，收货人向货代目的港代理递交全套正本无船承运人提单，货代目的港的代理将货代装货港代理邮寄来的提单副本进行核对，收取相关费用后，签发提货单。取得海关放行后，收货人可持提货单到货代监管仓库提取货物。

2. 延期提货

货运代理应在规定的时间内进行提货，如果超过时间提货则需要重新办理申请并支付额外的相关费用，甚至可能因超期提取而被海关没收等。

拆箱交付的进口集装箱货物，港口或内陆中转站、货运站应在卸船后或集装箱运抵内陆中转站、货运站后 4 天内拆箱完毕，并向收货人发出催提通知。堆场交付的进口集装箱货物，收货人应于整箱卸入堆场后 10 天内提运。集装箱卸船后，在港口交付的货物超过 10 天不提货，港口装卸企业可将集装箱或货物转栈堆放，由此发生的费用，由收货人负担；在 10 天内，因港口责任造成的集装箱或货物转栈的费用，由港口负担。

收货人超过规定期限不提货或不按期向指定地点归还集装箱的，应当按照有关规定或合同约定支付货物、集装箱堆存费及集装箱超期使用费。自集装箱进境之日起 3 个月以上不提货的，海上承运人或港口可报请海关，按国家有关规定处理货物，并从处理货物所得的款项中支付有关费用。

国际货运代理人可根据货主的委托，选择自提货或者代运，若自提货则由货运代理办妥手续后，交由货主自己提货。若货主委托代运，则与传统进口货物相似，国际货运代理人可根据整箱货还是拼箱货以及交接方式，安排代运工作。

（二）货物交接

货运代理人向货主交货有两种情况：一种是以单证交接，货物到港经海关验放，并在提货单上加盖海关放行章，将该提货单交给货主，即为交货完毕；另一种是除完成报关放行外，货运代理人负责向港口装卸区办理提货，并负责将货物运至货主指定地点，交给货主，集装箱运输中的整箱货通常还需要负责空箱的还箱工作。

五、还箱结算

重箱由堆场提到场地后，应在集装箱免费期内及时掏箱避免产生滞箱费。货物提清后，应及时退还空箱，并从集装箱场站取回设备交接单证明箱体无残损，然后去船公司或船舶代理部门取回押箱费。

最后，与客户根据报价及相关标准，结清费用，做好资料归档工作，以便日后的工作查询。

简单实训

1. 分组扮演模拟进口货运代理业务流程

（1）将学生进行分组，可以按以下方案设计分组，扮演角色。

A 组代表出口方、进口方；

B 组代表货运代理公司；

C 组代表船公司；

D 组代表集装箱码头；

E 组代表海关、检验检疫机构；

F 代表保险公司、银行；

G 代表集卡公司等其他部门。

（2）由进出口双方设计进出口交易条件。

（3）由进口方与货运代理公司洽谈签约。

（4）由货运代理公司执行国际海运进口货运代理业务。

2. 案例分析

2016 年 5 月 20 日，我国电力公司从欧洲进口一批发电机组及配套设备，委托我国久久货运代理公司负责全程运输。久久货运代理公司以托运人的身份向海运承运人订舱，装卸港口分别为汉堡和大连。货物从欧洲港口起运前，电力公司向我国财产保险股份有限公司投保海洋货物运输一切险，保险单上启运港和目的港分别为汉堡和大连。2016 年 6 月 9 日，在发电设备被海运至我国大连港后，久久货运代理公司又转委托中国路通运输有限公司将其运至电力公司在沈阳的工地，并向其支付陆运运费。发电设备在公路运输途中，从路通运输有限公司的车上侧移跌落地面，严重受损。

请分析：（1）电力公司的货损应向谁索赔？为什么？

（2）路通运输有限公司是否要承担责任？为什么？

（3）保险公司是否承担责任？为什么？

3. 请将下列海运进口代理业务流程进行排序

提货

缴费

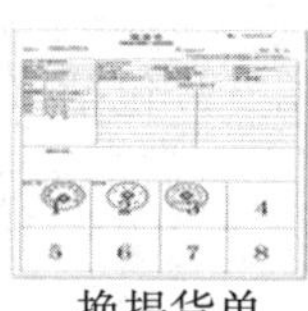
换提货单

空箱返还

报关报检

巩固提升

一、单项选择题

1. CY/CY 集装箱运输条款是指（　　）。

A. 一个发货人、一个收货人　　B. 多个发货人、多个收货人

C. 一个发货人、多个收货人　　D. 多个发货人、一个收货人

2. “电放”情况下交付货物时，收货人出具了保函，收货人（　　）。

A. 应履行解除担保的责任　　B. 不需要履行解除担保的责任

C. 在收到提单后换回保函　　D. 在收到海运单后换回保函

3. 下列属于集装箱出口货运特有的单证是（　　）。

A. 交货记录　　B. 场站收据　　C. 设备交接单　　D. 装箱单

4. 货物装船时外表状态良好，没有阻碍结汇的批注的提单是（　　）。

A. 顺签提单　　B. 收货待运提单　　C. 简式提单　　D. 清洁提单

5. 班轮公司运输的集装箱货物的交接方式通常是（　　）。

A. CY/CFS　　B. CFS/CFS　　C. CFS/CY　　D. CY/CY

二、多项选择题

1. 货主或委托货代到码头堆场提空箱时，通常与堆场业务人员一起对集装箱进行检查。检查的主要内容包括（　　）。

A. 集装箱外部是否有损伤、变形、破口等异样

B. 集装箱箱门能否做270度开启

C. 箱内是否清洁

D. 附件是否齐全

E. 箱子是否有漏光、漏水情况

2. B/L 指（　　）。

A. 运输合同证明　　B. 货物收据　　C. 交货凭证　　D. 物权凭证

E. 运输合同

3. 海运运输方式的优点包括（　　）。

A. 运量大　　B. 成本低　　C. 速度慢　　D. 运距长

E. 受气候影响大

4. 班轮运输的基本特点是“四固定”，包括（　　）。

A. 固定航线和港口　　B. 固定的船期

C. 相对固定的运价　　D. 固定的运输合同

5. 关于集装箱装箱单（CLP）的表述正确的有（　　）。

A. 货运站缮制

B. 一个集装箱一套装箱单

C. 处理货损索赔事故原始单证之一

D. 只有拼箱货（LCL）装箱时使用该单证

三、案例分析题

1. A公司（以下称发货人）将装载布料的6个集装箱委托一家国际货运代理公司（以下称货代）拖运到中国香港再装船去西雅图港，集装箱在西雅图港卸船后再通过铁路运抵交货地（底特律）。该批出口布料由货代出具全程提单，提单记载装船港中国香港、卸船港西雅图、交货地底特律，运输交款CY—CY，提单同时记载“由货主装载、计数”的批注。集装箱在中国香港装船后，船公司又签发了以货代为托运人的海运提单，提单记载装船港中国香港、卸船港西雅图，运输条款CY—CY。集装箱在西雅图港卸船时，6个集装箱中有3个外表状况有较严重破损，货代在西雅图港的代理与船方代理对此破损做了记录，并由双方在破损记录上共同签署。三个集装箱在运抵底特律后，收货人开箱时发现外表有破损的集装箱内布料已严重受损，另一集装箱尽管箱子外表状况良好，但箱内布料也有不同程度受损，此后，收货人因货损与发货人、货代船公司发生了争执。

请对本案中集装箱货损责任，根据有关国际货运条约、惯例，以及货代船公司签发的提单所记载的运输条款，对发货人、货代以及船公司的责任进行认定。

2. 我国货主A公司委托B货运代理公司办理一批服装货物海运出口，从青岛港到日本神户港。B公司接受委托后，出具自己的House B/L给货主。A公司凭此到银行结汇，提单转让给日本D贸易公司。B公司又以自己的名义向C海运公司订舱。货物装船后，C公司签发海运提单给B公司，B/L上注明运费预付，收发货人均为B公司。实际上C公司并没有收到运费。货物在运输途中由于船员积载不当，造成服装沾污受损。C公司向B公司索取运费，遭拒绝，理由是运费应当由A公司支付，B仅是A公司的代理人，且A公司并没有支付运费给B公司。A公司向B公司索赔货物损失，遭拒绝，理由是其没有诉权。D公司向B公司索赔货物损失，同样遭到拒绝，理由是货物的损失是由C公司过失造成的，理应由C公司承担责任。

根据题意，请回答：

（1）本案中B公司相对于A公司而言是何种身份？

（2）B公司是否应负支付C公司运费的义务？为什么？

（3）A公司是否有权向B公司索赔货物损失？为什么？

（4）D公司是否有权向B公司索赔货物损失？为什么？

（5）D公司是否有权向C公司索赔货物损失？为什么？

四、国际海洋运输代理揽货报价

1. 广州强力公司从广州港装载杂货人造纤维，运往欧洲某港口，体积为20立方米，毛重为17公吨，出口公司要求选择卸货港为鹿特丹或汉堡，鹿特丹和汉堡都是基本港口，现该公司向广丰国际货运代理公司询问，该批货物是否适合用集装箱装运出口，报价分别为多少？若你为广丰国际货运代理公司货运代理员，你将如何报价？

人造纤维货物参考资料见表3－20。

表3－20　　人造纤维货物参考资料

箱型	配货毛重	配货尺码
20尺柜	17.5公吨	25立方米
40尺柜	25公吨	55立方米

查运价表得知：从广州港到鹿特丹或汉堡港的基本运费率为USD80.0，三个以内选卸港的附加费率为每运费吨加收USD3.0，商品计费标准为W/M。

2. 上海佳宇五金公司出口一批门锁（小五金），从上海运往肯尼亚蒙巴萨港口。该批货物共100箱，每箱体积为20厘米×30厘米×40厘米。每箱重量为25千克。现该公司向广丰国际货运代理公司询价，若你为广丰国际货运代理公司货运代理员，你将如何报价？

参考资料见表3－21。

表 3-21　　中国—东非航线等级费率　　（港币：元）

货名	计算标准	等级（CLASS）	费率（RATE）
农业机械	W/M	9	404.00
棉布及棉织品	M	10	443.00
小五金及工具	W/M	10	443.00
玩具	M	20	1120.00
基本港口：路易港（毛里求斯）、达累斯萨拉姆（坦桑尼亚）、蒙巴萨（肯尼亚）等			

查附加费率表得知：当时燃油附加费为40%。蒙巴萨港口拥挤附加费为10%。

3. 沈阳宏达贸易公司出口箱装货物共100箱，货物价格为每箱4000美元。FOB上海，每箱体积为1.4m×1.3m×1.1m，毛重为每箱2公吨，现该公司向广丰国际货运代理公司询价，若你为广丰国际货运代理公司货运代理员，你将如何报价?

参考资料：查运费表得到基本费率为每运费吨26美元或从价费率1.5%，以W/M或Ad Val选择法计算，查附加费率表得该批货物将收取燃油附加费10%，货币贬值附加费20%，转船附加费40%。

五、海运提单填制

1. 根据所给信用证条款及补充资料缮制一份海运提单

（1）信用证部分条款

SEQUENCE OF TOTAL：1/1

FORM OF DOC，CREDIT：IRREVOCABLE

DOC. CREDIT NUMBER：33416852

DATE OF ISSUE：20160112

DATE AND PLACE OF EXPIRY：DATE 050317 PLACE IN THE COUNTRY OF BENEFICIARY

APPLICANT：TKAMLA CORPORATION 6-7，KAWARA MACH，OSAKA，JAPAN

ISSUING BANK：FUJI BANK LTD1013，SAKULA OTOLIKINGZA MACHI，TOKYO，JAPAN

BENEFICIARY：SHANGHAI TOOL IMPORT & EXPORT CO.，LTD 31，GANXIANG ROAD，SHANGHAI，CHINA

AMOUNT：CURRENCY USD AMOUNT 12500.00

AVAILABLE WITH/BY：ANY BANK IN CHINA BY NEGOTIATION

DRAFTS AT...：DRAFTS AT SIGHT FOR FULL INVOICE COST

DRAWEE：FUJI BANK LTD

PARTIAL SHIPMENTS：PROHIBITED

TRANSSHIPMENT：PROHIBITED

LOADING ON BOARD：SHANGHAI

FOR TRANSPORTATION TO...：OSAKA PORT

LATEST DATE OF SHIPMENT：20160316

DESCRIPT OF GOODS：COTTON BLANKETART NO. H666 500 PCS USD 5.50/PC CIF OSAKA

DOCUMENTS REQUIRED：

+SIGNED COMMERCIAL INVOICE IN TRIPLICATE.

+PACKING LIST IN TRIPLICATE IN TRIPLICATE.

+CERTIFICATE OF ORIGIN GSP CHINA FORM A，ISSUED BY THE CHAMBER OF COMMERCE OR OTHER AUTHORITY DULY ENTITLED FOR THIS PURPOSE.

+3/3 SET OF CLEAN ON BOARD OCEAN BILLS OF LADING，MADE OUT TO ORDER OF SHIPPER AND BLANK ENDORSED AND MARKED "FREIGHT PREPAID" AND NOTIFY APPLICANT.

+FULL SET OF NEGOTIABLE INSURANCE POLICY OR CERTIFICATE BLANK ENDORSED FOR 110 PCT OF INVOICE VALUE COVERING ALL RISKS.

（2）补充资料

①PACKING：

G. W：20.5KGS/CTN

N. W：20KGS/CTN

MEAS：0.2CBM/CTNPACKED IN 250 CARTONS，

PACKED IN TWO 20'CONTAINER（集装箱号：TEXU2263999；TEXU2264000）

CY TO CY

②VESSEL：NANGXING V.086

③B/L NO：COCS0511861

④B/L DATE：FEB.26，2016

⑤SHIPPING MARKS：T. COSAKA　C/NO. 1－250

2. 请根据下面的销售合同填写海运提单

销售合同
SALES CONTRACT

卖方 SELLER：	SHANGHAI RONGCHANG TRADING CO. ，LTD 152，ZHENGLONG ROAD，SHANGHAI，CHINA	编号 NO.：SHDS03027 日期 DATE：APR. 03，2016 地点 SIGNED IN：SHANGHAI
买方 BUYER：	ABC COMPANY LIMITED，FINLAND AKEDSANTERINK AUTO P. O. BOX 9，FINLAND	

<table>
<tr><td>1. 品名及规格
Commodity & Specification</td><td colspan="2">2. 数量
Quantity</td><td colspan="2">3. 单价及价格条款
Unit Price & Trade Terms</td><td>4. 金额
Amount</td></tr>
<tr><td colspan="6">CFR HELSINKI</td></tr>
<tr><td>CHINESECERAMIC DINNERWARE
SCHOOL BAG AWT33
SCHOOL BAG AWT55</td><td colspan="2">3600PCS
1200PCS</td><td colspan="2">USD15. 50
USD20. 40</td><td>55800. 00
24480. 00</td></tr>
<tr><td>Total：</td><td colspan="2">4800PCS</td><td colspan="2"></td><td>80280</td></tr>
<tr><td>5. 总包装数量 Total Value：</td><td colspan="5">SAY FOUR HUNDRED AND EIGHTY CARTONS ONLY.</td></tr>
<tr><td>6. 包装 Packing：</td><td colspan="5">TOTAL：480 CARTONS.</td></tr>
<tr><td>7. 唛头 Shipping Marks：</td><td colspan="5">ABC LONDON C/NO. 1 –480</td></tr>
<tr><td>8. 船名航次 Ocean Vessel Voy. No.：</td><td colspan="5">CHENGGONG E001</td></tr>
<tr><td>9. 装运港及目的地 Port of Loading & Destination：</td><td colspan="5">FROM：SHANGHAI TO：HELSINKI</td></tr>
<tr><td>10. 提单号码 B/L NO.：</td><td colspan="5">CG2011</td></tr>
<tr><td>11. 被通知人 Notify Party Insert Name，Address and Phone：</td><td colspan="5">BUYER</td></tr>
<tr><td>12. 备注 Remarks：</td><td colspan="5">（1）空白抬头
（2）No. of Original B（s）/L：THREE
（3）Gross weight：15KG/CARTONS
（4）Measurement：每箱 40CM×50CM×60CM</td></tr>
</table>

模块四　国际航空货物运输代理业务

学习目标

知识目标： 1. 了解航空运输的方式、飞行器、集装器；
2. 了解航空公司、空港、航线；
3. 理解航空运费的计算规则；
4. 掌握国际航空运输货物托运书、运单的内容；
5. 理解航空运输中的标签、标记的含义；
6. 理解单、货交接时应注意的事项。

技能目标： 1. 能够正确选择航空运输方式、集装器、航线、空港；
2. 能够正确核算航空运费向客户报价，介绍公司业务并招揽货源；
3. 能够正确填制国际货物托运书、航空运单；
4. 能够审核客户所交单据、完成航空订舱、理货仓储工作；
5. 能够做好接货准备、完成接收客户货物、贴标签、标记的工作；
6. 能够按规定提取集装箱集装板；
7. 能够完成发到货通知、签发运单与结算工作。

任务一　认识国际航空货物运输代理业务

任务导入

2010 年，浦东机场货运量达 322 万吨，名列世界第 3 位。到 2015 年，通过 6 年多的建设，浦东机场国际航空货运枢纽已初具规模。浦东机场共有跑道 3 条，货机位 58 个，年处理能力 420 万吨，3 大货运区总面积近 300 万平方米，共有 38 家货运航空公司起降，通航城市 170 个。基本涵盖了全球各大洲的主要国际通航点和60%左右的国内城市。2016年，浦东机场货运量将达到或超过500万吨。国际航空运输的发展迅速，已经成为国际货运代理行业业务的又一个增长点。

相关知识

一、国际航空货物运输

1. 国际航空货物运输的含义

按照华沙公约和海牙议定书的定义，国际航空货物运输是指根据当事人所订立的合同约定，不论运输中有无间断或转运，始发地和目的地是在两个缔约国的领土内；或者始发地和目的地都在一个缔约国的领土内而在另一个缔约国的领土内有一个约定的经停点的任何货物和邮件的运输。

拓展链接

1910年11月7日，飞利浦·奥林（Philip Olin）驾驶飞机装载着重量为100磅、价值为800美元的丝绸从代顿飞到哥伦布的一家丝绸百货公司，共飞行了66分钟，飞行距离为65英里，这是当时历史上最远的飞行距离，这次的航空货运是世界历史上的第一单空运货物。

2. 国际航空货物运输的特点

自从飞机诞生后，航空货运以其自身特有的优势飞速发展。航空货运同其他运输方式相比，有着鲜明的特点。

（1）运送速度快。

（2）破损率低、安全性好。

（3）空间跨度大。

（4）可节省生产企业的相关费用。

（5）运价比较高。

（6）载量有限。

（7）易受天气影响。

从以上对航空货运的特点分析，可以看出航空货运既有优势，也有劣势，需要代理人在实际的操作当中，充分发挥航空货运的优势，克服其劣势，才能保证航空货运在经济发展中的作用。

3. 航空运输方式

在航空货运中，有四种运输方式，它们分别是班机运输、包机运输、集中托运和航空快递，前三项属于传统的航空货运业务。

（1）班机运输。班机运输（Scheduled Airline）指具有固定开航时间、航线和停靠航站的飞机的运输。通常为客货混合型飞机，货舱容量较小，运价较贵，航期固定，不利于客户安排鲜活商品或急需商品的运送。

（2）包机运输。包机运输（Chartered Carrier）是指航空公司按照约定的条件和费率，将整架飞机租给一个或若干个包机人（包机人指发货人或航空货运代理公司），从一个或几个航空站装运货物至指定目的地。包机运输适合于大宗货物运输，费率低于班机，但运送时间则比班机要长些。

（3）集中托运。集中托运（Consolidation）可以采用班机或包机运输方式，是指航空货运代理公司将若干批单独发运的货物集中成一批向航空公司办理托运，填写一份总运单送至同一目的地。这种托运方式，可降低运费，是航空货运代理的主要业务之一。

（4）航空快递。航空快递是指航空快递企业利用航空运输，收取收件人的快件并按照向发件人承诺的时间将其送交指定地点或者收件人，掌握运送过程的全部情况并能将即时信息提供给有关人员查询的门对门速递服务。

在这四种航空货运的运输方式之中，航空快递运送速度快，准确性高，更安全，航空快递的收件范围主要有文件和包裹两大类。其中文件主要是指商业文件和各种印刷品，对于包裹一般要求毛重不超过 32 千克（含 32 千克）或外包装单边不超过 102 厘米，三边相加不超过 175 厘米。

二、飞行器、集装器

（一）航空飞行器

航空飞行器是指承载空运货物的飞机。飞机按照不同的分类标准，可以有以下划分方法。

（1）按用途划分，飞机可分为国家航空飞机和民用航空飞机。国家航空飞机指军队警察和海关等使用的飞机；民用飞机指民用的客机、货机和客货两用机。

（2）按机身的宽窄，飞机可以分为窄体飞机（见图 4－1）和宽体飞机（见图 4－2）。其中窄体飞机的机身宽约 3 米，旅客座位之间有一个走廊，这类飞机往往只在其下舱装运散货；宽体飞机的机身较宽，一般在 4.72 米以上，这类飞机可以装运集装货物和散货。

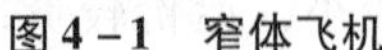

图 4-1 窄体飞机

图 4-2 宽体飞机

（3）按实际用途，民用飞机可划分为全货机、全客机和客货混用机 3 种。

一般飞机主要有两种舱位，即主舱（Main Deck）和下舱（Lower Deck）。全货机：主舱及下舱全部载货，具有较大的货舱和货舱门，地板上还有滚体传输装置，便于大型货物装卸。全客机：只在下舱载货。客货混用机：在主舱前部设有旅客坐椅，后部可装载货物，下舱用于装货。播音 757 全货机如图 4-3 所示。

图 4-3 播音 757 全货机

（二）集装器

集装器是航空集装运输所使用的各种类型的集装箱、集装板和辅助器材的总称，它是宽体飞机的组成部分，通过与飞机装卸、限动装置配合，实现集装化运输。

装运集装器的飞机，舱内应有固定集装器的设施，把集装器固定于飞机上，这时集装器就成为飞机的一部分，所以飞机的集装器的尺寸有严格的规定。飞机集装器可分为以下几种。

1. 集装板和网套

集装板是具有标准尺寸、四边带有卡锁轨或网带卡锁眼、带有中间夹层的硬铝合金制成的平板，以便货物在其上码放。网套是用来把货物固定在集装板上，具有专门卡锁的装置。集装板有 PGA 集装板（见图 4-4）和 PEB 集装板（见图 4-5）。

2. 结构与非结构集装棚

为了充分利用飞机内的空间，保护飞机的内壁，除了板和网之外，还可增加一个非结构的棚罩。非结构棚罩用轻金属制成，罩在货物和网套之间。而结构集装棚是指带有固定在底板上的外壳的集装设备，它形成了一个完整的箱，不需要网套固定，分为拱形和长方形。

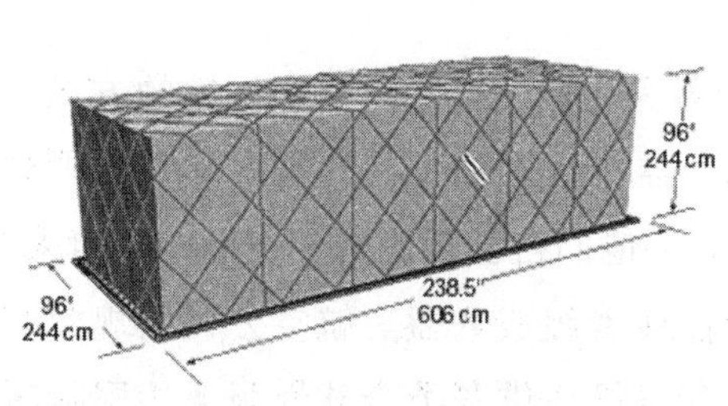

图 4－4　PGA 集装板

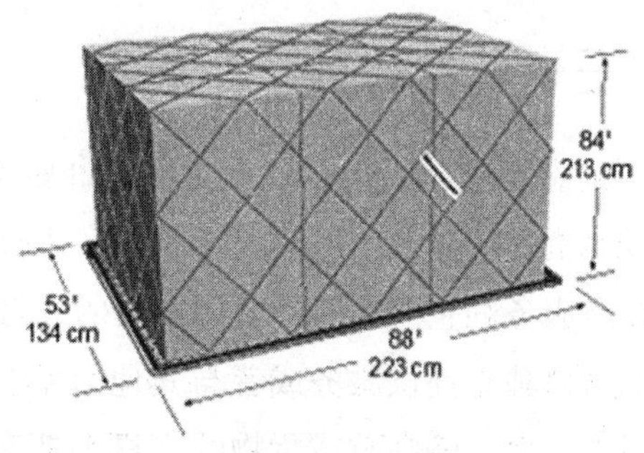

图 4－5　PEB 集装板

3. 集装箱

集装箱类似于结构集装棚，可分为以下几类：①联运集装箱（Intermodal Containers），分为 20 尺柜和 40 尺柜，只能装于全货机或客机的主货舱，主要用于陆空、海空联运；②主货舱集装箱（Main Deck Containers），只能用于全货机或客机的主货舱，高度 163 厘米以上；③下货舱集装箱（Lower Deck Containers），只能装于宽体飞机的下货舱。几种常见的航空集装箱，如图 4－6、图 4－7、图 4－8、图 4－9 所示。

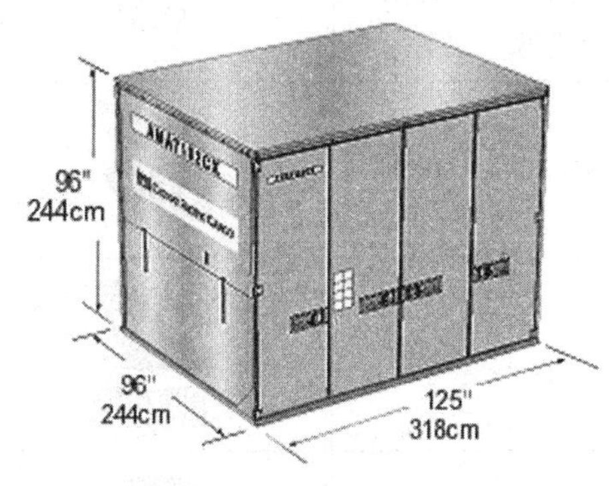

图 4－6　AMA 集装箱

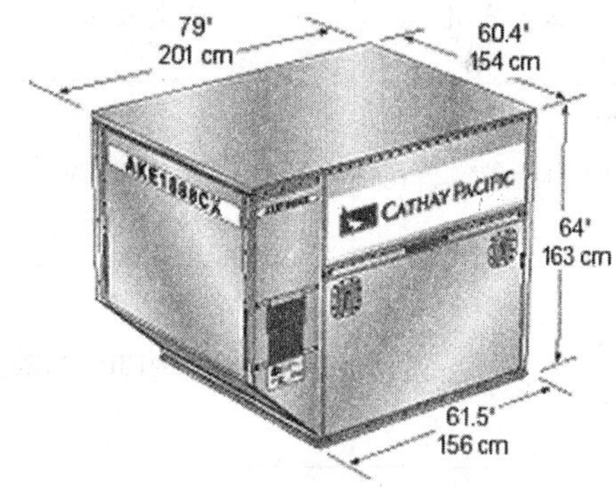

图 4－7　AKE 集装箱

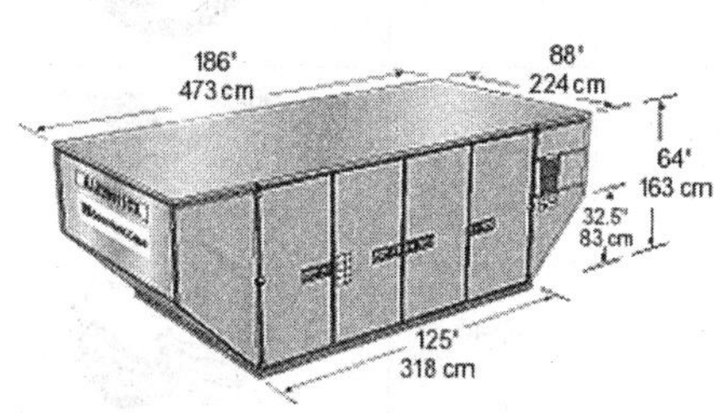

图 4－8　AAU 集装箱

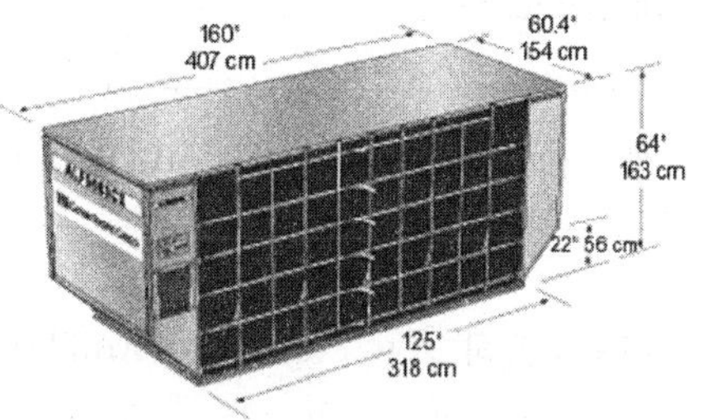

图 4－9　ALF 集装箱

此外，还有一些特殊用途的集装箱，例如保温箱，分为密闭保温主箱和动力控制保温箱两种；还有运载活体动物和特种货物的专用集装箱，如马厩（Horse Stall）、牛栏（Cattle Stall）、汽车运输设备（Automobile Transport Equipment）等。

三、航空公司

航空公司（Airlines）是指以各种航空飞行器为运输工具，以空中运输的方式运载人员或货物的企业。航空公司是以各种航空飞行器作为运输工具为乘客和货物提供民用航空服务的企业。航空公司使用的飞行器可以是他们自己拥有的，也可以是租来的，他们可以独立提供服务或者与其他航空公司合伙或者组成联盟。航空公司的规模可以从只有一架运输邮政或货物的飞机到拥有数百家飞机提供各类全球性服务的国际航空公司。航空公司的服务范围可以分洲际的、洲内的、国内的，也可以分航班服务和包机服务。

拓展链接

世界主要航空公司如表 4－1 所示。

表 4－1　　世界主要航空公司一览

航空公司	英文全称	IATA 二字代码	ICAO 三字代码	航徽
中国国际航空公司	AIR CHINA	CA	CCA	
中国南方航空股份有限公司	CHINA SOUTHERN AIRLINES	CZ	CSN	中国南方航空 CHINA SOUTHERN
中国东方航空股份有限公司	CHINA ESTERN AIRLINES	MU	CES	
厦门航空有限公司	XIAMEN AIRLINES LTD.	MF	CXA	
四川航空公司	SICHUAN AIRLINES	3U	CSC	
上海航空公司	SHANGHAI AIRLINES	FM	CSH	

续　表

航空公司	英文全称	IATA 二字代码	ICAO 三字代码	航徽
海南航空股份有限公司	HAINAN AIELINES	HU	CHH	
深圳航空公司	SHENZHEN AIELINES	ZH	CXZ	
港龙航空公司	HONG KONG DRAGON	KA	HDA	
澳门航空公司	AIR MACAU	NX	AMU	
法国航空公司	AIR FRANCE	AF	AFR	
英国航空公司	BRITISH AIRWAYS	BA	BAW	
加拿大航空公司	AIR CANADA	AC	CDN	
日本航空公司	Japan Airlines Corporation	JL	JAL	
大韩航空公司	Korean Air Co. , Ltd.	KE	KAL	
荷兰皇家航空公司	K. L. M. ROYAL DUCTH AIRLINES	KL	KLM	
德国汉莎航空公司	Deutsche Lufthansa	LH	DLH	

续 表

航空公司	英文全称	IATA 二字代码	ICAO 三字代码	航徽
美国西北航空公司	Northwest Airlines Corporation	NW	NWA	nwa NORTHWEST AIRLINES
新加坡航空公司	SINGAPORE AIRLINES	SQ	SIA	SINGAPORE AIRLINES
俄罗斯航空公司	Aeroflot Russian International	SU	AFL	АЭРОФЛОТ Российские авиалинии
泰国国际航空公司	Thai Airways International	TG	THA	THAI
中华航空公司	CHINA AIRLINES	CI	CAL	中華航空 CHINA AIRLINES
意大利航空公司	Alitalia - Linee Aeree Italiane	AZ	AZA	Alitalia
澳大利亚航空公司	Qantas Airways	QF	QFA	QANTAS
阿拉伯联合酋长国航空公司	Emirates Airlines	EK	UAE	Emirates 阿联酋航空
马来西亚航空	MALAYSIA AIRLINES SYSTEM BERHAD	MH	MAS	
越南航空公司	Vietnam Airlines	VN	HVN	Vietnam Airlines
美国联合航空公司	United Airlines	UA	UAL	UNITED
美国航空公司	American Airlines	AA	AAL	AA AmericanAirlines

续　表

航空公司	英文全称	IATA 二字代码	ICAO 三字代码	航徽
长荣航空公司	EVA Airways Corporation	BR	EVA	EVA AIR A STAR ALLIANCE MEMBER
尼日利亚航空公司	Nigeia Airways	WT	NIS	
新西兰航空公司	Air New Zealand Limited	NZ	ANZ	AIR NEW ZEALAND
卡塔尔航空公司	Qatar Airways Company Q. C. S. C.	QB	QTR	QATAR AIRWAYS
以色列航空公司	ELAL	LY	ELY	ELAL
埃及航空公司	Egypt Air	MS	MSR	EGYPTAIR
伊朗航空公司	Iran Air	IR	IRA	IranAir

四、空港、航线

（一）航线

1. 概述

民用航空飞机从事运输飞行，必须按照规定的线路进行，这种线路被称为航空交通线，简称航线。航线不仅确定了航行的方向、经停地点，还根据空中管理的需要，规定了航路的宽度和飞行的高度层，以维护空中交通秩序，保证飞行安全。

航线按飞机飞行的路线分为国内航线和国际航线。线路起降、经停点均在国内的称为国内航线。跨越本国国境，通达其他国家的航线称为国际航线。

飞机由始发站起飞按照规定的航线经过经停站至终点站做运输飞行称为航班。

2. 世界主要航线

（1）西欧—北美间的北大西洋航空线。该航线主要连接巴黎（法国）、伦敦（英国）、法兰克福（德国）、纽约（美国）、芝加哥（美国）、蒙特利亚（加拿大）等航空枢纽。

（2）西欧—中东—远东航空线。该航线连接西欧各主要机场至远东香港（中国）、北京（中国）、东京（日本）等机场。途经雅典（希腊）、开罗（埃及）、德黑兰（伊朗）、卡拉奇（巴基斯坦）、新德里（印度）、曼谷（泰国）、新加坡等重要航空站。

（3）远东—北美间的北太平洋航线。这是北京、香港、东京等机场经北太平洋上空至北美西海岸的温哥华（加拿大）、西雅图（美国）、旧金山（美国）、洛杉矶（美国）等机场的航空线，可延伸至北美东海岸的机场。太平洋中部的火奴鲁鲁（又称檀香山，美国）是该航线的主要中继加油站。

除以上三类航线外，还有其他航线。北美—南美、西欧—南美、西欧—非洲、西欧—东南亚—澳新、远东—澳新、北美—澳新等重要国际航空线。

（二）航空港

航空港为航空运输的经停点，又称航空站或机场，是供飞机起降、停放及组织保障飞行的场所。近年来随着航空港功能的多样化，港内一般还配有商务、娱乐中心、货物集散中心，以满足往来旅客的需要，同时吸引周边地区的生产、消费。

航空港按照所处的位置不同，分为干线航空港和支线航空港，按业务范围，分为国际航空港和国内航空港。目前世界上主要的国际航空港共 175 个，其中亚洲 44 个、非洲 40 个、欧洲 41 个、拉丁美洲 29 个、北美洲 8 个、太平洋岛屿及其他地区 13 个。

拓展链接

世界主要机场三字代码如表 4－2 所示。

表 4－2　世界主要机场三字代码

机场全称	英文全称	三字代码	所属国家
北京首都机场	BEI JING CAPITAL	PEK	中国
巴黎戴高乐机场	ICHARLES DE GAULLE	CDG	法国
达拉斯沃斯堡机场	DALLAS/FT. WORTH	DFW	美国
华盛顿机场	DULLES，INT APT	IAD	美国
东京羽田机场	HANEDA，APT	HND	日本
休斯敦洲际机场	HOUSTON INT APT	IAH	美国
首尔仁川机场	INCHEON，APT	ICN	韩国

续　表

机场全称	英文全称	三字代码	所属国家
雅加达苏加诺机场	JAKARTA SOEKARNO	CGK	印度尼西亚
大阪关西机场	KANSAI	KIX	日本
伦敦希斯罗机场	LONDON HEATHROW	LHR	英国
蒙特利尔机场	MONTREAL（QU）	YMQ	加拿大
米兰机场	MILAN MAIPENSA IT	MXP	意大利
纽约肯尼迪国际机场	INEW YORK J. F. KENNEDY	JFK	美国
芝加哥奥黑尔机场	O'HARE，CHICAGO	ORD	美国
巴黎奥利机场	PARIS ORLY	ORY	法国
多伦多机场	PEARSON INT APT（OT）	YTO	加拿大
上海浦东机场	PUDONG	PVG	中国
罗马达芬奇国际机场	ROME DA－VINCI FIUMICINO	FCO	意大利
札幌机场	SAPPORO	CTS	日本
上海虹桥国际机场	SHANG HAI	SHA	中国
台北桃园机场	TAIPEI	TPE	中国台湾
东京成田机场	ITOKYO NARITA	NRT	日本

五、航空运费

（一）基本概念

1. 航空货物运价所使用的货币

与海运费习惯以美元报价不同，货物的航空运价一般以运输始发地的本国货币公布，如德国汉莎航空公司公布北京至汉堡的空运价格时，会以人民币标价，而公布汉堡至北京运价时，就以欧元标价。有的国家以美元代替其本国货币公布运价，此时，美元即为运输始发地货币。

2. 航空运费

航空运费（Weight Charge），是指承运人将一票货物自始发地机场运至目的地机场所收取的航空运输费用。该费用根据每票货物所适用的运价和货物的计费重量计算而得。每票货物是指使用同一份航空货运单的货物。

3. 其他费用

其他费用（Other Charges），是指由承运人、代理人或其他部门收取的与航空货物运输有关的费用。在组织一票货物自始发地至目的地运输的全过程中，除了航空运输外，还包括地面运输、仓储、制单、国际货物的清关等环节，提供这些服务的部门所收取的费用即为其他费用。

4. 计费重量

（1）计费重量（Chargeable Weight），是指用以计算货物航空运费的重量。货物的计费重量或者是货物的实际毛重，或者是货物的体积重量，或者是较高重量分界点的重量。

（2）实际毛重（Actual Gross Weight），是指包括外包装在内的货物重量。

（3）体积重量（Volume Weight），是指按照国际航空运输协会（IATA，以下简称国际航协）规则，将货物的体积按一定的比例折合成的重量。换算标准为每6000立方厘米折合1千克。

（4）计费重量一般采用货物的实际毛重与货物的体积重量相比取高者；但当货物按较高重量分界点的较低运价计算的航空运费较低时，则将此较高重量分界点的货物起始重量作为货物的计费重量。

国际航协规定，国际货物的计费重量以0.5千克为最小单位，重量尾数不足0.5千克的，按0.5千克计算；0.5千克以上不足1千克的，按1千克计算。

当使用同一份运单，收运两件或两件以上可以采用同样种类运价计算运费的货物时，其计费重量规定为：计费重量为货物总的实际毛重与总的体积重量两者较高者。综上所述，较高重量分界点重量也可能成为货物的计费重量。

5. 最低运费

最低运费（Minimum Charge），是指一票货物自始发地机场至目的地机场航空运费的最低限额。货物按其适用的航空运价与计费重量计算所得的航空运费，应与货物最低运费相比，取高者。在航空运价表中，最低运费用英文字母“M”表示。

6. 货物航空运价、运费的货币进整

货物航空运价及运费的货币进整，因货币的币种不同而不同。“空运货物运价表”（The Air Cargo Tariff，TACT）将各国货币的进整单位的规则公布在“TACT Rules”中，详细规则可参考“TACT Rules 5.7.1”中“Currency Table”。

运费进整时，需将航空运价或运费计算到进整单位的下一位，然后按半数进位法进位，计算所得的航空运价或运费，达到进位单位一半则入，否则舍去。

采用进整单位的规定，主要用于填制航空货运单（AWB）。销售航空货运单时，使用运输始发地货币，按照进整单位的规定计算航空运价及运费。

7. 航空运输业务区域的划分

与其他各种运输方式不同的是，国际航空货物运输中与运费有关的各项规章制度、运费水平都是由国际航协统一协商、制定的。出于保证国际航空运输的运营安全，“国际民航组织”（ICAO）规定各国航空运输企业在技术规范、航行程序、操作规则上的一致性原则，在充分考虑了世界上各个不同国家、地区的社会经济、贸易发展水平后，国际航协将全球分成3个航空运输业务区，称为“国际航协交通会议区”（IATA traffic conference areas，以下简称为航协区），以方便各国及地区航空运输企业之间的运输业务划分与合作。每个航协区内又分成几个亚区（次区）。由于航协区的划分主要从航空运输业务的角度考虑，依据的是不同地区不同的经济、社会及商业条件，因此和我们熟悉的世界行政区划有所不同。由于在计算空运价格，特别是等级货物运价时会涉及航协区，因此应对其有所掌握。

（1）一区（TC1），包括北美、中美、南美、格陵兰、百慕大和夏威夷群岛。

（2）二区（TC2），由整个欧洲大陆（包括俄罗斯的欧洲部分）及毗邻岛屿，冰岛、亚速尔群岛，非洲大陆和毗邻岛屿，亚洲的伊朗及伊朗以西地区组成。

（3）三区（TC3），由整个亚洲大陆及毗邻岛屿（已包括在二区的部分除外），澳大利亚、新西兰及毗邻岛屿，太平洋岛屿（已包括在一区的部分除外）组成。

（二）国际航空货运价格体系

1. 国际航空货物运价的种类

目前，国际航空货物运价体系按制定的途径划分，主要分为协议运价和国际航协运价。

（1）协议运价。协议运价是指航空公司与托运人签订协议，托运人保证每年向航空公司交运一定数量的货物，航空公司则向托运人提供一定数量的运价折扣。

（2）国际航协运价。国际航协运价是指国际航协在“空运货物运价表”的运价资料上公布的运价。国际航协运价是国际航协通过运价手册向全世界公布，主要目的是协调各国的货物运价。尽管从实际操作来看，各国从竞争角度考虑，很少有航空公司完全遵照国际航协运价，大多进行了一定的折扣，但国际航协价格仍具有很强的实际价值。首先，它把世界上各个城市之间的运价通过手册公布出来，使每个航空公司都能找到一种参照运价来制定本公司的运价；其次，国际航协对特种货物运价进行了分类，航空公司在运输这种货物时一般都用国际航协标准运价；最后，这种国际航协运价在全世界制定了一种标准运价，使得国际航空货物的运输价格有了统一的基准，使得这个市场得到了规范。

鉴于以上原因，我们将重点讲述国际航协运价体系，介绍的航空运价和运费的计算方法也是以国际航协的相关规范为依据。

2. 国际航空货物运价及规则手册

1975年以前，一些航空公司各自发布其运价手册，其中的内容大致相同，但格式却相差甚远。为了减少经济浪费，并使运价手册更加具有实用性，国际航协决定发布一本通用的运价手册——“空运货物运输表”。本手册主要分为3个部分：“TACT Rules”“TACT Rates - North America”“TACT Rates - Worldwide”。其中“TACT Rules”每年4月、12月出版两期，内容非常全面，包括国际航协在国际运输中所有规则；“TACT Rates”每两月出版一期，其中“TACT Rates - North America”包含从北美出发或到北美的运价，“TACT Rates - Worldwide”包含除北美以外的全世界的运价。

3. 国际航协货物运价分类

按照国际航协货物运价公布的形式划分，国际货物运价可分为公布直达运价和非公布直达运价。

表4-3　国际航协货物运价

<table>
<tr><td rowspan="6">国际航协货物运价</td><td rowspan="4">公布直达运价
(published through rate)</td><td>普通货物运价（General Cargo Rate）</td></tr>
<tr><td>指定商品运价（Specific Commodity Rate）</td></tr>
<tr><td>等级货物运价（Commodity Classification Rate）</td></tr>
<tr><td>集装货物运价（Unit Load Device Rate）</td></tr>
<tr><td rowspan="2">非公布直达运价
(un - published through rate)</td><td>比例运价（Construction Rate）</td></tr>
<tr><td>分段相加运价（Combination of Rates and Charges）</td></tr>
</table>

（1）公布直达运价。公布直达运价是指承运人直接在运价资料中公布的从运输始发地至目的地的航空运价，包括普通货物运价、指定商品运价、等级商品运价和集装货物运价。

（2）非公布直达运价。如果货物运输的始发地至目的地没有公布直达运价，则可以采用比例运价和分段相加运价的方法构成全程直达运价，计算全程运费。

①比例运价。参照运价手册上公布的一种不能单独使用的运价附加数（Add on Amount），当货物的始发地与目的地无公布直达运价时，可采用比例运价与已知的公布直达运价相加构成非公布直达运价。

运价制定的主要原则是根据航空运输成本和运输距离，因此“空运货物运输表”中公布了世界各主要城市间的直达运价，但为了缩短篇幅，未能将所有城市（较小城市）的运价都公布出来，为了弥补这一欠缺，同时也为了方便使用者自行构成运价，所以根据运价制定原则，规定了一个运价的比例范围。只要是运输距离在同一个距离的比例范围内（或接近这个范围），就可采用以某一点为运价的组合点，然后用组合点至始发地或目的地的公布运价与组合点至始发地或目的地的比例数相加或相减，便可以构成全程运价。

②分段相加运价。对于相同运价种类，当货物运输的始发地至目的地无公布直达运价和比例运价时，只能采用分段相加的办法，组成运输起讫地点间的运价，一般采

用最低组合运价。

4. 国际航空货物运价使用的一般规定

（1）使用顺序为优先使用协议运价；如果没有协议运价，使用公布直达运价；如果没有协议运价和公布直达运价，使用比例运价；最后采用分段相加运价（最低组合）。

（2）在相同运价种类、相同航程、相同承运人条件下，公布直达运价应按下列顺序使用：

①优先使用指定商品运价。如果指定商品运价条件不完全满足，则可以使用等级货物运价和普通货物运价。

②其次使用等级货物运价。等级货物运价优先于普通货物运价使用。

如果货物可以按指定商品运价计费，但如果因其重量未能满足指定商品运价的最低重量要求，则用指定商品运价计费与普通货物运价计费结果相比较，取低者。如果该指定商品同时又属于附加的等级货物，则只允许采用附加的等级货物运价计费和指定商品运价计费结果比较，取低者；不能与普通货物运价计费比较。

如果货物属于附减的等级货物，即书报杂志类、作为货物运送的行李，其等级货物计费则可以与普通货物运价计算的运费相比较，取低者。

（3）货物运价应为填开货运单当日，承运人公布的有效货物运价。

（4）货物运价的使用必须严格遵守货运运输路线的方向性，不可反方向使用运价。

（5）使用货物运价时，必须符合货物运价注释中要求和规定的条件。

（6）指定商品运价与普通货物运价同时公布在“TACT Rates Books”中。等级货物运价计算规则在“TACT Rules”中公布，需结合“TACT Rates Books”一起使用。

（三）空运费的计算

1. 普通货物运价（General Cargo Rate，GCR）

普通货物运价是指除了等级货物运价和指定商品运价以外的适合于普通货物运输的运价。普通货物运价通常根据货物重量的不同，分为若干个重量等级分界点运价。

“N”表示标准普通货物运价（Normal General Cargo Rate），45 千克以下的普通货物运价（若无 45 千克以下运价时，N 表示 100 千克以下普通货物运价）。普通货物运价还公布有“Q45”“Ql00”等不同重量等级分界点的运价。这里“Q45”表示 45 千克以上（包括 45 千克）普通货物的运价，依此类推。对于 45 千克以上的不同重量等级分界点的普通货物运价均用“Q”表示。

用计费重量和适用的运价计算所得的航空运费不得低于公布的航空运费的最低收费标准（M）。

以上叙述中的“M”“N”“Q”主要用于填制航空运单运费计算栏中的“Rate

Class”一栏。

【例题 1】实际毛重作为计费重量

Routing: SHANGHAI, CHINA (SHA)
TO PARIS, FRANCE (PAR)

Commodity: TOOLS

Gross Weight: 10 BOXES, 28.0 KGS EACH

Dimensions: 10 BOXES, 40CM×40CM×40CM EACH

公布运价如下：

SHANGHAI Y. RENMINBI		CN CNY	SHA KGS
		M	260.0
PARIS	FR	N	35.65
		45	28.25

根据公布运价表给出的运价计算运费。

解：

Volume: 40 厘米×40 厘米×40 厘米×10 = 640000 立方厘米

Volume Weight: 640000 立方厘米÷6000 立方厘米/千克 = 106.67 千克

Gross Weight: 280.0 千克

Chargeable Weight: 280.0 千克

Applicable Rate: GCR Q 28.25 元/千克

Weight Charge: 28.25 元/千克×280.0 千克 = 7910.00 元

【例题 2】体积重量作为计费重量

Routing: BEIJING, CHINA (BJS)
TO AMSTERDAM, HOLLAND (AMS)

Commodity: TOOLS

Gross Weight: 10 BOXES, 38 KGS EACH

Dimensions: 10 BOXES, 80CM×70CM×50CM EACH

公布运价如下：

BEIJING Y RENMINBI		CN CNY	BJS KGS
AMSTERDAM	NL	M	260.0
		N	35.65
		45	28.25

根据公布运价表给出的运价计算运费。

解：

Volume：80 厘米 ×70 厘米 ×50 厘米 ×10 =2800000 立方厘米

Volume Weight：2800000 立方厘米 ÷6000 立方厘米/千克 =466.67 千克

Gross Weight：380.0 千克

Chargeable Weight：467.0 千克

Applicable Rate：GCR Q 28.25 元/千克

Weight Charge：28.25 元/千克 ×467.0 千克 =13192.75 元

【例题 3】较高重量等级分界点重量作为计费重量

北京运往新加坡一箱水龙头接管，毛重 35.6 千克，计算其航空运费。

公布运价如下：

BEIJING	CN		BJS
Y. RENMINBI	CNY		KGS
SINGAPORE	SG	M	230.0
		N	36.66
		45	27.50
		300	23.46

解：

（1）根据公布运价表给出的运价计算运费。

Gross Weight：35.6 千克

Chargeable Weight：36 千克

Applicable Rate：GCR N 36.66 元/千克

Weight Charge：36.66 元/千克 ×36 千克 =1319.76 千克

（2）采用较高重量等级分界点的较低运价计算。

Chargeable Weight：45.0 千克

Applicable Rate：GCR Q45 27.50 元/千克

Weight Charge：27.50 元/千克 ×45.0 千克 =1237.5 元

比较（1）与（2），取运费较低者，即航空运费为 1237.50 元

【例题 4】以最低运费作为航空运费

Routing：　SHANGHAI，CHINA（SHA）

　　TO PARIS，FRANCE（PAR）

Commodity：　BAGS

Cross Weight：1 PIECE，5.6KGS

Dimensions： 1 PIECE，40CM × 28CM × 22CM

计算该票货物的航空运费。

公布运价如下：

SHANGHAI Y. RENMINBI	CN CNY		SHA KGS
PARIS	FR	M	320.00
		N	50.37
		45	41.43

Volume：40 厘米 × 28 厘米 × 22 厘米 = 24640 立方厘米

Volume Weight：24640 立方厘米 ÷ 6000 立方厘米/千克 = 4.1 千克

Gross Weight：5.6 千克

Chargeable Weight：6 千克

Applicable Rate：GCR N 50.37 元/千克

Weight charge：6 千克 × 50.37 元/千克 = 302.22 元

最低运费为 320 元，此票货物的航空运费为 320 元

2. 指定商品运价

指定商品运价（Specific Commodity Rate，SCR）是指适用于自规定的始发地至目的地运输特定品名货物的运价。指定商品运价是一种优惠性质的运价，一般低于相应的普通货物运价。在使用时遵循的原则是：

（1）运输始发地至目的地之间有公布的指定商品运价。

（2）托运人所交运的货物，其品名与有关指定商品运价的货物品名相吻合。

（3）货物的计费重量满足指定商品运价使用时的最低重量要求。

使用指定商品运价计算航空运费的货物，其航空运单的“Rate Class”一栏用字母“C”表示。

在 TACT 中根据货物的性质、属性以及特点等对货物进行分类，共分为十大类，每一类又分为 4 个小组。同时对其分组形式用 4 位阿拉伯数字进行编号，该编号即为指定商品货物的品名编号。

指定商品运价的分组和编号如下：

0001 – 0999 可食用的动植物产品（Edible animal and vegetable products）

1000 – 1999 活动物及非食用的动植物产品（Live animals and inedible animal and vegetable products）

2000 – 2999 纺织品、纤维及其制品（Textiles，fibers and manufactures）

3000 – 3999 金属及其制品，不包括机器、汽车和电器设备（Metals and manufactures. Excluding machinery，vehicles and electrical equipment）

4000 – 4999 机器、汽车和电器设备（Machinery，vehicles and electrical equipment）

5000 – 5999 非金属材料及其制品（Non – metallic minerals and manufactures）

6000 – 6999 化工材料及其相关产品（Chemicals and related products）

7000 – 7999 纸张、芦苇、橡胶和木材制品（Paper，reed，rubber and wood manufactures）

8000 – 8999 科学仪器、专业仪器、精密仪器、器械及配件（Scientific，professional and precision instrument，apparatus and supplies）

9000 – 9999 其他（Miscellaneous）

9700 – 9799 系列指定运价的品名编号

除 9700 – 9799 编号外，传统编号中的每一品名编号、一般只代表单一种类的指定商品运价。

拓展链接

从北京始发的指定商品货物代码，如表 4 – 4 所示。

表 4 – 4 从北京始发的指定商品货物代码

0007	FRUIT，VEGETABLES 水果、蔬菜
0008	FRUIT，VEGETABLES（FRESH） 新鲜的水果、蔬菜
0300	FISH（EDIBLE），SEAFOOD 鱼（可食用的）、海鲜、海产品
1093	WORMS 沙蚕
2195	A：YARN，THREAD，FIBRES，CLOTH（NOT FURTHER PROCESSED OR MANUFACTURED）：EXCLUSIVELY IN BALES，BOLTS，PIECES 成包、成卷、成块未进一步加工或制造的纱、线、纤维、布 B：WEARING APPAREL，TEXTILE MANUFACTURES 服装、纺织品
2199	A：YARN，THREAD，FIBRES，TEXTILES 纱、线、纤维、纺织原料 B：TEXTILE MANUFACTURES 纺织品 C：WEARING APPAREL 服装（包括鞋、袜）
2211	YARN，THREAD，FIBRES（NOT FURTHER PROCESSED OR MANUFACTURED）：EXCLUSIVELY IN BALES，BOLTS，PIECES；WEARING APPAREL，TEXTILE MANUFACTURES 成包，成卷、成块未进一步加工或制造的纱、线、纤维；服装、纺织品
7481	RUBBER TYRES，RUBBER TUBES 橡胶轮胎、橡胶管

计算步骤：

查询运价表，如有指定商品代码，则考虑使用指定商品运价。

如果货物的计费重量超过指定商品运价的最低重量，则优先使用指定商品运价。

如果货物的计费重量没有达到指定商品运价的最低重量，则需要进行比较计算。

【例题 5】需比较的指定商品运价计算

Routing: BEIJING，CHINA（BJS）

TO OSAKA，JAPAN（OSA）

Commodity: FRESH APPLES

Gross Weight: 4 PIECES，68.3 KGS EACH

Dimensions: 4 PIECES，95CM ×45CM ×35CM EACH

公布运价如下：

BEIJING	CN		BJS
Y. RENMINBI	CNY		KGS
OSAKA	JP		
		M	260.0
		N	36.51
		45	28.23
		300	26.50
	0008	300	18.50
	0300	500	20.25

根据公布运价表给出的运价计算运费。

解：查，RACT Rates Books 的品名表，品名编号“0008”所对应的货物名称为“Fruit，Vegetables（Fresh）”，符合指定商品代码“0008”。

Volume Weight：95 厘米 ×45 厘米 ×35 厘米 ×4 ÷6000 立方厘米/千克 =99.75 千克

Gross Weight：68.3 千克 ×4 =273.2 千克

Chargeable Weight：273.5 千克

（1）由于计费重量没有达到指定商品代码 0008 的最低重量 300 千克的要求，因此，只能先用普通运价计算：

Applicable Rate：GCR/Q45 28.23 元/千克

Weight Charge：28.23 元/千克 ×273.5 千克 =7720.905 元

（2）因为货物计费重量接近指定商品代码“0008”的最低重量 300 千克，所以，可以按指定商品运价使用规则计算，然后进行比较：

Actual Gross Weight：273.2 千克

Chargeable Weight：300 千克

Applicable Rate：SCR 0008/Q300 18.50 元/千克

Weight Charge：18.50 元/千克 ×300 千克 =5550 元

比较（1）与（2），取运费较低者，所以航空运费为5550元。

3. 等级货物运价

等级货物运价（Commodity Classification Rate）指在规定的业务区内或业务区之间运输特别指定的等级货物的运价。

IATA 规定，等级货物包括活动物、贵重货物、书报杂志类货物、作为货物运送的行李、尸体、骨灰、汽车等。

等级货物运价是在普通货物运价基础上附加或附减一定百分比的形式构成，附加或附减规则公布在 TACT 规则中。通常附加或不附加也不附减的等级货物用代号“S”表示，附减的等级货物用代号“R”表示。

（1）活动物运价（Live Animals）

【例题 6】

Routing：　BEIJING，CHINA（BJS）

TO ATLANTA，U. S. A.（ATL）

Commodity：　MONKEYS

Gross Weight：　3 PIECES，55.3 KGS EACH

Dimensions：　3 PIECES，98CM ×88CM ×44CM EACH

公布运价如下：

BEIJING Y. RENMINBI		CN CNY	BJS KGS
ATLANTA	US		
		M	420.0
		N	75.95
		45	58.68
		100	52.34
		300	47.26

根据公布运价表计算运费。

解：查找活动物运价表，运价的构成形式是 150% of the Normal GCR.

Volume：98 厘米 ×88 厘米 ×44 厘米 ×3 =1138368 立方厘米

Volume Weight：1138368 立方厘米 ÷6000 立方厘米/千克 =189.728 千克

Gross Weight：55.3 千克 ×3 =165.9 千克

Chargeable Weight：190.0 千克

Applicable Rate：S 150% of the Normal GCR

150% ×75.95 元/千克 =113.93 元/千克

Weight charge：113.93 元/千克 ×190.0 千克 =21646.70 元

（2）贵重货物运价（Valuable Cargo）

Area：	Rate：
All IATA Area	200% of the Normal GCR

注：IATA 一区与三区之间且经北太平洋或中太平洋（除朝鲜半岛至美国本土各点外），1000kg 或 1000kg 以上贵重货物的运费，按 45kg 以下普通货物运价 150% 收取（150% of the Normal GCR）。贵重货物的最低运费按公布最低运费的 200% 收取，同时不低于 50 美元或等值货币。

【例题 7】

Routing： BEIJING，CHINA（BJS）

TO CHICAGO，USA

Commodity： GOLD COIN

Gross Weight： 4.2 KGS

Dimensions： 45CM ×30CM ×20CM

公布运价如下：

BEIJING	CN		BJS
Y. RENMINBI	CNY		KGS
CHICAGO	US		
		M	630.00
		N	69.43
		45	60.16
		100	53.19
		300	45.80

根据公布的运价表计算运费。

解：Volume：45 厘米 ×30 厘米 ×20 厘米 =27000 立方厘米

Volume Weight：27000 立方厘米 ÷6000 立方厘米/千克 =4.5 千克

Gross Weight：4.2 千克

Chargeable Weight：4.5 千克

Applicable Rate：S 200% of the Normal GCR

200% ×69.43 元/千克 = 138.86 元/千克

Weight Charge：4.5 千克 ×138.86 = 624.87 元

Minimum Charge：630.00

因为贵重货物的最低运价为公布运价表中 M 的 200%，所以此票货物的航空运费为 1260 元。

（3）书报、杂志运价

货物的范围包括：报纸（Newspapers）、杂志（Magazines）、期刊（Periodicals）、图书（Books）、目录（Catalogues）、盲人读物及设备（Braille type equipment and talking books for the blind）。

Area	Rate
With IATA Area 1; Between IATA Area 1 and 2	67% of the Normal GCR
All other Areas	50% of the Normal GCR

最低运费按公布的最低运费 M 收取。

可以使用普通货物的较高重量点的较低运价。

【例题 8】

Routing: BEIJING, CHINA (BJS)
TO ROME, IT (ROM)

Commodity: BOOKS

Gross Weight: 980.0 KGS

Dimensions: 20 PIECES 70CM ×50CM ×40CM EACH

公布运价如下：

BEIJING Y. RENMINBI	CN CNY		BJS KGS
ROME	IT	M	320.00
		N	51.22
		45	37.98
		100	36.00
		500	31.26
		1000	25.71

计算航空运费。

解：①按查找的运价构成形式计算。

Volume：70 厘米×50 厘米×40 厘米×20 = 2800000 立方厘米

Volume weight：2800000 立方厘米÷6000 立方厘米/千克 = 466.67 千克

Gross weight：980 千克

Chargeable weight：980 千克

Applicable rate：R50% of the Normal GCR 50% ×51.22 元/千克 = 25.61 元/千克

Weight charge：980 千克×25.61 元/千克 = 25097.8 元

②按下一个较高重量分界点 1000kg 对应的较低运价计算。

Chargeable weight：1000.0 千克

Weight charge：1000.0 千克×25.71 元/千克 = 25710 元

比较①和②，此票货物的航空运费为 25097.8 元

（4）作为货物运送的行李运价（Baggage Shipped as Cargo）

Area	Rate
All IATA Area	50% of the Normal GCR

运价的适用范围：

①在 IATA 业务二区内（全部航程为欧洲分区除外）。

②在 IATA 业务三区内（至或从美国领地除外）。

③在 IATA 业务二区与三区之间（至或从美国领地除外）。

④在 IATA 业务一区与二区之间（至或从美国、美国领地至或从格陵兰岛除外）。

由此可见，中国至一区的此类货物运输不属于该等级货物的范围，不能使用上述等级折扣运价，而应采用普通货物运价或指定商品运价。

以 10kg 为最低的计费重量和适用运价计算的运费与公布最低运费 M 比较，取高者。可以使用普通货物较高重量点的较低运价。

【例题 9】

Routing:	BEIJING， CHINA （BJS）
	TO TOKYO，JAPAN（TYO）
Commodity:	PERSONAL EFFECTS
Gross Weight:	25.0 KGS
Dimensions:	70CM×47CM×35CM

公布运价如下：

BEIJING Y. RENMINBI	CN CNY		BJS KGS
TOKYO	JP	M	320.00
		N	37.51
		45	28.13

计算航空运费。

解：Volume：70 厘米×47 厘米×35 厘米=115150 立方厘米

Volume Weight：115150 立方厘米÷6000 立方厘米/千克=19.19 千克

Gross Weight：25.0 千克

Chargeable Weight：25.0 千克

Applicable Rate：R50% of the Normal GCR 50% ×37.51 元/千克=18.76 元/千克

Weight Charge：25.0 千克×18.76 元/千克=469.00 元

（5）尸体、骨灰运价（Human Remain）

Area	Ashes	Coffin
All IATA Areas	Applicable	Normal GCR
With IATA Areas2	300% of Normal GCR	200% of the Normal GCR

尸体、骨灰的最低运费按公布的最低运费 M 收取，但在二区内最低运费为 200% M，同时不低于 65 美元或等值货币。

4. 集中托运货物运价（Mixed Consignments）

集中托运货物指使用同一份货运单运输的货物中，包含有不同运价、不同运输条件的货物。

集中托运货物中不得包括下列物品：活动物、尸体、骨灰、外交信袋、作为货物运送的行李、机动车辆（电力自动车辆除外）。

集中托运货物的申报和计算运费的方式有以下两种。

（1）申报整批货物的总重量（或体积）。集中托运货物被视为一种货物，将其总重量确定为一个计费重量，运价采用适用的普通货物运价。

（2）分别申报每一种类货物的件数、重量、体积及货物品名。按不同种类货物适用的运价与其相应的计费重量分别计算运费。

如果集中托运货物使用一个外包装将所有货物合并运输，则该包装物的运费按混运货物中运价最高的货物的运价计收。

声明价值方面，集中托运货物只能按整票（整批）货物办理声明价值，不得办理部分货物的声明价值，或办理两种以上的声明价值。所以集中托运货物声明价值费的计算应按整票货物总的毛重。

集中托运货物的最低运费，按整票货物计收。

【例题 10】

Routing: SHANGHAI, CHINA (SHA)
TO TOKYO, JAPAN (TYO)

Commodity: PERIODICALS AND TOYS AND PEACH (FRESH)

Gross Weight: 279.72 KGS AND 42.0 KGS AND 248.2 KGS

Dimensions: 10 PIECES, 90CM×60CM×35CM
1 PIECE, 100CM×60CM×42CM
6 PIECES, 90CM×60CM×30CM

公布运价如下：

SHANGHAI Y. RENMINBI	CN CNY		SHA KGS
TOKYO	JP	M	320.00
		N	38.58
		45	28.13
		300	25.50
	0008	300	18.80
	0300	500	20.16
	1093	100	18.84
	2195	500	18.80

解答：

（1）整批申报

Total Volume: 90 厘米×60 厘米×35 厘米×10+100 厘米×60 厘米×42 厘米+90 厘米×60 厘米×30 厘米×6=3114000 立方厘米

Total Volume Weight: 3114000 立方厘米÷6000 立方厘米/千克=519.0 千克

Total Gross Weight: 279.72 千克+42.0 千克+248.2 千克=569.92 千克

Chargeable Weight: 570.0 千克

Applicable Rate: GCR Q 25.50 元/千克

Weight Charge: 25.50 元/千克×570.0 千克=14535.00 元

（2）分别申报

①Periodicals：

Volume Weight：90 厘米 ×60 厘米 ×35 厘米 ×10 ÷6000 立方厘米/千克 =315.0 千克

GROSS Weight：279.72 千克

Chargeable Weight：315.0 千克

Applicable Rate：R 50% of Normal GCR 50% ×38.58 元/千克 =19.29 元/千克

Weight Charge：19.29 元/千克 ×315.0 千克 =6076.35 元

②Toys：

Volume Weight：100 厘米 ×60 厘米 ×42 厘米 ÷6000 立方厘米/千克 =42.0 千克

Gross Weight：42.0 千克

Chargeable Weight：42.0 千克

Applicable Rate：GCR N 38.58 元/千克

Weight Charge：38.58 元/千克 ×42.0 千克 =1620.36 元

较高重量点的较低运价：28.13 元/千克 ×45.0 千克 =1265.85 元

③Peach（fresh）：

Volume Weight：90 厘米 ×60 厘米 ×30 厘米 ×6 ÷6000 立方厘米/千克 =162.0 千克

Gross Weight：248.2 千克

Chargeable Weight：248.5 千克

Applicable Rate：GCR Q 28.13 元/千克

Weight Charge：28.13 元/千克 ×248.5 千克 =6990.31 元

查表知 Fresh peach 的代码为 0008，其实际毛重接近 300kg，所以用指定代码运价计算费用为：

18.80 元/千克 ×300.0 千克 =5640.00 元

分别申报的总费用为：6076.35 +1265.85 +5640.00 =12982.20 元

比较总体申报和分别申报的两种不同方式下的运费计算结果，取较低者——分别申报的运费 CNY12982.20 作为该批货物的航空运费。

航空运单运费计算栏填制如下：

No. of Pieces RCP	Gross Weight	Kg Lb	R Q C	Rate Class / Commodity Item No.	Chargeable Weight	Rate/ Charge	Total	Nature and Quantity of Goods (Incl. Dim. And Vol.)
10 1 6 17	279.72 42.0 248.2 569.92	K		N50 0008	315.0 45.0 300	19.29 28.13 18.80	6076.35 1265.85 5640.00 12982.20	Personals: 90cm×60cm×35cm×10 Toys: 100cm×60cm×42cm Peach (fresh): 90cm×60cm×30cm×6

六、航空组织

（一）国际民航组织（International Civil Aviation Organization）

国际民航组织前身为根据1919年《巴黎公约》成立的空中航行国际委员会（ICAO）。第二次世界大战对航空器技术发展起到了巨大的推动作用，使得当时世界上形成了一个包括客货运输在内的航线网络，但随之也引起了一系列急需国际社会协商解决的政治上和技术上的问题。因此，在美国政府的邀请下，52个国家于1944年11月1日至12月7日参加了在芝加哥召开的国际会议，签订了《国际民用航空公约》（通称《芝加哥公约》），按照公约规定成立了临时国际民航组织（PICAO）。

1947年4月4日，《芝加哥公约》正式生效，国际民航组织也正式成立，并于1947年5月6日召开了第一次大会。同年5月13日，国际民航组织正式成为联合国的一个专门机构。国际民航组织的标识、网站分别如图4－10、图4－11所示。

1947年12月31日，“空中航行国际委员会”终止，并将其资产转移给“国际民用航空组织”。

（二）国际航空运输协会

1. 国际航空运输协会的发展历程

国际航空运输协会前身是1919年在海牙成立并在第二次世界大战时解体的国际航空业务协会。1944年12月，出席芝加哥国际民航会议的一些政府代表和顾问以及空运企业的代表聚会，商定成立一个委员会，并为新的组织起草章程。1945年4月16日在

图 4－10　国际民航组织标识

图 4－11　国际民航组织网站示意

哈瓦那会议上修改并通过了草案章程后，国际航空运输协会成立。同年 10 月，新组织正式成立，定名为国际航空运输协会，总部设在加拿大的蒙特利尔。第一届年会在加拿大蒙特利尔召开。国际航协在全世界近 100 个国家设有办事处，280 家会员航空公司遍及全世界 180 多个国家。在中国有 13 家会员航空公司（除中国香港、澳门和台湾外）。凡国际民航组织成员国的任一经营定期航班的空运企业，经其政府许可都可成为该协会的会员。经营国际航班的航空运输企业为正式会员，只经营国内航班的航空运输企业为准会员。

国际航协从组织形式上是一个航空企业的行业联盟，属非官方性质组织，但是由于世界上的大多数国家的航空公司是国家所有，即使非国有的航空公司也受到所属国政府的强力参与或控制，因此航协实际上是一个半官方组织。它制定运价的活动，也必须在各国政府授权下进行，它的清算所对全世界联运票价的结算是一项有助于世界空运发展的公益事业，因而国际航协发挥着通过航空运输企业来协调和沟通政府间政策，解决实际运作困难的重要作用。

2. 国际航空运输协会的宗旨

国际航空运输协会的宗旨是为了世界人民的利益，促进安全、正常和经济的航空运输，扶植航空交通，并研究与此有关的问题；对于直接或间接从事国际航空运输工作的各空运企业提供合作的途径；与国际民航组织及其他国际组织协力合作。

3. 国际航空运输协会的组织结构

截至 2016 年 11 月，国际航空运输协会共有 265 个会员：北美 16 个；北大西洋 1 个；欧洲 100 个；中东 21 个；非洲 36 个；亚洲 50 个；南美 21 个；太平洋 6 个；中美洲 14 个。年度大会是最高权力机构；执行委员会有 27 个执行委员，由年会选出的空运企业高级人员组成，任期三年，每年改选 1/3，协会的年度主席是执委会的当然委员。常设委员会有运输业务、技术、财务和法律委员会；秘书处是办事机构。国际航空运输协会标识、网站如图 4－12、图 4－13 所示。

图 4－12　国际航空运输协会标识　　图 4－13　国际航空运输协会网站

简单实训

1. 国际航空货运代理揽货报价

（1）北京韩彤贸易公司有一批从北京运往大阪的鲜蘑菇，采用航空运输方式，一共 10 箱，总重量为 180.0 千克，每件体积长、宽、高分别为 60cm × 45cm × 25cm。现北京韩彤贸易公司向欣荣国际货运代理公司询价，若你为欣荣国际货运代理公司货运代理揽货员，你怎样报价？

注：查 IATA 运价表公布运价如下：

BEIJING	CN		BJS
Y. RENMINBI	CNY		KGS
OSAKA	JP	M	230. 00
		N	37. 51
		45	28. 13
	0008	300	18. 80
	0300	500	20. 61
	1093	100	18. 43
	2195	500	18. 80

（2）若上题中鲜蘑菇一共20箱，总重量为360.0千克，每件体积长、宽、高分别为60cm×45cm×25cm，你怎样报价？

（3）若上题中鲜蘑菇一共2箱，总重量为36千克，每件体积长、宽、高分别为60cm×45cm×25cm，你怎样报价？

2. 模拟航空货运

（1）普通货物

①每名学生选择任意一件寝室物品作为待运货物，自行测量物品尺寸与毛重。

②确定计费重量，寻找适用运价，完成计算。

③同学配对互换货物，核算对方计算正确与否。

（2）指定货物

①每名学生选择任意一种新鲜水果、蔬菜，或者鱼（可食用的），海鲜、海产品，自行测量其尺寸与毛重。件数统一按10件计算。

②确定计费重量，寻找适用运价，完成计算。

③同学配对互换货物，核算对方计算正确与否。

任务二　国际航空出口货物运输代理业务

任务导入

大连兴海纺织品进出口公司出口到法国巴黎一批丝织品，货物共10箱，价值10000美元，该公司通过A航空代理公司办理空运经北京中转出口至法国巴黎。货物交付后，由A航空代理公司于2016年10月11日出具了航空货运单一份。该货运单注明：第一承运人为B航空公司，第二承运人是C航空公司，货物共10箱，重250千克。货物未声明价值。B航空公司将货物由青岛运抵北京，10月13日准备按约将货物转交C航空公司时，发现货物灭失。为此，B航空公司于当日即通过A航空代理公司向货主通知了货物已灭失。谁将为货主的灭失承担责任？作为航空货运代理公司的A公司是否有责任呢？

相关知识

一、揽货

航空货物运输的代理人，积极、有效地承揽货物，为货主提供舱位，是组织航空货运代理业务的关键。一个业务开展得好的货运代理公司，一般都有相当数量的业务人员或业务网点从事市场揽货工作。货运代理公司在具体操作时，需及时向出口单位介绍本公司的业务范围、服务项目、各项收费标准。特别是向出口单位介绍优惠运价、本公司的服务优势等。航空货运代理公司与发货人就出口货物运输事宜达成意向后，可以向发货人提供所代理的有关航空公司的“国际货物托运书”。对于长期出口或出口货量大的单位，航空货运代理公司一般都与之签订长期的代理协议。

发货人发货时，首先需填写委托书，并加盖公章，作为货主委托代理承办航空货运出口货物的依据。航空货运代理公司根据委托书要求办理出口手续，并据以结算费用。因此，“国际货物托运书”是一份重要的法律文件。

二、委托代理

由根据“华沙公约”第5条（1）和（5）款规定，货运单应由托运人填写，也可由承运人或其代理人代为填写。实际上，目前货运单均由承运人或其代理人代为填制。为此，作为填开货运单的依据——托运书，应由托运人自己填写，而且托运人必须在上面签字或盖章。

托运书（Shippers Letter of Instruction，SLI）是托运人用于委托承运人或其代理人填开航空货运单的一种表单，表单上列有填制货运单所需各项内容，并应印有授权于承运人或其代理人代其在货运单上签字的文字说明。

托运书主要包括下列内容。

1. 托运人（SHIPPER'S NAME AND ADDRESS）

填写托运人的全称、街名、城市名称、国家名称以及便于联系的电话、电传或传真号码。

2. 收货人（CONSIGNEE'S NAME AND ADDRESS）

填写收货人的全称、街名、城市名称、国家名称（特别是在不同国家内有相同城市名称时，更应注意填上国名）以及电话号、电传号或传真号。本栏内不得填写“to order”或“to order of the shipper”等字样，因为航空货运单不能转让。

3. 始发站机场（AIRPORT OF DEPARTURE）

填写始发站机场的全称，可填城市名称。

4. 目的地机场（AIRPORT OF DESTINATION）

填写目的地机场（机场名称不明确时，可填城市名称），如果某一城市名称用于一个以上国家时，应加上国名。例如：LONDON UK 伦敦，英国；LONDON KY US 伦敦，肯达基州，美国；LONDON TO CA 伦敦，安大略省。

5. 要求的路线/申请订舱（REQUESTED ROUTING/REQUESED BOOKING）

本栏用于航空公司安排运输路线时使用，但如果托运人有特别要求时，也可填入本栏。

6. 供运输用的声明价值（DECLARED VALUE FOR CARRIAGE）

填写供运输用的声明价值金额，该价值即为承运人赔偿责任的限额。承运人按有关规定向托运人收取声明价值费。但如果所交运的货物毛重每千克不超过 20 美元（或等值货币），无须填写声明价值金额，可在本栏内填入“NVD”（No Value Declared）（无声明价值），如本栏空着未填写时，承运人或其代理人可视为货物未声明价值。

7. 供海关用的声明价值（DECLARED VALUE FOR CUSTOMS）

国际货物通常要受到目的站海关的检查，海关根据此栏所填的数额征税。

8. 保险金额（INSURANCE AMOUNT REQUESTED）

中国民航各空运企业暂未开展国际航空运输代保险业务，本栏可空着不填。

9. 理货事项（HANDLING INFORMATION）

填写附加的理货要求。例如：另请通知（ALSO NOTIFY），除填收货人之外，如托运人还希望在货物到达的同时通知他人，请另填写通知人的全名或地址；外包装上的标记；操作要求，如易碎、向上等。

10. 货运单所附文件（DOCUMENTATION TO ACCOMPANY AIR WAYBILL）

填写随附在货运单上运往目的地的文件，应填上所附文件的名称。例如：托运人所托运的动物证明书（SHIPPER'S CERTIFICATION FOR LIVE ANIMALS）。

11. 件数和包装方式（NUMBER AND KIND OF PACKAGES）

填写该批货物的总件数，并注明其包装方法。例如：包裹（Package）、纸板盒（Carton）、盒（Case）、板条箱（Crate）、袋（Bag）、卷（Roll）等。如货物没有包装时，就注明为散装（Loose）。

12. 实际毛重（ACTUAL GROSS WEIGHT）

本栏内的重量应由承运人或其代理人在称重后填入。如托运人已填上重量，承运人或其代理人必须进行复核。

13. 运价类别（RATE CLASS）

填写所适用的运价、协议价、杂费、服务费。

14. 计费重量（CHARGEABLE WEIGHT）

本栏内的计费重量应由承运人或其代理人在量过货物的尺寸（以厘米为单位）后，由承运人或其代理人算出计费重量后填入。如托运人已经填上，承运人或其代理人必须进行复核。

15. 费率（RATE/CHARGE）

本栏可空着不填。

16. 货物的品名及数量（包括体积及尺寸）

[NATURE AND QUANTITY OF GOODS（INCL. DIMENSIONS OR VOLUME）]

填写货物的品名和数量（包括尺寸或体积）。

若一票货物包括多种物品时，托运人应分别申报货物的品名，填写品名是不能使用“样品”“部件”等这类比较笼统的名称。货物中的每一项均须分开填写，并尽量填写详细，如：“9 筒 35 毫米的曝光动画胶片”“新闻短片（美国制）”等，本栏所填写内容应与出口报关发票、进出口许可证上列明的货物相符。

运输下列货物，按国际航协有关规定办理（参阅 TACT - Rules2. 3. 3/7. 3/8. 3）：活体动物；个人物品；枪械、弹药、战争物资；贵重物品；危险物品；汽车；尸体；具有强烈气味的货物；裸露的机器、铸件、钢材；湿货；鲜活易腐物品。危险品应填写适用的准确名称及标贴的级别。

17. 托运人签字（SIGNATURE OF SHIPPER）

托运人必须在本栏内签字。

18. 日期（DATE）

填写托运人或其代理人交货的日期。

在接受托运人委托后，单证操作前，货运代理公司的指定人员对托运书进行审核称为合同评审。审核的主要内容包括：价格、航班日期。目前，在审核起降航班的航空公司中大部分都采取自由销售方式。每家航空公司、每条航线、每个航班甚至每个目的港均有优惠运价，这种运价会因货源、淡旺季经常调整，而且各航空公司之间的优惠价也不尽相同。所以有时候更换航班，运价也随之更换。需要指出的是，货运单上显示的运价虽然与托运书上的运价有联系，但相互之间有很大区别。货运单上显示的是 TACT 上公布的适用运价和费率，托运书上显示的是航空公司优惠价加上杂费和服务费或使用协议价格。托运书的价格审核就是判断其价格是否能被接受，预订航班是否可行。审核人员必须在托运书上签名和写上日期以示确认。航空货物托运书如表 4 - 5 所示。

三、审单

审核的单证主要包括以下内容。

（1）发票、装箱单：发票上一定要加盖公司公章，标名价格术语和货价。

（2）托运书：一定要注明目的港名称或目的港所在城市名称，明确运费预付或运费到付、货物毛重、收发货人、电话/电传/传真号码。托运人签字处一定要有托运人签名。

表 4－5 航空货物托运书

航空货物托运书 货运单号码

SHIPPER'S LETTER OF INSTRUCTION NO. OF AIR WAYBILL

<table>
<tr><td colspan="2">托运人姓名及地址
SHIPPER'S NAME AND ADDRESS</td><td colspan="2">托运人账号
SHIPPER'S ACCOUNT NUMBER</td><td colspan="2">供承运人用
FOR CARRIER USE ONLY</td></tr>
<tr><td colspan="4" rowspan="2"></td><td>航班/日期
FLIGHT/DAY</td><td>航班/日期
FLIGHT/DAY</td></tr>
<tr><td></td><td></td></tr>
<tr><td colspan="2">收货人姓名及地址
CONSIGNEE'S NAME ADD ADDRESS</td><td colspan="2">收货人账号
CONSIGNEE'S ACCOUNT NUMBER</td><td colspan="2">已预留吨位
BOOKED</td></tr>
<tr><td colspan="4"></td><td colspan="2" rowspan="3">运费
CHARGES</td></tr>
<tr><td colspan="4">代理人的名称和城市
Issuing Carrier Agent Name AND City</td></tr>
<tr><td colspan="4"></td></tr>
<tr><td colspan="4">始发站
AIPPORT OF DEPARTUER</td><td colspan="2" rowspan="2">ALSO NOTIFY：</td></tr>
<tr><td colspan="4">到达站
AIPPORT OF DESTINATION</td></tr>
<tr><td colspan="2">托运人声明及价值
SHIPPER'S DECLARED VALUE</td><td rowspan="3">保险金额
AMOUNT OF INSURANCE</td><td colspan="3" rowspan="3">所附文件
DOCUMENTS TO ACCOMPANY AIR WAYBILL</td></tr>
<tr><td>供运输用
FOR CARRIAGE</td><td>供海关用
FOR CUSTOMS</td></tr>
<tr><td colspan="2"></td></tr>
<tr><td colspan="6">处理情况（包括包装方式货物标志及号码等）
HANDLING INFORMATION（INCI. ME THOD OF PACKING IDENTIFYING MARKS AND NUMBERS. ETC）</td></tr>
<tr><td colspan="6"></td></tr>
<tr><td>件数
NO. OF PACKAGES</td><td>实际毛重千克（公斤）
ACTUAL CROSS WEIGHT（kg）</td><td>运价类别
RATE CLASS</td><td>收费重量千克（公斤）
CHARGEABLE WEIGHT（kg）</td><td>费率
RATE/CHARGE</td><td>货物品名及数量（包括体积或尺寸）
NATURE AND QUANTITY OR GOODS（INCI. DIMENSIONS OF VOLUME）</td></tr>
<tr><td></td><td></td><td></td><td></td><td></td><td></td></tr>
<tr><td></td><td></td><td></td><td></td><td></td><td></td></tr>
</table>

托运人证实以上所填全部属实并愿遵守承运人的一切载运章程

THE SHIPPER CERTIFIES THAT THE PARTICULARS ON THE FACE HERE OF ARECORRECT AND AGEES TO THE CONDITIONS OF CARRIAGE OF THE CARRIER

托运人签字 SIGNATURE OF SHIPPER	日期 DATE	经手人 AGENT	日期 DATE

（3）报关单：注明经营单位注册号、贸易性质、收汇方式，并要求在申报单位处加盖公章。

（4）外汇核销单：在出口单位备注栏内，一定要加盖公司章。

（5）许可证：合同号、出口口岸、贸易国别、有效期、一定要符合要求与其他单据相符。

（6）商检证：商检证、商检放行单、盖有商检放行章的报关单均可。商检证上应有海关放行联字样。

（7）进料/来料加工核销本：注意本上的合同号是否与发票相符。

（8）索赔/返修协议：要求提供正本，合同双方盖章，外方没章时，可以签字。

（9）到付保函：凡到付运费的货物，发货人都应提供。

（10）关封。

四、预配和预订舱位

代理人汇总所接受的委托和客户的预报，并输入电脑，计算出各航线的件数、重量、体积，按照客户的要求和货物重、泡情况，根据各航空公司不同机型对不同板箱的重量和高度要求，制订预配舱方案，并对每票货配上运单号。

代理人根据所制订的预配舱方案，按航班、日期打印出总运单号、件数、重量、体积，向航空公司预订舱。这一环节称为预订舱，是因为此时货物可能还没有入库，预报和实际的件数、重量、体积等都会有差别，这些留待配舱时再做调整。

五、接单、制空运单

（一）接受单证

接受托运人或其代理人送交的已经审核确认的托运书及报关单证和收货凭证。将电脑中的收货记录与收货凭证核对。制作操作交接单，填上所收到的各种报关单证份数，给每份交接单配一份总运单或分运单。将制作好的交接单、配好的总运单或分运单、报关单证移交制单。若此时货未到或未全到，可以按照托运书上的数据填入交接单并注明，货物到齐后再进行修改。

（二）填制空运单

1. 航空货运单的基本概念

（1）航空货运单的概念。航空货运单（见表4－6）是由托运人或者以托运人的名义填制的，它由承运公司制定，托运人在托运货物时要按照承运人的要求进行填制，并经承运人确认。航空货运单与海运提单不同，却与国际铁路运单相似。它不是货物的物权凭证，在实际业务中，航空货运单一般都印有“不可转让”的字样。

表 4－6　　　　航空货运单

999 (1)　　　　999—

Shipper's Name and Address (2)	Shipper's Account Number	Not Negotiable Air Waybill Issued by (5) 中国国际航空公司 AIR CHINA BEIJING CHINA
		Copies 1, 2 and 3 of this Air Waybill are originals and have the same validity. (6)
Consignee's Name and Address (3)	Consignee's Account Number	It is agreed that the goods described herein are accepted for carriage in apparent good order And condition (except as noted) and SUBJECT TO THE CONDITIONS OF CONTRACT ON THE REVERSE HEREOF. ALL GOODS MAY BE CARRIED BY AND OTHER MEANS INCLUDING ROAD OR ANY OTHER CARRIER UNLESS SPECIFIC CONTRARY INSTRUCTIONS ARE GIVEN HEREON BY THE SHIPPER. THE SHIPPER'S ATTENTION IS DRAWN TO THE NOTICE CONCERNING CARRIER'S LIMITATION OF LIABILITY. Shipper may increase such limitation of liability by declaring a higher value for carriage and paying a supplemental charge if required. (7)
Issuing Carrier's Agent Name and City (4) A		Accounting Information (8)
Agent's IATA Code (4) B	Account No. (4) C	
Airport of Departure (Addr. of First Carrier) and Requested Routing (9) A		

To	By First Carrier Routing and Destination	to	by	to	by	Currency	CHGS Code	WT/VAL (12) A PPD	WT/VAL COLL	Other (12) B PPD	Other COLL	Declared Value for Carriage	Declared Value for Customs
(9) B	(9) C	(9) D	(9) E	(9) F	(9) G	(10)	(11)					(13)	(14)

Airport of Destination	Flight/Date	For carrier Use Only	Flight/Date	Amount of Insurance	INSURANCE - If Carrier offers insurance, and such insurance is requested in accordance with the conditions thereof, indicate amount to be insured in figures in box marked "Amount of Insurance."
(9) H	(9) I			(15)	

Handing Information

(16)

(For USA only) These commodities licensed by U.S. for ultimate destination ....Diversion contrary to U.S. law is prohibited

No of Pieces RCP	Gross Weight	Kg lb	Rate Class	Commodity Item No.	Chargeable Weight	Rate Charge	Total	Nature and Quantity of Goods (incl. Dimensions or Volume)
(17) A	(17)B	(17) C	(17) D	(17) E	(17) F	(17) G	(17) H	(17) I
(17) J	(17) K						(17) L	

续 表

Prepaid　Weight Charge　Collect		Other Charges
(19) A	(19) B	(18)
Valuation Charge		
(19) C	(19) D	
Tax		
(19) E	(19) F	
Total other Charges Due Agent		Shipper certifies that the particulars on the face hereof are correct and that **insofar as any part of the** consignment contains dangerous goods, such part is properly described by name and is in proper **condition for carriage by air according to the applicable Dangerous Goods Regulations.**
(19) G	(19) H	
Total other Charges Due Carrier		(20)
(19) I	(19) J	
(19) K	(19) L	Signature of Shipper or his Agent
Total Prepaid (19) M	Total Collect (19) N	(21)
Currency Conversion Rates (23) A	CC Charges in Dest. Currency (23) B	Executed on (date)　at(place)　Signature of Issuing Carrier or its Agent
For Carrier's Use only at Destination (22)	Charges at Destination (23) C	Total Collect Charges (23) D

999－

（2）航空货运单的作用。航空货运单是运输合同的证明。航空货运单是承运人接收货物的证明。航空货运单是运费结算凭证及运费收据。航空货运单是办理报关手续时的基本单证。当承运人承办保险或托运人要求承运人代办保险时，航空运单即可用来作为保险证明。载有保险条款的航空货运单又被称为红色航空货运单。航空货运单是承运人内部业务的依据。

（3）航空货运单的分类。航空货运单通常分为航空公司货运单和中性货运单两类。航空公司货运单是指印有出票航空公司标志（航徽、代码等）的航空货运单。中性货运单是指无承运人任何标志、供代理人使用的航空货运单。从业务内容来划分，把航空货运单通常分为两大类：由航空公司签发的航空货运单被称作航空主运单（master air waybill）。集中托运人在办理集中托运业务时签发的航空货运单称作航空分运单（house air waybill）。

（4）航空货运单的构成。我国国际航空货运单由一式十二联组成，包括三联正本、六联副本和三联额外副本（见表4－7）。

表4－7　　航空货运单的构成及其用途

序号	名称	颜色	用途
1	正本1	绿色	为财务联。作为收取货物运费的凭证交财务部门
2	正本2	粉红色	为收货人联。在目的站交收货人
3	正本3	蓝色	为托运人联。作为托运人支付货物运费，并将货物交由承运人运输的凭证

续　表

序号	名称	颜色	用途
4	副本 4	黄色	为货物交付联。收货人提取货物时在此联签字，由承运人留存，作为货物已经交付收货人的凭证
5	副本 5	白色	为目的站联。由目的站机场留存，也可作为第三承运人联，由第三承运人留交其财务部门作为结算凭证
6	副本 6	白色	为第二承运人联。由第二承运人留交其财务部门作为结算凭证
7	副本 7	白色	为第一承运人联。由第一承运人留交其财务部门作为结算凭证
8	副本 8	白色	为代理人联（存根联）。由货运单填制人留存备查
9	副本 9	白色	交代理人。供代理人留存
10	额外副本	白色	额外副本，供承运人使用
11	额外副本	白色	额外副本，供承运人使用
12	额外副本	白色	额外副本，供承运人使用

2. 航空货运单的填制

目前，各航空公司所使用的航空运单大多借鉴 IATA 所推荐的标准格式，虽有不同但差别并不大。下面仅就 IATA 的标准格式对各栏目的填写说明予以介绍。

（1）航空运单号码（The Air Waybill Number）。航空运单号码应清晰地填写在航空运单的左上角、右上角及右下角（中性货运单应自行填制）。航空运单号码一般采用 11 位数字表示，前 3 位数字是航空公司的三字代码（Airline Code Number），后 8 位中的前 7 位数字为该票货物的顺序编号（Serial Number），后 8 位中的第 8 位数字为检验号，是顺序编号对 7 取模的结果。8 位数字中的第 4 位与第 5 位之间应留有比其数字之间更大的间隔。如 160 - 3687 7175，784 - 7195 6883，880 - 0067 7062

（2）托运人栏（Shipper）。①托运人姓名和地址（Shipper's Name and Address）填写托运人的姓名、地址、国家或国家两字代码及托运人的电话、传真等联系方式。②托运人账号。根据承运人需要，填写托运人账号。

（3）收货人栏（Consignee）。①收货人姓名和地址（Consignee's Name and Address）填写收货人的姓名、地址、国家或国家两字代码及收货人的电话、传真、联系方式。此项必须明确填写具体的收货人姓名，而不得填写“TO ORDER”或“TO ORDER OF ×××”等，因为航空运单上均有“NOT NEGOTIABLE”字样。②收货人账号（Consignee's Account Number）此项仅供承运人使用，一般无须填写，除非最后的承运人需要。

（4）承运人代理栏（Issuing Carrier's Agent）。

①名称和城市（Name and City）。该项填写向承运人收取佣金的承运人代理的国际航协代理人的名称和所在机场或城市。

根据货运代理机构管理规则，该佣金必须支付给目的站国家的一个国际航协代理人，则该国际航协代理人的名称和所在机场或城市必须填入此栏。

②国际航协代码（Agent's IATA Code）。代理人在货账结算区（CASS Areas），打印国际航协7位数字代码，后面加三位CASS地址代码和7位数字代码的检验位，如34－41234/5671；如果代理人不在货账结算区（Non－CASS Areas），只打印国际航协7位数字代码即可，如14－30288。

③账号（Account No.）。此项一般无须填写，除非承运人需要。

（5）货运单所属承运人的名称及地址（Issuing Carrier's Name and Address）。此处一般印有航空公司的标志、名称及地址，无须再填写。

（6）正本联说明（Reference to Originals）。此栏无须填写。

（7）契约条件（Reference to Conditions of Contract）。此栏一般情况下无须填写，除非承运人需要时才填写。

（8）财务说明（Accounting Information）。①以现金或支票支付运费时，应注明"现金（Cash）""支票（Check）"字样。②以旅费证MCO（Miscellaneous Charges Order）支付运费时，只能用于作为货物运送的行李的运输，此栏应填MCO号码及应支付的金额，并填写"客票及行李票"号码、航班、日期等信息。但代理人不得接受托运人使用MCO作为付款方式。③当货到达目的站无法交付给收货人而又必须退运时，应将原航空运单号码填写在本栏内。

（9）运输路线（Routing）。

①始发站机场及所要求的路线（Airport of Departure and Requested Routing）。此栏填写第一承运人所在机场或城市名称。

②运输路线和目的站（Routing and Destination）。此项可能涉及多个承运人。

至（TO）。9B填写目的站机场或第一个转运点的IATA三字代码，如果该城市有多个机场，且不清楚机场名称时，可填城市代码。由第一承运人（by First Carrier）。9C填第一承运人的名称（全称或IATA两字代码）。

至（TO）。9D填目的站机场或第二个转运点的IATA三字代码，如果该城市有多个机场，且不清楚机场名称时，可填城市代码。由第二承运人（by Second Carrier）。9E填第二承运人的名称（全称或IATA两字代码）。

至（TO）。9F填目的站机场或第三个转运点的IATA三字代码，如果该城市有多个机场，且不清楚机场名称时，可填城市代码。由第三承运人（by Third Carrier）9G填第三承运人的名称（全称或 IATA 两字代码）。

③目的站机场（Airport of Destination）。9H 填写最后承运人的目的站机场全称，如果该城市有多个机场，且不知道机场名称时，可填写城市全称。

④航班/日期（Flight/Date）。9I 仅供承运人使用。此栏一般无须填写，除非参加运输的各有关承运人需要。如果是两航段或多航段运输，可将每一航段的航班/日期分列到此处。

（10）货币（Currency）。此栏填写始发国的 ISO（国际标准组织）的货币代号，通常是国家两字代码加上货币的英语首写字母，如 CNY—CHINA YUAN，USD—UNITED STATES DOLLAR。

除目的站“国家收费栏”内的款项外，航空运单上所列的金额均按上述的货币支付。

（11）运费代号（CHGS Code）（仅供承运人使用）。此栏一般不需要填写，仅供电子传送航空运单信息时使用。

（12）运费（Charges）。此项填写航空运费、声明价值附加费及其他费用支付方式。

①WT/VAL 航空运费和声明价值附加费分为预付和到付两种。两项费用必须全部预付或全部到付，不允许做部分预付或部分到付。如果是预付则在 12A “预付”栏内打“×”，否则在“到付”栏内打“×”。

②OTHER（Charges at Origin）在始发站的其他费用预付或到付。12B 填写在始发站发生的除声明价值附加费之外的其他费用，该项费用必须全部预付或全部到付，不允许做部分预付或部分到付。如果是预付则在“预付”栏内打“×”，否则在“到付”栏内打“×”。

（13）供运输声明价值（Declared Value for Carriage）。

此栏打印托运人对所托运货物声明的价值金额。如果托运人没有对所托运货物声明价值，此栏必须打印“NVD”字样，NVD—NO VALUE DECLARED，即没有声明价值。

（14）供海关用的声明价值（Declared Value for Customs）。此栏打印货物及通关时所需的商业价值金额。如果货物没有商业价值，此栏必须打印“NCV”字样。NCV—NO COMMERCIAL VALUE，即没有商业价值。

（15）保险金额（Amount of Insurance）。如果承运人向托运人提供代办货物保险业务时，此栏打印投保的金额；如果承运人不提供此项服务或托运人不要求投保时，此栏打印“NIL”或“×××”符号。

（16）运输处理注意事项（Handling Information）。此栏填写货物在仓储和运输过程中应注意的事项。

①对于危险物品，有两种情况。一种是需要附托运人的危险品申报单，则本栏内应打印“Dangerous Goods as Per Attached Shipper's Declaration”字样，对于要求只能用货机运载的危险物品，还应再加上“Cargo Aircraft Only”字样。另一种是属于不要求附

危险品申报单的危险物品，则应打印“Shipper's Declaration Not Required”字样。

②当一批货物中既有危险物品也有非危险物品时，应分别列明，危险物品必须列在第一项，并填写危险品的件数。此类货物不要求附危险物品申报单，其中的危险物品不是放射性物质且数量有限。

③注意事项尽可能使用“货物交换电报程序”（CARGO-IMP）中的代号和简语，如货物上的标志、号码以及包装方法；随货运单所附文件的名称，如托运人的动物证明书“Shipper's Certification For Live Animals”、装箱单“Packing List”，发票“Invoice”等；除收货人外，另有通知人（不同于收货人）的姓名、地址、国家以及电话、电传或传真号码、货物所需要的特殊处理规定；海关规定等。

（17）航空运价细目（Consignment Rating Details）。一票货物中如含有两种或两种以上不同运价类别计费的货物应分别填写，每填写一项另起一行，如果含有危险物品，则该危险物品应列在第一项。

1）件数/运价组合点（No. of Pieces/RCP）。17A 填写货物的件数。如果所使用的货物运价种类不同时，应分别填写，并将总件数填写在（17J）栏内；如果使用非公布直达运价计算运费时，在件数的下面还应打印运价组合点城市的 IATA 三字代号。

2）毛重（Gross Weight）。17B 适用于运价的货物实际毛重（以千克为单位时可保留至小数点后一位），并与件数相对应。如果分别填写时，应将总毛重填写在（17K）栏内。

3）重量单位（Kg/Lb）。17C 以千克为单位时填写“K”，以磅为单位时填写“L”。

4）运价等级（Rate Class）。17D 填写所采用的货物运价种类代码，代码通常有以下 10 种。

M——最低运费（Minimum Charge）。

N——45 千克以下（或 100 千克以下）运价（Normal Rate）。

Q——45 千克以上运价（Quantity Rate）。

C——指定商品运价（Specific Commodity Rate）。

R——等级货物附减运价（Class Rate Reduction）。

S——等级货物附加运价（Class Rate Surcharge）。

U——集装化设备基本运费货运价（Unit Load Device Basic Charge or Rate）。

E——集装化设备附加运价（Unit Load Device Additional Rate）。

X——集装化设备附加说明（Unit Load Device Additional Information）。

Y——集装化设备折扣（Unit Load Device Discount）。

5）商品品名编号（Commodity Item No.）。17E 应根据所采用的货物运价种类填写，并与 17D 栏对应。

①使用指定商品运价时，填写指定商品品名代号，对应于 17D 中的代码 C。

②使用等级货物运价时，此栏填写附加或附减运价的比例。附减运价：如所适用费率为N运价的50%，则填写为N50，对应于（17D）中的代码R；附加运价：如所适用的费率为N运价的150%，则填写为N150，对应于（17D）中的代码S。

③如果是集装货物，填写集装货物运价等级。

6）计费重量（Chargeable Weight）。17F填写与运价相应的货物计费重量。

如果是集装货物则填写：

①与运价代号“U”对应的适合集装箱货物基本运费的重量。

②与运价代号“E”对应的超过使用基本运费的重量。

③与运价代号“X”对应的集装器空重。

7）运价/运费（Rate/Charge）。17G填写与对应的运价。

①当使用最低运费时，填写与运价代码“M”对应的最低运费。

②当使用非最低运费的普通运价时，填写与运价代码“N”“Q”相应的运价。

③当使用等级运价时，填写与运价代码“S”或“R”对应的附加或附减后的运价。

④当使用指定商品运价时，填写与运价代码“C”相应的运价。

⑤当使用集装运价时，则填写与运价代码“U”对应的集装货物的基本运费或与运价代号“E”对应的超过基本运费有集装货物的运价。

8）总计（TOTAL）。17H填写计费重量（17F）与适用运价（17G）相乘后的运费金额。如果是最低运费或集装货物基本运费时，本栏与“运价/运费”栏内的金额相同；如果分别填写时，将航空运费总额填写在17L栏内。

9）货物品名和数量（Nature and Quantity of Goods）。17I应按要求填写，尽可能地清晰简明。打印货物的品名（用英文大写字母），不得填写表示物品类别的统称；当一票货物中含有危险物品时，应分别填写，而且应将危险物品列在第一项；如果是集中托运物品，本栏应填写“Consolidation as Attached List”（集中托运物品，按所附的每一票据办理）；填写货物的外包装尺寸或体积，用“长×宽×高”表示，以厘米作为单位；可填写货物的产地国。

10）总件数（NO. Of Pieces）。17J填写各组货物的件数之和。

11）总毛重（Gross Weight）。17K填写各组货物毛重之和。

12）总计（Total）。17L填写各组货物运费之和。

（18）其他费用（Other Charges）。此栏一般填写在始发站发生的其他费用。填写“其他费用”金额时，应冠以代码。在代码与所收金额之间需加字母“C”或“A”以表明此费用为谁收，“C”表示该费用为承运人所收取，“A”表示该费用为代理人所收取。

（19）预付（Prepaid）或到付（Collect）。此栏中的左侧费用为预付，右侧费用为到付。

1）运费（Weight Charge）。填写货物计费重量计得的货物运费。与（17H）或（17L）中的金额一致，全部预付的填写在（19A）栏中，全部到付的填写在（19B）栏中。

2）声明价值附加费（Valuation Charge）。如果托运人提出货物运输声明价值，此栏则应填写声明价值附加费。

声明价值附加费计算公式：(声明价值 - 实际毛重 × 最高赔偿额） ×0.5%

全部预付的填写在（19C）栏中，全部到付的填写在（19D）栏中。

3）税款（Tax）。此栏填写适用的税款。全部预付的填写在（19E）栏中，全部到付的填写在（19F）栏中。

4）其他费用总额（Total Other Charges）。

①由代理人收取的其他费用总额（Total Charges Due Agent）。填写由代理人收取的其他费用总额，全部预付的填写在（19G）栏中，全部到付的填写在（19H）栏中。

②由承运人收取的其他费用总额（Total Charge Due Carrier）。填写由承运人收取的其他费用总额，全部预付的填写在（19I）栏中，全部到付的填写在（19J）栏中。

5）无名称阴影栏目（19K）和（19L）。一般无须填写，除非承运人需要。

6）总计（Total）。(19M）中填写（19A）、(19C）、(19E）、(19G）及（19I）等栏目中有关预付款项之和，(19N）中填写（19B）、(19D）、(19F）、(19H）及（19J）等栏目中有关到付款项之和。

（20）托运人签字栏（Signature of Shipper or His Agent）。此栏填写托运人的名称，且托运人应在本栏目中签字或盖章。

（21）承运人填写栏（Carrier's Execution Box）。

①填写日期［Executed on（Date）］。按日、月、年的顺序填写货运单的填开日期，月份可用缩写，如：12 JAN. 2016。

②填写地点（At Place）。填写机场或城市的全称或缩写。

③货运单的承运人或其代理签字（Signature of Issuing Carrier or Its Agent）。货运单的承运人或其代理人在此栏中签字。

（22）仅供承运人在目的站使用（For Carrier's Use Only at Destination）。此栏一般无须填写。

（23）用目的站国家货币付费。(23A）至（23D）栏仅供承运人使用。

①货币兑换比价（Currency Conversion Rate）（23A）。此栏填写目的站国家货币代码和汇率。

②用目的站国家货币付费（CC Charges in Destination Currency）（23B）。用（23A）户的汇率乘以（23B）中所列的到付总额，即折算成目的站国家货币的金额，填写在此栏中。

③目的站的费用（Charges at Destination）（23C）。最后承运人将目的站发生的费用金额，包括利息等填写在此栏中（以目的站国家的货币为单位）。

④到付费用总额（Total Collect Charges）（23D）。填写（23B）与（23C）内的费用金额之和。

六、接收货物

接收货物，是指航空货运代理公司把即将发运的货物从发货人手中接过来并运送到自己的仓库。接收货物一般与接单同时进行。对于通过空运或铁路从内地运往出境地的出境货物，货运代理人按照发货人提供的运单号、航班号及接货地点、接货日期，代其提取货物。如货物已在始发地办理了出口海关手续，发货人应同时提供始发地海关的关封。

接货时应对货物进行过磅和丈量，并根据发票、装箱单或送货单清点货物，并核对货物的数量、品名、合同号或唛头等是否与货运单上所列一致。检查货物的外包装是否符合运输的要求。

1. 基本要求

（1）托运人提供的货物包装要求坚固、完好、轻便，应能保证在正常的操作（运输）情况下，货物可完好地运达目的站。同时，也不损坏其他货物和设备。

货物包装具体要求为：包装不破裂；内装物不漏失；填塞要牢，内装物相互不摩擦、不碰撞；没有异味散发；不因气压、气温变化而引起货物变质；不伤害机上人员和操作人员；不污损飞机、设备和机上其他装载物；便于装卸。

（2）为了不使飞机的空调系统堵塞，不得用带有碎屑、草末等材料作为包装，如草袋、草绳、粗麻包等。包装的内衬物，如谷糠、锯末、纸屑等不得外漏。

（3）包装内部不能有突出的棱角，也不能有钉、钩、刺等。包装外部需清洁、干燥，没有异味和油腻。

（4）托运人应在每件货物的包装上详细写明收货人、另请通知人和托运人的姓名和地址。如包装表面不能书写时，可写在纸板、木牌或布条上，再挂在货物上，填写时字迹必须清楚、明晰。

（5）包装窗口的材料要良好，不得用腐朽、虫蛀、锈蚀的材料。无论木箱或其他容器，为了安全，必要时可用塑料、铁箍加固。

（6）如果包装件有轻微破损，填写货运单应在“Handling Information”标注详细情况。

2. 对包装材料的具体要求

通用的包装材料主要有木箱、结实的纸箱（塑料打包带加固）、皮箱、金属或塑料桶等。

（1）液体类货物的包装材料要求。不论瓶装、罐装或桶装，容器内至少有5%～10%的空隙，封盖严密，容器不得渗漏；用陶瓷、玻璃容器盛装的液体货物，每一容器的容量不得超过500毫升，并需外加木箱包装，箱内装有内衬物和吸湿材料，内衬物要填牢实，以防内装容器碰撞破碎，外包装上应加贴“易碎物品”标签。

（2）易碎物品的包装材料要求。每件重量不超过25千克；用木箱包装；用内衬物填塞牢实；包装上应贴“易碎物品”标贴。

（3）精密仪器和电子管的包装材料要求。多层次包装，内衬物要有一定的弹性，但不得使货物移动位置和互相碰撞摩擦；悬吊式包装，用弹簧悬吊在木箱内，适于电子管运输；加大包装底盘，不使货物倾倒；包装上应加贴“易碎物品”和“不可倒置”标贴。

（4）裸装货物。不怕碰压的货物如轮胎等，可以不用包装。但不易点数或容易碰坏飞机的仍需妥善包装。

（5）木制包装。木制包装或垫板表面应清洁、光滑，不携带任何种类植物害虫；有些国家要求在“Handling Information”栏中注明“The solid wood materials are totally free from bank and apparently free from live plant pest”，并随附熏蒸证明。

（6）混运货物。一票货物中包含有不同物品称为混运货物。这些物品可装在一起，也可以分别包装，但不得包含下列物品：贵重货物、动物、尸体、骨灰、外交信袋、作为货物运送的行李。

七、贴标签、标记

1. 标记

在货物外包装上由托运人书写的有关事项和记号，包括托运人、收货人的姓名、地址、联系电话、传真、合同号等和操作（运输）注意事项。

2. 标签

（1）根据作用标签可以分为：识别标签、特种货物标签和操作标签等。

①识别标签。说明货物的货运单号码、件数、重量、始发站、目的站、中转站的

一种运输标志。它分为挂签和贴签两种，在使用标签之前，清除所有与运输无关的标记与标签；体积较大的货物需对贴两张标签；袋装、捆装、不规则包装除使用2个挂签外，还应在包装上写清货运单号码和目的站。

②特种货物标签。说明特种货物性质的各类识别标志。它分为活动物标签（见图4－14）、危险品标签和鲜活易腐物品标签（见图4－15）。

图4－14　实验用动物标签

图4－15　鲜活易腐物品标签

③操作标签。说明货物储运注意事项的各类标志。“请勿倒置”标志及“注意固定”标志如图4－16、图4－17所示。

图4－16　“请勿倒置”标志

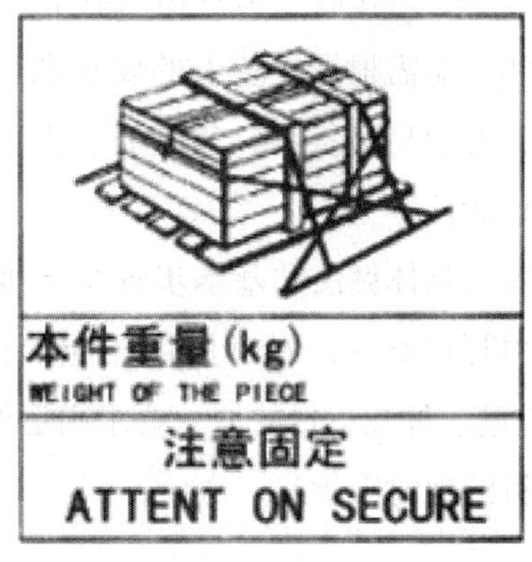

图4－17　“注意固定”标志

（2）按类别标签可以分为航空公司标签和分标签两种。

①航空公司标签（见图4－18）。航空公司标签是对其所承运货物的标识，各航空公司的标签虽然在格式、颜色上有所不同，但内容基本相同，标签上三位阿拉伯数字

代表所承运航空公司的代号，后八位数字是总运单号码。

②分标签。分标签是代理公司对出具分标签货物的标识。凡出具分运单的货物都要制作分标签，填制分运单号码和货物到达城市或机场的三字代码。

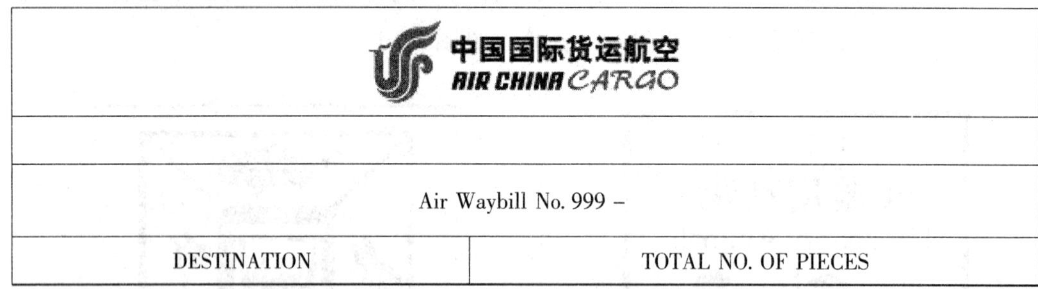

中国国际货运航空 AIR CHINA CARGO	
Air Waybill No. 999 –	
DESTINATION	TOTAL NO. OF PIECES

图4-18　航空公司标签

一般一件货物贴一张航空公司标签。对于集中托运货物，要在每一件货物上贴上识别标签，在识别标签上要特别注明主单号和分单号。

八、配舱、订舱

配舱时，需运出的货物都已入库。这时需要核对货物的实际件数、重量、体积与托运书上预报数量的差别；应注意对预订舱位、板箱的有效领用、合理搭配，按照各航班机型、板箱型号、高度、数量进行配载。同时，对于货物晚到、未到情况以及未能顺利通关放行的货物做出调整处理，为制作配舱单做准备。实际上，这一过程一直延续到单、货交接给航空公司后才完毕。

订舱是将所接收空运货物向航空公司正式提出申请并订妥舱位。

货物订舱需根据发货人的要求和货物标识的特点而定。一般来说，大宗货物、紧急货物、鲜活易腐货物、危险品、贵重物品等，必须预订舱位。非紧急的零散货物可以不预订舱位。

订舱的具体做法和基本步骤是：接到发货人的发货预报后，向航空公司吨控部门领取并填写订舱单，同时提供相应的信息：货物的名称、体积（必要时提供单件尺寸）、重量、件数、目的地、要求出运的时间等；其他运输要求（温度、装卸要求、货物到达目的地时限等）。

九、通关

出口报关，是指发货人或其代理人在货物发运前，向出境地海关办理货物出口手续的过程。

出口报关的基本程序如下所示。

（1）将发货人提供的出口货物报关单的各项内容输入电脑。

（2）通过电脑填制的报关单上加盖报关单位的报关专用章。

（3）将报关单与有关的发票、装箱单和货运单综合在一起，并根据需要随附有关的证明文件。

（4）以上报关单证齐全后，由持有报关证的报关员正式向海关申报。

（5）海关审核无误后，海关关员即在用于发运的运单正本上加盖放行章，同时在出口收汇核销单和出口报关单上加盖放行章，在发货人用于产品退税的单证上加盖验讫章，粘上防伪标志。

（6）完成出口报关手续。

出运修理件、更换件时，需留存海关报关单，以备以后进口报关用。

出口货物根据动卫检部门的规定和货物种类，填制相应的动、卫签单。非动植物及其制品类，要求填制“卫检申报单”，加盖卫检放行章。动植物类货物除“卫检申报单”外，还需“动植检报验单”并加盖放行章。化工类产品需到指定地点检验证明是否适合空运。而不同的出口货物亦有各种规定和限制。

十、编制仓单

配舱方案制订后就可着手编制出仓单。出仓单上应载明日期、承运航班的日期、装载板箱形式及数量、货物进仓顺序编号、总运单号、件数、重量、体积、目的地三字代码和备注。出仓单交给出口仓库，用于出库计划，出库时点数并向装板箱交接。出仓单交给装板箱环节，是向出口仓库提货的依据，也是制作“国际货物交接清单”的依据。该清单还用于向航空公司交接货物，同时还可用于外拼箱。出仓单交给报关环节，当报关有问题时，可有针对性反馈，以采取相应措施。

十一、提板、提箱装货

根据订舱计划向航空公司申领板、箱并办理相应的手续。提板、箱时取相应的塑料薄膜和网。对所使用的板、箱要登记、销号。除特殊情况外，航空货运均是以“集装箱”“集装板”形式装运。

航空货运代理公司将体积为 2 立方米以下的货物作为小货交于航空公司拼装，大于 2 立方米的大宗货或集中托运拼装货，一般均由货运代理自己装板装箱。

订妥舱位后，航空公司吨控部门将根据货量出具发放“航空集装箱、板”凭证，货运代理公司凭此向航空公司箱板管理部门领取与订舱货量相应的集装板、集装箱。

大宗货物、集中托运货物可以在货运代理公司自己的仓库、场地、货棚装板、装箱，亦可在航空公司指定的场地装板、装箱。装板、装箱时要注意以下几点。

（1）正确使用集装箱、集装板，避免用错板型、箱型。每个航空公司为了加强本公司的板、箱管理，都不允许本公司的板、箱为其他航空公司的航班所用。不同公司的航空集装箱、航空集装板因型号、尺寸有异，因此，如果用错会出现不能装上飞机的现象。

（2）不要超装箱板尺寸。一定型号的箱、板用于一定型号的飞机，板、箱外有具体尺寸规定，一旦超箱、板尺寸，就无法装上飞机。因此，装箱、板时，要注意货物的尺寸，既不超装，又要在规定的范围内用足箱、板的可用体积。

（3）要垫衬、封盖好塑料薄膜，以防潮、防雨淋。

（4）集装箱、板内货物尽可能配装整齐，结构稳定，防止运输途中倒塌。

（5）对于大宗货物、集中托运货物，尽可能将整票货物装一个或几个板、箱内运输。已装妥整个板、箱后剩余的货物尽可能拼装在同一箱、板上，防止散乱、遗失。

十二、签单发运单

货运单在盖好海关放行章后还需到航空公司签单。主要是审核运价使用是否正确以及货物的性质是否适合空运，例如危险品等是否已办妥相应的证明和手续。航空公司的地面代理规定，只有签单确认后才允许将单、货交给航空公司。

十三、航班跟踪与信息服务

单、货交接给航空公司后，航空公司会因种种原因，例如航班取消、延误、溢载、故障、改机型、错运、倒垛或装板不符规定等，未能按预定时间运出，所以货运代理公司从单、货交给航空公司后就需对航班、货物进行跟踪。

需要联程中转的货物，在货物出运后，要求航空公司提供二、三程航班中转信息。有些货物事先已预订了二、三程，也还需要确认中转情况。有时需要直接发传真或打电话与航空公司的海外办事处联系货物中转情况。及时将上述信息反馈给客户，以便遇有不正常情况及时处理。

十四、费用结算

费用结算主要涉及发货人、承运人和国外代理人三方面的结算。

1. 与发货人结算费用

在运费预付的情况下，发货人应支付航空运费、地面运输费，以及各种服务费和手续费。

2. 与承运人结算费用

向承运人支付航空运费及代理费，同时收取代理佣金。

3. 与国外代理人结算到付运费和利润分成

到付运费实际上是发货方的航空货运代理人为收货人垫付的，因此收货方的航空货运代理公司在将货物移交收货人时，应收回到付运费并将有关款项退还发货方的货运代理人。同时，发货方的货运代理人应将代理佣金的一部分分给其收货地的货运代理人。

由于航空货运代理公司之间存在长期的互为代理协议，因此与国外代理人结算时一般不采取一票一结的办法，而采取应收应付相互抵消、在一定期限内以清单冲账的办法。

简单实训

1. 请依照下列提供的资料及所附国际货物托运书，填制航空货运单

（1）资料：①航空公司收取 CNY50 元的货运单费；

②该批货物按普通货物计收运费，对应的运价为 CNY77.00/KGS。

（2）国际货物托运书

表 4－8　国际货物托运书

<table>
<tr><td rowspan="4">托运人姓名及地址
SHIPPER'S NAME AND ADDRESS
CHINA LIGHT HOUSEWARE CO., LTD, BEIJING
P. E. CHINA
TEL：86（010）64596666 FAX：86（010）64598888</td><td colspan="2">供承运人用
FOR CARRIAGE USE ONLY</td></tr>
<tr><td>班期/日期
FLIGHT/DAY</td><td>航班/日期
FLIGHT/DAY</td></tr>
<tr><td colspan="2">CA921/30 JUL，2002</td></tr>
<tr><td colspan="2"></td></tr>
<tr><td rowspan="2">收货人姓名及地址
CONSIGNEE'S NAME AND ADDRESS
NEWYORK LIGHT HOUSEWARE IMPORTERS,
NEW YORK，U. S. A
TEL：78789999</td><td colspan="2">已预留吨位
BOOKED</td></tr>
<tr><td colspan="2">运费 CHARGES
CHARGES PREPAID</td></tr>
<tr><td>代理人的名称及城市
ISSUING CARRIER'S AGENT NAME AND CITY
KUNDAAIR FRIGHT CO.，LTD</td><td colspan="2" rowspan="3">ALSO NOTIFY</td></tr>
<tr><td>始发站 AIRPORT OF DEPARTURE
CAPITAL INTERNATIONAL AIRPORT</td></tr>
<tr><td>到达站 AIRPORT OF DESTINATION</td></tr>
</table>

续 表

<table>
<tr><td colspan="2">托运人声明价值
SHIPPER'S DECLARED VALUE</td><td rowspan="2">保险金额
AMOUNT OF INSURANCE
* * *</td><td rowspan="2">所附文件
DOCUMENT TO ACCOMPANY AIR WAYBILL 1 COMMERCIAL INVOICE</td></tr>
<tr><td>供运输用
FOR CARRIAGE
NVD</td><td>供海关用
FOR CUSTOMS
NCV</td></tr>
</table>

处理情况（包括包装方式、货物标志及号码）
HANDING INFORMATION（INGL METHOD OF PACKING IDENTIFYING AND NUMBERS）
KEEP UPSIDE

件数 NO. OF PACKAGES	实际毛重 ACTUAL GROSS WEIGHT （KG.）	运价种类 ACTUAL GROSS WEIGHT （KG.）	收费重量 CHARGEABLE WEIGHT	费率 RATE/CHARGE	货物品名及数量（包括体积或尺寸） NATUER AND QUANTITY OF GOODS（INCL. DIMENSION OF VOLUME）
4	58.3		58.3	18.00	DIMS：（80CM×30 CM×25）CM×4

2. 请依照下列提供的资料，填制航空货运单

（1）背景材料

长沙农业科技公司与洛杉矶 BOOMING L. L. 公司签订了一新鲜水果（橘子）的出口合同，2016 年 9 月 27 日长沙农业科技公司收到买方银行开出的信用证后，随即委托广州紫霞货代公司办理定舱、托运、保险与报关结汇等事宜。

（2）信用证信息

FORM OF DOC. CREDIT：IRREVOCABLE

DOC. CREDIT NUMBER：20160001

DATE OF ISSUE：20160925

EXPIRY：DATE 070724 PLACE CHINA

APPLICANT：BOOMING L. L. CO.，LTD

TEL（213）687－3088750

NORTH Hill STREET, LOS ANGELES, CA 90012,
LOS ANGELES, USE

BENEFICIARY: CHANGSHA AGRICULTURAL SCIENCE AND TECHNOLOGY
CO., LTD
HANPU NO. 18 OF YUELU DEVELOPMENT
DISTRICT OF ECONOMIC TECHNOLOGICAL
DEVELOPMENT ZONE, CHANGSHA CITY, P. R. CHINA

AMOUNT: CURRENCY USD AMOUNT 50000.00

AVAILABLEWITH/BY: ANY BANK IN CHINA BY NEGOTIATION

DRAFT AT...: AT SIGHT

DRAWEE: BANCO DE USE

PARTIAL SHIPMENTS: ALLOWED

TRANSSHIPMENT: ALLOWED

LOADING IN CHARGE: GUANGZHOU

LATEST DATE OF SHIP: 20121005

DESCRIPTION OF GOODS: 10 SETS OF FRESH ORANGE,
128cm × 42cm × 40cm × 10, PER PIECE,
N. W.: 50.50KGS/CARTON,
G. W.: 55.50KGS/CARTON,
USD 5000/PER PIECE CIP LOS ANGELES, USA

DOCUMENTS REQUIRED: ①SIGNED COMMERCIAL INVOICE IN TRIPLICATE ORIGINAL CERTIFIED BY C. C. P. I. T;
②AIR WAYBILL TO THE ORDER OF ISSUING BANK MARKED FREIGHT PREPAID AND NOTIFY APPLICANT;
③DETAILED PACKING LIST IN TRIPLICATE;
④CERTIFICATE OF CHINESE ORIGIN FORM F FOR CHINA - USE FTA ORIGINAL ISSUED BY ENTRY - EXIT INSPECTION AND QUARANTINE BUREAU OF P. R. CHINA.

（3）运价表

GUANGZHOU	CN		CAN
Y. RENMINBI	CNY		KGS
LOS ANGELES	US	M	630.00
		N	79.97
		45	60.16
		100	52.77
	0008	400	41.33
	0300	500	45.45
	1093	200	40.76
	2195	800	35.76

（4）航空公司：中国南方航空有限公司

（5）航线：广州—青岛—洛杉矶

（6）航空机场：广州白云机场

（7）航班：南航波音 777－200F 货机执行 CZ433 航班

任务三　国际航空进口货物运输代理业务

任务导入

2016 年 2 月一票从罗马经北京中转至大连的尼龙粉，共一件，重量为 320 千克，收货人为大连市保税区嘉禾贸易公司，一程航班 XY940/05FEB02，二程航班 XY951/08FEB02，货运单号 888－34783442。货到目的港，装卸人员在倒板时发现有绿色粉末散落，并随即告知保管员，但保管员没有理会这些，也没有填开事故记录。最终收货人由于该票货物重量短少 16 千克，进行了索赔。航空运输中的每一个环节对于运输中的关系人都非常重要。作为国际货运代理人员更应注意业务操作的规范性。

相关知识

一、代理预报

在国外发货之前，由国外代理公司将运单、航班、件数、重量、品名、实际收货人及其他地址、联系电话等内容通过传真或 E - mail 发给目的地代理公司，这一过程称为预报。到货预报的目的是使代理公司做好接货前的所有准备工作。

预报中遇到中转航班、分批货物都要十分注意。中转航班若出现中转点航班的延误，会使实际到达时间和预报时间出现差异；分批货物是指从国外一次性运来的货物在国内中转时，由于国内载量的限制，往往采用分批的方式运输。

二、交接单据、提货

航空货物入境时，与货物相关的单据（运单、发票、装箱单等）也随机到达，运输工具及货物处于海关监管之下。货物卸下后，将货物存入航空公司或机场的监管仓库，进行进口货物舱单录入，舱单上总运单号、收货人、始发站、目的站、件数、重量、货物品名、航班号等信息将通过电脑传输给海关，供货主或代理人报关时使用。同时航空公司将向运单上记载的收货人寄发提货通知。若运单上收货人或通知人为某航空货运代理公司，则把运输单据及与之相关的货物交给该航空货运代理公司。

航空公司的地面代理人与货运代理公司进行交接，内容包括：国际货物交接清单；总运单、随机文件；货物。

交接时要做到：单、单相符，即交接清单与总运单核对；单、货相符，即交接清单与货物核对。核对后，出现问题的处理方式如表 4 –9 所示。

表 4 –9　　交接单、货异常情况的处理方式

总运单	清单	货物	处理方式
有	无	有	清单上加总运单号
有	无	无	总运单退回
无	有	有	总运单后补
无	有	无	清单上划去
有	有	无	总运单退回
无	无	有	货物退回

另外还需注意分批货物，做好空运进口分批货物登记表。

航空货运代理公司在与航空公司办理交接手续时，应根据运单及交接清单核对实际货物，若存在有单无货或有货无单的情况，应在交接清单上注明，以便航空公司组织查询并通知入境地海关。发现货物短缺、破损或其他异常情况，应向民航索要商务事故记录，作为实际收货人交涉索赔事宜的依据。

三、理货仓储

航空代理公司自航空公司接货后，即短途驳运进自己的监管仓库，组织理货及仓储。

1. 理货内容

（1）逐一核对每票件数，再次检查货物破损情况，遇有异常，确属接货时未发现的问题，可向民航提出交涉。根据《华沙公约》第26条规定：“除非有相反的证据，如果收货人在收受货物时没有异议，就被认为货物已经完好地交付，并和运输凭证相符”；但根据《海牙议定书》第15条规定：“关于损坏事件，收货人应于发现损坏后立即向承运人提出异议，最迟应在收到货物后14天内提出。”

（2）按大货、小货；重货、轻货；单票货、混载货；危险品、贵重品；冷冻、冷藏品：分别堆存、进仓。堆存时要注意货物箭头朝向，总运单、分运单标志朝向。注意重不压轻，大不压小。

（3）登记每票货储存区号，并输入电脑。

2. 仓储注意事项

鉴于航空进口货物的贵重性、特殊性，其仓储要求较高，需注意以下几点。

（1）防雨淋、防受潮。货物不能置于露天，不能无垫托置于地上。

（2）防重压。纸箱、木箱均有叠高限制，纸箱受压变形，会危及箱中货物安全。

（3）防升温变质。生物制剂、化学试剂、针剂药品等部分特殊物品，有储存温度要求，要防止阳光暴晒。一般情况下：冷冻品置于-15～20℃冷冻库（俗称低温库），冷藏品置放：2～8℃冷藏库。

（4）防止危险品危及人员及其他货品安全。空运进口仓库应设独立的危险品库。易燃易爆品、毒品、腐蚀品、放射品均应分库安全置放。以上货品一旦出现异常，均需及时通知消防安全部门处理。放射品出现异常时，还应请卫生检疫部门重新检测包装及放射剂量外泄情况，以便保证人员及其他物品安全。

（5）为防贵重品被盗，贵重品应设专库，由双人制保管，防止出现被盗事故。

四、理单、到货通知

1. 理单

（1）集中托运，总运单项下拆单。①将集中托运进口的每票总运单项下的分运单分理出来，审核与到货情况是否一致，并制成清单输入电脑；②将集中托运总运单项下的发运清单输入海关电脑，以便分别报关、报验、提货。

（2）分类理单、编号。①总运单是直单、单票混载，这两种情况一般无清单；

②多票混载有分运清单，分运单件数之和应等于总运单上的件数；③货物的种类有指定货物、非指定货物、单票、混载、总运单到付、分运单到付、危险品、冷冻冷藏货物等，随机文件中有分运单、发票、装箱单、危险品证明等；④按照已标有舱位号的交接清单编号并输入电脑，内容有：总运单号、分运单号、发票号、合同号、航班、日期、货名、货物分类、贸易性质、实到件数、已到件数、实到重量、计费重量、舱位号、收货单位、代理人、本地货、外地货、预付、到付、币种、运费、金额等。

（3）运单分类方法。①分航班号理单，便于区分进口方向；②分进口代理理单，便于掌握、反馈信息，做好对代理的对口业务；③分货主理单，指重要的经常有大批货物的货主，将其运单分类出来，便于联系客户，制单报关和送货、转运；④分口岸、内地或区域理单，便于联系内地货运代理；⑤分运费到付、预付理单，便于安全收费；⑥分寄发运单、自取运单客户理单。

分类理单的同时，需将各票总运单、分运单编上各航空货运代理公司自己设定的编号，以便内部操作及客户查询。

（4）编配各类单证。货运代理人将总运单、分运单与随机单证、国外代理人先期寄达的单证（发票、装箱单、合同副本、装卸、运送指示等）、国内货主或经营到货单位预先交达的各类单证等进行编配。

代理公司理单人员需将其逐单审核、编配。其后，凡单证齐全、符合报关条件的即转入制单、报关程序。否则，需与货主联系，催齐单证，使之符合报关条件。

2. 到货通知

货物到目的港后，货运代理人应从航空运输的时效出发，为减少货主仓储费，避免海关滞报金，尽早、尽快、尽妥地通知货主到货情况，提示货主配齐有关单证，尽快报关。

（1）到货后，第一个工作日内就要设法通知货主。

（2）尽可能用传真、电话预通知客户，单证需要传递的，尽可能使用特快专递，以缩短传递时间。

（3）一个星期内需保证以电函、信函形式第三次通知货主，并应将货主尚未提货情况，告知发货人的代理人。两个月时，再以电函、信函形式第四次通知货主；三个月时，货物可能需交海关处理，此时再以信函形式，告知货主货物将被处理，提醒货主采取补救办法。

到货通知应向货主提供到达货物的以下内容。

（1）运单号、分运单号、货运代理公司编号。

（2）件数、重量、体积、品名、发货公司、发货地。

（3）运单、发票上已编注的合同号、随机已有单证数量及尚缺的报关单证。

（4）运费到付数额，货运代理公司地面服务收费标准。

（5）货运代理公司及仓库的地址（地理位置图）、电话、传真、联系人。

（6）提示货主：海关关于超过十四天报关收取滞报金及超过三个月未报关货物上交海关处理的规定。

3. 正本运单处理

电脑打制“海关监管进口货物入仓清单”一式五份分别提交检验检疫和海关，提交给海关的两份中，一份海关留存，另一份海关签字后收回存档。运单上一般需盖妥多个章：监管章（总运单）、代理公司分运单确认章（分运单）、检验检疫章、海关放行章等。

五、制单报关

1. 制单、报关、运输的形式

除部分进口货物存放民航监管仓库外，大部分进口货物存放于各货代公司自有的监管仓库。由于货主的需求不一，货物进口后的制单、报关、运输一般有以下几种形式。

（1）货运代理公司代办制单、报关、运输。

（2）货主自行办理制单、报关、运输。

（3）货运代理公司代办制单、报关后，货主自办运输。

（4）货主自行办理制单、报关后，委托货运代理公司运输。

（5）货主自办制单、委托货运代理公司报关和办理运输。

2. 进口制单

制单指按海关要求，依据运单、发票、装箱单及证明货物合法进口的有关批准文件，制作“进口货物报关单”。货运代理公司制单的一般程序如下。

（1）长期协作的货主单位。有进口批文、证明手册等存放于货运代理处的，货物到达，发出到货通知后，即可制单、报关，通知货主运输或代办运输。

（2）部分进口货物，因货主单位（或经营单位）缺少有关批文、证明的，可于理单、审单后，列明内容，向货主单位催寄有关批文、证明，亦可将运单及随机寄来单证、提货单以快递形式寄货主单位，由其备齐有关批文、证明后再决定制单、报关事宜。

（3）无须批文和证明的，可即行制单、报关，通知货主提货或代办运输。

（4）部分货主要求异地清关时，在符合海关规定的情况下，制作“转关运输申报单”办理转关手续。报关单上需由报关人填报的项目有：进口口岸、收货单位、经营单位、合同号、批准机关及文号、外汇来源、进口日期、提单或运单号、运杂费、件数、毛重、海关统计商品编号、货品规格及货号、数量、成交价格、价格条件、货币名称、申报单位、申报日期等，转关运输申报单、内容少于报关单，亦需按要求详细填列。

3. 进口报关

进口报关是进口运输中关键的环节。报关程序中，还有许多环节，申报后，海关有初审、审单、征税、验放等主要工作环节。

（1）初审。初审是海关在总体上对报关单证做粗略的审查；审核报关单所填报的内容与原始单证是否相符，商品归类编号是否正确，报关单的预录入是否有误等。初审只对报关单证做形式上的审核，不做实质性的审查。

（2）审单。审单是报关的中心环节，从形式上和内容上对报关单证进行全面的详细审核。审核内容包括：报关单证是否齐全、准确；所报内容是否属实；有关的进口批文和证明是否有效；报关单所填报的货物名称、规格、型号、用途及金额与批准文件所批准的是否一致；确定关税的征收与减免等。

如果报关单证不符合《海关法》的有关规定，海关不接受申报。允许通关后，留存一套报关单据（报关单、运单、发票）作为海关备案。

（3）征税。征税作为报关的一个重要内容是必不可少的。根据报关单证所填报的货物名称、用途、规格、型号及构成材料等确定商品的归类编号及相应的税号和税率。若商品的归类或税率难以确定，海关可先查看实物或实物图片及有关资料后再行确定征税。若申报的价格过低或未注明价格，海关可以估价征税。

（4）验放。单证提供齐全，税款和有关费用已经全部结清，报关未超过规定期限，实际货物与报关单证所列一致的前提下货物将被放行。海关在航空运单正本上或货运代理经海关认可的分运单上加盖放行章作为放行的标志。

放行货物的同时，将报关单据（报关单、运单、发票各份）及核销完的批文和证明全部留存海关。如果报关时已超过了《中华人民共和国海关法》规定的报关期限，必须向海关缴纳滞报金。

验放关员可要求货主开箱，查验货物。此时查货与征税时查货，其目的有所不同，征税关员查看实物主要是为了确定税率，验放关员查验实物是为了确定货物的物理性质、化学性质以及货物的数量、规格、内容是否与报关单证所列完全一致，有无伪报、瞒报、走私等问题。除海关总署特准免验的货物外，都应接受海关查验。

4. 报关期限与滞报金

按《中华人民共和国海关法》规定，进口货物报关期限为：自运输工具进境之日起的十四日内。超过这一期限报关的，由海关征收滞报金。滞报金每天的征收标准为货物到岸价格的万分之五。

5. 货代公司对开验工作的实施

海关对进出口货物实施开箱检验是项经常性的工作，占到货票数的一定比例。为此，货运代理公司必须配备一定人员和工具协助海关，对货物实施开箱检验工作。

客户自行报关的货物，一般由货主到货运代理的监管仓库借出货物，由代理公司派人陪同货主一并协助海关开验。开验后，代理公司需将已开验货物封存，运回监管仓库储存。

客户委托代理公司报关（含运输）的货物，代理公司需通知货主单位，由其派人前来或书面委托代办开验。开验后，代理公司需将已开验货物封装，运回监管仓库储存。

海关对大件货物，开箱后影响运输的货物实施开验时，货运代理公司及货主应如实将情况向海关说明，可申请海关派员到监管仓库开验，或直接到货主单位实施开验。

六、收费发货

1. 发货

办完报关、报验等进口手续后，货主需凭盖有海关放行章、检验检疫章的进口提货单到所属监管仓库付费提货。

仓库发货时，需检验提货单据上各类报关、报验章是否齐全，并登记提货人的单位、姓名、身份证号以确保发货安全。

保管员发货时，需再次检查货物外包装情况，遇有破损、短缺，应向货主做出交代。具体方式如下所示。

（1）分批到达货：收回原提货单，出具分批到达提货单，待后续货物到达后，即通知货主再次提取；

（2）航空公司责任的破损、短缺，应由航空公司签发商务记录；

（3）货运代理公司责任的破损、短缺，应由代理公司签发商务记录；

（4）遇有货代公司责任的破损事项，应尽可能商同货主、商检单位立即在仓库做商品检验，确定货损程度，要避免后面运输中加剧货损的发展。

发货时，应协助货主装车，尤其遇有货物超大超重、件数较多的情况，应指导货主（或提货人）合理安全装车，以提高运输效率，保证运输安全。

2. 收费

货运代理公司仓库在发放货物前，一般先将费用收妥。收取的费用主要有：到付运费及垫付佣金；单证、报关费；仓储费（含冷藏、冷冻、危险品、贵重品特殊仓储费）；装卸、铲车费；航空公司到港仓储费；海关预录入、动植检，卫检报检等代收代付费用；关税及垫付佣金。

除了每次结清提货的货主外，经常性的货主可与货运代理公司签订财务付费协议，实施先提货后付款，按月结账的付费方法。

七、送货转运

出于多种因素（或考虑便利，或考虑节省费用，或考虑运力所限），许多货主或国外发货人要求将进口到达货由货运代理人报关、垫税、提货后运输到直接收货人手中。货运代理公司在代理客户制单、报关、垫税、提货、运输的一揽子服务中，由于工作熟练，衔接紧密，服务到位，因而受到货主的欢迎。

（1）送货上门业务，主要指进口清关后货物直接运送至货主单位，运输工具一般为汽车。

（2）转运业务，主要指将进口清关后货物转运至内地的货运代理公司，运输方式主要为飞机、汽车、火车、船只、邮政。办理转运业务，需由内地货运代理公司协助收回相关费用，也应支付一定比例的代理佣金给内地代理公司。

简单实训

1. 一票从西班牙的马德里经北京中转到济南的货物，货运单号 777 - 89783442，1 件 80 千克，航班 XY767/21MAY，在北京货物完好，但从北京运到终点站济南时发现货物完全受损，货物没有声明价值，货物价值 CNY40000。

问题：（1）该货物的赔偿是按照国际运输还是国内运输？为什么？

（2）航空公司应赔偿多少？

2. 一票航空运输的精密设备，从新加坡到延吉市，货运单号 999 - 89783444。货物价值 6 万美元，声明价值 6 万美元。货运单上注明 Airport of departure：Singapore；Airport of destination：Yanji，货物重 20 千克。货物从新加坡运往长春机场，再使用卡车运输至延吉市。由于在长春至延吉的高速公路上发生车祸，使得精密设备受到损坏，相关检验部门对受损精密设备进行估价，其残值为 2.4 万美元。

请分析：（1）航空公司是否应赔偿？理由是什么？

（2）如果赔偿，应赔偿多少？为什么？

巩固提升

一、单项选择题

1. 航空货运代理人持有我国国际航空货运单的（　　）。

A. 正本 3　　B. 副本 6　　C. 副本 9　　D. 正本 1

2. 航空货运的公布直达运价中，具有优惠性质的是（　　）。

A. 普通货物运价　　B. 指定商品运价

C. 等级货物运价　　D. 集装货物运价

3. 某飞机只在下舱载货，则该飞机为（　　）。

A. 全客机　　B. 全货机　　C. 客货混用机　　D. 以上都可以

4. 在航空主运单上，填写的运价是（　　）。

A. 协议运价　　B. 公布运价　　C. 普通运价　　D. 指定运价

5. 国际空运班机出口业务程序中，以下环节排列次序正确的是（　　）。

A. 市场销售—委托运输—预配舱—审核单证

B. 预订舱—接单—制单—接货

C. 标签—订舱—配舱—出口报关

D. 出仓单—装箱板—提板箱—签单

二、多项选择题

1. 相对于其他交通运输方式，以下属于航空货运的优势有（　　）。

A. 快速　　B. 破损率低　　C. 载重少　　D. 运价高

E. 易受天气影响

2. 液体类航空货物包装要遵循以下（　　）原则。

A. 容器内至少有 5% ~10% 的空隙　　B. 封盖严密

C. 每一容器的容量不得超过 500 毫升　　D. 每件重量不超过 25 千克

E. 应有“易碎物品”标签

3. 尽量利用直达航班，如无直达，需事先订妥全程舱位的有（　　）。

A. 活动物　　B. 贵重货物　　C. 鲜活易腐货物　　D. 危险物品

E. 作为货物运送的行李

4. 属于 IATA 三个航空运输业务区中 TC3 区的城市有（　　）。

A. 新德里　　B. 开罗　　C. 惠灵顿　　D. 釜山

5. 下列属于航空快递运输业务范围的有（　　）。

A. 邮件　　B. 小型样品　　C. 货样广告　　D. 单证

三、航空货运代理揽货报价

1. 北京健全贸易公司向新加坡空运一箱水龙头接管样品，毛重 35. 6 千克，向欣荣国际货运代理公司询价，若你为公司货运代理揽货员，你怎样报价？

注：查 IATA 运价表公布运价如下。

BEIJING	CN		BJS
Y. RENMINBI	CNY		KGS
SINGAPORE	SG	M	230. 00
		N	36. 66
		45	27. 50
		300	23. 46

2. 北京动物园拟到加拿大温哥华做大熊猫展出，从北京空运一只大熊猫到温哥华，重400. 0 千克，体积尺寸长、宽、高分别为150CM×130CM×120CM，现向欣荣国际货运代理公司询价，若你为公司货运代理揽货员，你怎样报价？

注：查 IATA 运价表公布运价如下。

BEIJING	CN		BJS
Y. RENMINBI	CNY		KGS
VANCOUVERBC	CA	M	420. 00
		N	59. 61
		45	45. 68
		100	41. 81
		300	38. 79
		500	35. 77

查找活动物运价表，从北京运往纽约，属于自三区运往一区的加拿大，运价的构成形式是 110% of Appl. GCR.

四、填制航空运单

根据以下信息缮制航空货运单

Routing：SHA—PAR　一程：上海—香港，承运人：东航

二程：香港—巴黎，承运人：国航

Dimension：Chemical in drums

Gross Weight：280 kgs

Dimensions：10drums，diameter 40cm and height 40cm each

Shipper：China Industry Corp.，Shanghai，P. R. China

Tel：86（21）64596666　Fax：86（21）64598888

Consignee：Paris Sport－importers，Paris，France

Tel：03（31）78789999　Fax：03（31）78780000

Also Notify：Quick Dispatch Freight Forwarding Co.. Ltd

Tel：03（31）78762222　Fax：03（31）78765555

Handling Information：keep upside

Freight Forwarder：JHJ Shanghai China

Weight charge and other charges are all prepaid.

The shipper hasn't declared value of the goods either for carriage or for customs.

Other Charges：货运单费：50 元

燃油附加费：1.50 元/千克

Date and Place of Issue：2016 年 2 月 28 日，Shanghai，China

Air Waybill Number：781—2049 187#（最后一位模糊不清）

The applicable IATA rate for general cargo are as follows：

SHANGHAI	CN		BJS
Y. RENMINBI	CNY		KGS
PARIS	FR	M	320.00
		N	68.34
		45	51.29
		500	44.21
		1000	41.03

五、案例分析

1. 一票从澳大利亚墨尔本空运到北京的奶酪：货运单号 999－89783444，1 件 500 千克，货物价值 20000 美元。飞机于 2006 年 8 月 9 日到达北京首都机场，当天上午 9 点航空公司发出到货通知。收货人当天办理完海关手续后到机场提货时发现货物并没有放在冷库保存，奶酪解冻后受损，收货人当时便提出异议。因为在货运单的操作注意事项栏中明显注明“KEEP COOL”字样，但工作人员在分拣时由于疏忽没有看到。最后经过挑选，损失达 60% 左右。

请根据案例分析：（1）收货人能否向承运人索赔？为什么？

（2）承运人如果赔偿，能否享受责任限额？为什么？

2. 一票航空运输的货物从法兰克福经北京中转至青岛。货物运单号：023－17820832，货物共 73 箱，毛重 1646 千克，运单的计费重量为 1672 千克，货物价值为 USD43000.00，托运人为货物办理过申明价值 USD43000.00，并向航空公司缴付了声明价值附加费。货物运输途中，在北京至青岛段发生货损，货物全部灭失。收货人因此向航空公司提出索赔。问：该案例的赔偿应该参照国际航空公约还是国内航空法？航空公司应如何赔偿？

模块五　国际陆路货物运输代理业务

学习目标

知识目标： 1. 了解国际陆路运输分类、设备与设施、公约与协定；

2. 理解陆路运输运费的核算方法；

3. 了解国际铁路运输出口托运、装车发运时的主要步骤及应注意的问题；

4. 掌握国际铁路运输的进出口流程；

5. 理解国际公路货运代理进出口流程。

技能目标： 1. 能够正确选择国际陆路运输方式；

2. 能正确核算陆路运费并向客户报价；

3. 能够完成国际铁路联运进出口业务；

4. 能够完成国际公路货运代理进出口业务。

任务一　认识国际陆路货物运输代理业务

任务导入

上海桥梁设备有限公司委托上海路通国际货运代理公司将一批桥梁用构件从南京运往杜尚别（塔吉克斯坦），货物共装4个40尺高柜，货物价值为50万元人民币，双方签订运输合同约定73000元人民币/40HQ，其中包含购买集装箱款、南京至杜尚别的运费、在乙方堆场的因提箱产生的相关费用、将货物送至南京西站货场后的相关费用含卸货及堆存费；上海路通国际货运代理公司负责国际铁路运输及与以上业务有关的港口中转、国内中转、转运业务等。

在合同履行6个月后，上海桥梁设备有限公司购买的集装箱没有踪迹了，公司要求上海路通国际货运代理公司返还4个集装箱或等价价款，遭到了拒绝，查起源发现当随车单证经过阿拉山口后铁路运单正本被篡改，在上面加了一行批注"Empty belongs to Crown commodities"，并得知Crown公司是接受了实际承运人的授权而将4个空箱转卖给了韩国KD公司。究竟上海桥梁设备有限公司的损失应该由谁来承担呢？国际铁路联运业务由于路途长且收发货人不参与实际的运输业务容易产生风险，作为货运代理人在操作过程中更应该熟识业务流程，保证提供优质服务。

相关知识

一、国际铁路运输

（一）国际铁路联运的概念

国际铁路联运是指使用一份统一的国际铁路联运票据，由跨国铁路承运人办理两国或两国以上铁路的全程运输，并承担运输责任的一种连贯运输方式。

在两个或两个以上的国家的全程铁路运输过程中无须发、收货人参加，由铁路部门负责从接货到交货的全过程。

（二）国际铁路货物联运的特点

（1）涉及面广：每运送一批货物都要涉及两个和两个以上国家、几个国境站。

（2）货物运输条件高：要求每批货物的运输条件如包装、转载、票据的编制、添附文件及车辆使用都要符合有关国际联运的规章、规定。

（3）办理手续复杂：货物必须在两个或两个以上国家铁路参加运送，在办理国际铁路联运时，其运输票据、货物、车辆及有关单证都必须符合有关规定和一些国家的正当要求。

（4）使用一份铁路货物联运票据完成货物的跨国运输。

（5）国际铁路货物联运运输责任方面采用统一责任制。

（6）国际铁路货物联运仅使用铁路一种运输方式。

（三）我国国际铁路货物运输的分类

我国的国际铁路货物运输大致上分为两种：第一种是国际铁路货物联运；第二种是对港澳地区的铁路运输。

按照运输速度划分，国际铁路联运可分为慢运、快运和整车货物随旅客列车挂运三种；根据托运货物数量、性质、体积和状态等，国际铁路联运分为整车货物运输、零担货物运输和大吨位集装箱货物运输。

（四）铁路运输的设备与设施

1. 铁路线路

火车行驶的线路称为铁路线路，它是由路基、轨道和桥隧建筑组成的整体工程结构，是机车车辆和列车运行的基础。

（1）铁路轨距（见图5－1）。所谓轨距是指线路上两股钢轨头部的内侧距离。按其大小不同，可分为宽轨、标准轨和窄轨三种：标准轨轨距为1435mm，我国绝大部分的轨距都采用此种；宽轨轨距有1520mm、1600mm、1665mm和1676mm 4种；窄轨轨距为597mm—1219mm，共有19种，常用的大多为1067mm和1000mm，我国台湾和海南岛铁路轨距为1067mm。

图5－1　铁路轨距

（2）铁路限界。机车车辆运行必须有一个安全的空间，因此，铁路对机车车辆和接近线路的建筑物、设备规定了不允许超越的轮廓尺寸，也就是限界。可以说，限界就是合理的空间。

2. 铁路机车

机车是牵引或推送铁路车辆运行，而本身不装载营业载荷的自推进车辆，俗称火车头。按运送每吨千米消耗燃料量计算，机车是耗能最少的陆地运输工具。

世界上出现的最早的是蒸汽机车（见图5－2），后又出现内燃机车（见图5－3）、电力机车（见图5－4）等。

图5－2　蒸汽机车

图5－3　内燃机车

图5－4　电力机车

3. 车辆及其标志

（1）车辆。铁路车辆按功能可分为三类：客车、货车和特种用途车。

铁路客车是用于运输旅客并为其提供旅途服务的车辆，包括硬座车、软座车、硬卧车、软卧车、餐车、行李车和发电车等。客车的特点是保证旅客的舒适性，对车辆减震、车厢内的装饰和车速都要求较高。

铁路货车是用于载运货物的车辆。货车应保证所载运的货物在装卸与运输中完好无损和方便。货车的种类很多，某些货车只在运载一定货物时才采用，因此亦称为专用货车。

铁路特种用途车是用于铁路企业从事本身技术业务工作的车辆，其种类繁多，主要有检衡车、救援车、试验车、石渣车、长钢轨车、办公车及发电车。

（2）车辆标志。为了表示车辆的类型及其特征，便于使用和运行管理。在每一铁路车辆车体外侧都应具备规定的标记。

拓展链接

表 5-1　我国常用货车的名称、代号及用途

名称	代号	用途	图片
敞车	C	可装运不怕湿的货物，但如果装货后苫盖篷布也可装运怕湿货物	
平车	N	主要用于装运钢轨、汽车、拖拉机、军用物资及长大、笨重货物	
棚车	P	用于装运贵重怕湿货物	

续　表

名称	代号	用途	图片
家畜车	J	用于装运牛、猪等家禽	
罐车	G	专门用于装载液体状态的货物	
冷藏车	B	主要用于装运易腐货物	

（五）国际铁路运输公约与协定

1. 国际铁路货物运输公约

《国际铁路货物运输公约》（*Convention Concerning International Carriage of Goods by Rail*，CIM，以下简称《国际货约》），是关于铁路货物运输的国际公约。它是在1890年制定的《国际铁路货物运送规则》（简称《伯尔尼公约》）基础上发展起来的。1961年2月25日由奥地利、法国、西德、比利时等国在瑞士伯尔尼签订，又于1970年2月7日修订，修订后的《国际货约》于1975年1月1日生效。国际铁路运输中央事务局总部设在伯尔尼。

《国际货约》分6部分，共70条和4个附件。其主要内容包括：第1部分，公约的目的和适用范围；第 2 部分，运输合同；第 3 部分，责任、法律诉讼；第 4 部分，各种规定；第 5 部分，特殊规定；第 6 部分，最终规定。附件 1，危险物品铁路运输国际规章；附件 2，国际铁路运输中央事务局规章；附件 3，修订委员会和专家委员规则；附件 4，仲裁规则。

《国际货约》适用于至少两个缔约国之间的铁路联运。铁路的运输单据称为运单，内容包括接货地点、日期和交货地点及货物质量情况、件数、标记等，是运输合同成立的证据。承运人对货物的灭失、残损或延误负责，但由于索赔人的错误行为、货物的内在缺陷或承运人所不能避免的原因造成者除外，责任豁免的举证责任在于承运人。承运人的责任限制为每千克 50 金法郎，但由承运人的有意错误行为或严重错误所造成的损害的赔偿限额为上述赔偿限额的 2 倍。对承运人的诉讼时效为 1 年。但涉及承运人欺诈或有意错误行为的案件，诉讼时效为 2 年。

在《国际货约》的成员国中，有的同时还参加了《国际铁路货物联运协定》，即参加《国际货约》国家的进出口货物，可以通过铁路直接转运到《国际铁路货物联运协定》成员国，它为国际间铁路货物的运输提供了便利的条件。

2. 国际铁路货物联运协定

《国际铁路货物联运协定》（*Agreement Concerning International Carriage of Goods by Rail*）是关于国际铁路货物联运多边条约，简称《国际货协》，1951 年由前苏联、罗马尼亚、匈牙利、波兰等 7 个东欧国家签订。中国、朝鲜、蒙古国于 1953 年 7 月加入该协定。《国际货协》自签订以后至 1971 年先后经过多次修改和补充。现行的是 1971 年 4 月经铁路合作组织核准，并从 1974 年 7 月 1 日起生效的文本。协定共分 8 章，包括：总则、运输契约的缔结、运输契约的履行和变更、铁路责任、赔偿请求、诉讼、赔偿请求时效、各铁路间的清算及一般规定，共 40 条。主要内容规定了协定适用的范围，运输合同的订立，货物运送组织、运送条件，运送费用计算核收办法，铁路与发、收货人之间的权利与义务以及赔偿和诉讼的问题。此外，在法律适用上，凡《国际货协》有规定，而国内规章也有规定时，不论两者是否相同，应适用《国际货协》的规定。但在两邻国铁路间有特殊规定时，应按其规定的条件办理。《国际货协》中没有规定的事项，适用国内铁路规章。它强调国际铁路货物运输是通过签订合同来设立和实现的，因此它对合同的缔结、双方当事人的权利与义务、责任的划分与索赔等做了详细规定。

《国际货协》是参加国际货物联运协定各国铁路和发、收货人办理货物联运所必须共同遵守的基本文件，是调整我国与该协定参加国之间铁路货物运输的主要法律依据。

（六）国际铁路联运线路

国际铁路联运线路一般由起始站经由本国铁路干线到国境站，再交接货物给邻国国境站继续运往目的站。其中起始站国内运输段称为发送路，目的站国内运输段称为到达路，中间过境他国的运输段称为过境路。

我国国境站一般均为国内铁路干线的起终点、国家级的对外贸易口岸，有些兼为铁路口岸和公路口岸，也称边境口岸，主要服务于边境贸易。我国的边境贸易主要为中国——俄罗斯贸易。吞吐量较大的几个边境口岸和其连接的国外目的地如下。

①经满洲里运往俄罗斯及东欧各国。

②经阿拉山口运往哈萨克斯坦及乌兹别克斯坦、土库曼斯坦、吉尔吉斯斯坦、塔吉克斯坦（也称中亚五国）。

③经二连浩特运往蒙古或转运至俄罗斯。

④经丹东运往朝鲜。

⑤经绥芬河运往俄罗斯远东地区。

⑥经凭祥运往越南。

中国通往邻国的铁路干线及国境站情况，具体如表 5－2 所示。

表 5－2　　中国通往邻国的铁路干线及国境站情况

中国与邻国	中国铁路干线	中国过境站站名	邻国国境站站名	是否需要换装	中国国境站特点	交接地点	
						出口	入口
中俄间	滨洲线	满洲里	后贝加尔	是	第一亚欧大陆桥的重要桥头堡，中国对俄罗斯进出口贸易的最大口岸，吞吐能力居我国边境口岸之首	后贝加尔	满洲里
	滨绥线	绥芬河	格罗迭科沃	是	我国去往俄罗斯远东的最主要的边境口岸，通往日本海的唯一陆路贸易口岸	格罗迭科沃	绥芬河
	珲马线	珲春	卡梅绍娃亚	是	可至远东港口，间接至日韩	卡梅绍娃亚	珲春
中哈间	北疆铁路	阿拉山口	德鲁日巴	是	新亚欧大陆桥上的重要桥头堡，中国对中亚及欧洲进出口贸易的重要口岸	德鲁日巴	阿拉山口

续 表

中国与邻国	中国铁路干线	中国过境站站名	邻国国境站站名	是否需要换装	中国国境站特点	交接地点	
						出口	入口
中蒙间	集二线	二连浩特	扎门乌德	否	中蒙两国唯一的铁路口岸，我国陆路通往俄罗斯和欧洲最捷径的通道，如以北京为起点经二连浩特到莫斯科，比经满洲里口岸的滨洲线近1140千米。通过多条铁路线与天津港相连，成为日韩、东南亚及其他邻国开展对蒙古、俄罗斯及东欧各国转口贸易的理想通道	扎门乌德	二连浩特
中朝间	沈丹线	丹东	新义州	否	—	新义州	丹东
	长图线	图们	南阳	否	通过朝鲜可至远东港口，间接至日韩	南阳	图们
	梅集线	集安	满浦	否	—	满浦	集安
中越间	湘桂线	凭祥	同登	是	中国对东盟进出口贸易的重要边境口岸，也是东欧国家通往东南亚的要道	凭祥	凭祥
	昆河线	山腰	老街	是	—	老街	山腰

（七）国际铁路联运运输费用

1. 国际铁路联运运输费用的计收

国际铁路货物联运是使用一份运输单据，跨越国境的全程铁路运输。其运输成本费用，由各参加运送国铁路的运费、运杂费（包括装卸、包装、装载加固、押运等费用）、海关商检费用、国境口岸车站的交接费用和铁路轨距不同口岸的换装费用组成。其中过境国的过境铁路运费由《国际铁路货物联运统一过境运价规程》（统一运价）单独规定。

2. 国际铁路联运货物运费的计算

国际铁路联运货物运费计算的主要依据是《国际货协统一过境运价规程》（简称《统一货价》）和《铁路货物运价规则》。

（1）运费计算的原则

①发送国和到达国铁路的运费，均按铁路所在国家的国内规章办理。按照我国《铁路货物运价规则》进行计算。运费计算的程序及公式如下：首先，根据货物运价里程表确定从发站至到站的运价里程。其次，根据运单上填写的货物品名查找货物品名检查表，确定适用的运价号。再次，根据运价里程和运价号在货物运价率表中查出相应的运价率。最后，按《铁路货物运价规则》将确定的计费重量与该批货物适用的运价率相乘，算出该批货物的运费。

②过境国铁路的运费，均按承运当日统一货价规定计算，由发货人或收货人支付。如由参加国际货协铁路的国家向未参加国际货协铁路的国家之间运送货物，则有关未参加货协国家铁路的运费，可按其所参加的另一种联运协定计算。我国出口的联运货物，交货共同条件一般均规定在卖方车辆上交货，因此我方仅负责至出口国境站一段的运送费用。但联运进口货物，则要负担过境运送费用和我国铁路段的费用。

（2）过境运费按统一货价规定的计算程序

①在《统一货价》“过境里程表”中分别查找运送货物所通过各个国家铁路的过境里程。

②在《国际铁路货物联运通用货物品名表》中，确定所运货物适用的运价等级和计费重量标准。

③在《统一货价》“通过参加统一货价铁路慢运货物运费计算表”中，根据运价等级和各过境运送里程，找出相应的运价率。在此表中，1 等、2 等货物系指每 100 千克的运费；3 等为自轮运转货物，系指每轴的运费。货币以分为单位，每 100 分合 1 瑞士法郎。

整车运输货物过境运费计算公式：

$$运费 = 货物运价率 \times 计费重量（或实际重量）\times 过境里程 \times 减成率$$

④过境我国货物一律按车辆标重计算运费。

3. 国内段运费按价规计算

$$整车货物每吨运价 = 基价1 + 基价2 \times 运价千米$$

$$零担货物每10千克运价 = 基价1 + 基价2 \times 运价千米$$

$$集装箱货物每箱运价 = 基价1 + 基价2 \times 运价千米$$

表 5-3　　2015 铁路货物运价率

办理类别	运价号	基价 1		基价 2	
		单位	标准	单位	标准
整车	1	元/吨	8.50	元/吨千米	0.071
	2	元/吨	9.10	元/吨千米	0.080
	3	元/吨	11.80	元/吨千米	0.084
	4	元/吨	15.50	元/吨千米	0.089
	5	元/吨	17.30	元/吨千米	0.096
	6	元/吨	24.20	元/吨千米	0.129
	7			元/轴千米	0.483
	机械冷藏车	元/吨	18.70	元/吨千米	0.131
零担	21	元/10 千克	0.188	元/10 千克千米	0.0010
	22	元/10 千克	0.263	元/10 千克千米	0.0014
集装箱	20 英尺箱	元/箱	449.00	元/箱千米	1.98
	40 英尺箱	元/箱	610.00	元/箱千米	2.70

二、国际公路运输

（一）公路运输的概念

公路运输是在公路上运送旅客和货物的运输方式，是交通运输系统的组成部分之一，主要承担短途客货运输。现代社会所用运输工具主要是汽车。因此，公路运输一般即指汽车运输。在地势崎岖、人烟稀少、铁路和水运不发达的边远和经济落后地区，公路为主要运输方式，起着运输干线作用。

（二）公路货物运输的特点

（1）机动灵活、简捷方便、应急性强，能深入到其他运输工具到达不了的地方。

（2）适应点多、面广、零星、季节性强的货物运输。

（3）运距短、单程货多。

（4）汽车投资少、收效快。

（5）港口集散可争分夺秒，突击抢运任务多。

（6）是空运班机、船舶、铁路衔接运输不可缺少的运输形式。

（7）随着公路现代化、车辆大型化，公路运输是实现集装箱在一定距离内“门到门”运输的最好的运输方式。

（8）汽车的载重量小，车辆运输时震动较大，易造成货损事故，费用和成本也比海上运输和铁路运输高。

（三）国际公路运输分类

国际公路货物运输按照不同的标准可以有不同的分类。

（1）按货运组织分类：整车货物运输：零担货物运输；特种货物运输；成组运输；包车运输。

（2）按承运货物的贸易性质分类：一般贸易运输；保税、监管货物运输；转关、接驳货物运输；其他货物运输。

（3）按外贸运输业务分类：出口货物的集港、集站运输；进口货物的分拨、疏港（站）运输；国际多式联运的首尾段运输；边境公路过境运输。

（4）按货运代理的业务性质分类：货代公司自有车队的运输；货代租用运输公司车辆的运输：货运代理人是多式联运经营人时的公路货物运输；航空货运和航空快递的汽车运输。

（四）公路运输设备与设施

1. 公路货运车辆

（1）载货汽车（见图5－5）：专门用于运送货物的汽车，又称载重汽车。载货汽车按其载重量的不同可分为微型（最大载重量0.75t）、轻型（载重量0.75～3t）、中型（3～8t）、重型（载重量在8t以上）四种。

（2）牵引车（见图5－6）：亦称拖车，是专门用以拖挂或牵引挂车的汽车。

（3）挂车（见图5－7）：有全挂车、半挂车、轴式挂车（无车厢）以及重载挂车等类型。

牵引车与挂车组合在一起便形成了汽车列车。

图5－5　载货汽车

图5－6　牵引车

图5－7　挂车

2. 公路

（1）公路等级。根据交通量及其使用性质，公路分为五个等级，分别为：高速公路（见图5－8）；一级公路（见图5－9）；二级公路（见图5－10）；三级公路（见图5－11）；四级公路（见图5－12）。

图5－8　高速公路

图5－9　一级公路

图5－10　二级公路

图5－11　三级公路

图5－12　四级公路

（2）桥隧

①桥梁（见图5－13）：指的是为道路跨越天然或人工障碍物而修建的建筑物。

②隧道（见图5－14）：主要用于穿越山丘，车辆是在隧道内运行。

③涵洞：在水渠通过公路的地方，为了不妨碍交通，修筑于路面下的过路涵洞，让水从公路的下面流过再翻到地面上来，形状有管形、箱形及拱形等。它是根据连通器的原理，常用砖、石、混凝土和钢筋混凝土等材料筑成。它是路堤通过洼地或跨越水沟，或为把路基上方的水流宣泄到下方时，而设置的横穿路基的小型地面排水结构物。单孔标准跨径小于5m的，或多孔跨径总长小于8m。

图5－13　桥梁

图5－14　隧道

(3) 货运站

公路运输货运站的主要功能包括货物的组织与承运、中转货物的保管、货物的交付、货物的装卸以及运输车辆的停放、维修等内容。简易的货运站点，则仅有供运输车辆停靠与货物装卸的场地。

(五) 国际公路货运公约与协定

1. 公路标志和信号公约。
2. 公路交通公约。
3. 国际公路货运通行证制度下的国际货运海关公约。
4. 关于商用公路车辆临时进口的海关公约。
5. 集装箱海关公约。
6. 国际公路货物运输合同公约。
7. 货物边境管理国际公约。

(六) 我国通往邻国及地区的公路线及国境口岸

在国际货物公路运输中，供人员、货物和运输工具出入境的国境车站一般称为公路口岸。我国国土辽阔，与十多个国家毗邻。除同俄罗斯、朝鲜、蒙古国、越南、哈萨克斯坦等国家有铁路相连外，我国西南广大地区与周边其他国家和地区之间的货物运输只能通过公路运输实现。目前中国通往周边国家的公路口岸主要如表 5 -4 所示。

表 5 -4　　中国通往周边国家的公路口岸

邻国或地区	中国口岸——邻国口岸
中俄	①满洲里—后贝加尔。②黑河—布拉格维申斯克。③绥芬河—波格拉尼奇内。④同江—下列宁斯科耶。⑤晖春—库拉斯基诺。⑥二卡—阿巴盖图
中朝	①丹东—新义州。②图们—南阳。③沙坨子—赛别尔。④开山屯—三峰里。⑤三合—会宁。⑥南坪—七星。⑦临江—中江。⑧古城里—三长里。⑨长白—惠山。⑩老虎哨—渭源
中蒙	①二连—扎门乌德。②阿日哈沙特—哈比日嘎。③珠恩嘎达布其—毕其格图。④甘其毛道—嘎顺苏海图。⑤策克—西伯库伦。⑥阿尔山—松贝尔。⑦满都拉—哈登宝力格。⑧马鬃山—阿尔泰。⑨塔克什肯—布尔干。⑩老爷庙—布肥嘎斬台

续 表

邻国或地区	中国口岸——邻国口岸
中越	①山腰—老街。②友谊关—同登。1997 年又开通：东兴—芒街；水曰—驮隆；河口—老街；友谊关—友谊关；天保—清水；金水河—马鹿塘
中哈	①霍尔果斯—霍尔果斯。②阿拉山口—德鲁日巴。③巴克图—巴克特
中吉	吐尔尕特—吐尔尕特
中巴	红其拉甫—苏斯托。我国还有喀什
中缅	我国口岸有畹町、瑞丽、景洪
中尼	我国口岸有樟本、普兰（也是中印口岸）、吉隆、日屋等
中老	我国口岸有磨憨
中国内地与香港	内地有文锦渡、沙头角、皇岗；香港有罗湖、沙头角
中国内地与澳门	内地有拱北；澳门有关闸

（七）公路运输费用

1. 公路货物运输计价标准

（1）计费重量

1）计量单位。①整批货物运输以吨为单位；②零担货物运输以千克为单位；③集装箱运输以箱为单位。

2）重量确定。①一般货物，按毛重计算；②整批货物吨以下计至 100 千克，尾数不足 100 千克的，四舍五入；③零担货物起码计费重量为 1 千克，重量在 1 千克以上，尾数不足 1 千克的，四舍五入；④零担运输轻泡货物以货物包装最长、最宽、最高部位尺寸计算体积，按每立方米折合 333 千克计算重量。

3）包车运输按车辆的标记吨位计算。

4）散装货物按体积由各省、自治区、直辖市统一规定重量换算标准计算重量。

（2）计费里程。货物运输计费里程以千米为单位，尾数不足 1 千米的，进整为 1 千米。

（3）计时包车货运计费时间。包车货运计费时间以小时为单位。起码计费时间为 4 小时；使用时间超过 4 小时，按实际包用时间计算。整日包车，每日按 8 小时计算；使用时间超过 8 小时，按实际使用时间计算。时间尾数不足半小时舍去，达到半小时进整为 1 小时。

（4）运价单位。①整批运输：元/吨・千米；②零担运输：元/千克・千米；③集装箱运输：元/箱·千米；④包车运输：元/吨位·小时。

2. 公路货物运价

(1) 基本运价

1) 整批货物基本运价：指整批普通货物在等级公路上运输的每吨千米运价。

2) 零担货物基本运价：指零担普通货物在等级公路上运输的每千克千米运价。

3) 集装箱基本运价：指各类标准集装箱重箱在等级公路上运输的每箱千米运价。

(2) 吨（箱）次费

1) 吨次费：对整批货物运输在计算运费的同时，按货物重量加收吨次费。

2) 箱次费：对汽车集装箱运输在计算运费的同时，加收箱次费。箱次费按不同箱型分别确定。

(3) 普通货物运价

普通货物实行等级计价，分为三个等级。以一等货物为基础，二等货物加成15%，三等货物加成30%。

(4) 特种货物运价

1) 长大笨重货物运价，分为两级。一级长大笨重货物在整批货物基本运价的基础上加成40%～60%。二级长大笨重货物在整批货物基本运价的基础上加成60%～80%。

2) 危险货物运价，分为两级。一级危险货物在整批（零担）货物基本运价的基础上加成60%～80%。二级危险货物在整批（零担）货物基本运价的基础上加成40%～60%。

3) 贵重、鲜活货物运价。贵重、鲜活货物在整批（零担）货物基本运价的基础上加成40%～60%。

(5) 特种车辆运价。按车辆的不同用途，在基本运价的基础上加成计算。特种车辆运价和特种货物运价两个价目不准同时加成使用。

(6) 非等级公路货运运价。非等级公路货物运价在整批（零担）货物基本运价的基础上加成10%～20%。

(7) 快速货物运价。快速货物运价按计价类别在相应运价的基础上加成计算。

(8) 集装箱运价

1) 标准集装箱运价。标准集装箱重箱运价按照不同规格的箱型的基本运价执行，标准集装箱空箱运价在标准集装箱重箱运价的基础上减成计算。

2）非标准箱运价。非标准箱重箱运价按照不同规格的箱型，在标准集装箱基本运价的基础上加成计算，非标准集装箱空箱运价在非标准集装箱重箱运价的基础上减成计算。

3）特种箱运价。特种箱运价在箱型基本运价的基础上按装载不同特种货物的加成幅度加成计算。

（9）出入境汽车货物运价。出入境汽车货物运价，按双边或多边出入境汽车运输协定，由两国或多国政府主管机关协商确定。

3. 公路货物运输其他收费

①调车费；②延滞费；③装货（箱）落空损失费；④道路阻塞停运费；⑤车辆处置费；⑥车辆通行费；⑦运输变更手续费。

4. 公路货物运费计算

（1）整批货物运费计算

整批货物运费 = 吨次费 × 计费重量 + 整批货物运价 × 计费重量 × 计费里程 + 货物运输其他费用。

（2）零担货物运费计算

零担货物运费 = 计费重量 × 计费里程 × 零担货物运价 + 货物运输其他费用。

（3）集装箱运费计算

重（空）集装箱运费 = 重（空）箱运价 × 计费箱数 × 计费里程 + 箱次费 × 计费箱数 + 货物运输其他费用。

（4）计时包车运费计算

包车运费 = 包车运价 × 包用车辆吨位 × 计费时间 + 货物运输其他费用。

简单实训

1. 兰州西站发银川站机器一台重24吨，用50吨货车一辆装运，计算其运费。

从兰州西站至银川站运价里程为479千米。货物检查表，机器的运价号为8号。再查运价率表，运价号为3号，基价1为11.80元/吨，基价2为0.084元/吨千米。

2. 由广安门运往包头车站灯管4件，重46千克，货物每件长1米，宽0.35米，高0.16米，从广安门到包头车站共798千米。查货物检查表，灯管的运价号为21号，基价1为0.188元/10千克，基价2为0.001元/10千克。试计算运费。

任务二 国际铁路联运业务

任务导入

2015年6月19日我国铁路部门发出通知，按铁组统一规定，自2015年7月1日起，办理铁路国际联运货物发运时必须采用新版联运运单。也就是说从规定之日起，国际铁路联运的单据不能再使用了，作为货运代理要随时关注国家关于国际货物运输的相关规定，才能顺利完成代理业务，避免造成不必要的损失。

相关知识

一、国际铁路联运出口业务

（一）国际铁路联运出口货物运输业务

1. 托运与承运

（1）发货人在托运货物时，应向车站提出货物运单，以此作为货物托运的书面申请。

（2）车站接到运单后，应进行认真审核，对整车货物运送的申请，则检查是否有批准的月度和旬度要车计划，检查货物运单各项内容的填写是否正确，如确认可以承运，应予以登记。

（3）车站在运单上登记货物和填入车站的承运日期或装车日期，即表示受理托运。

（4）发货人应按登记时指定的日期将货物搬入车站的货场或指定的货位，由铁路有关部门根据货物运单上的记载查对实际货物，并由车站方确认符合《国际货协》和有关规章制度的规定后，予以接收。

（5）整车货物一般在装车完毕，车站在货物运单上加盖了承运日期戳，即为承运。

（6）零担货物的托运与整车货物不同，发货人在托运时，凭运单直接向车站申请托运。过磅称重，并搬运到指定的货位上，交由铁路报关。车站将发货人托运的货物，连同货物运单一同接收完毕后，应在货物运单上加盖承运日期戳，表示货物已承运。

（7）托运、承运完毕，以运单为具体表现形式的运输合同即开始生效，铁路按《国际货协》的规定对货物有保管、装车并运送到指定目的地的责任。

2. 货物发运

货物办理完托运和承运手续后，装车发运。货物的装车，应在保证货物和人身安全的前提下，做到快速进行，以缩短装车作业时间，加速车辆周转和货物运送。

（1）按我国铁路运输的规定，在车站公共装卸场所内的装卸工作，由铁路负责组织；其他场所如专用线装卸场，则由发货人或收货人负责组织。但某些性质特殊的货物，如易腐货物、未装容器的活动物等，即使在车站货场内，也均由发货人组织装车或卸车。

（2）货物装车发运包括以下步骤。

1）货物进站。货物应按照铁路规定的时间进站。进站时，发货人应组织专人在车站接货，并会同铁路货运员对货物的包装状况、品名、件数、标记唛头与运单及随附单证等逐件进行检查，如发现问题或相互不符，要设法修复或更换，或查明原因予以更正。货物全部搬入车站经货运员验收完毕、符合运送要求后，发货人即同货运员办理货物交接手续，并在运单上签字确认。零担货物经铁路货运员查验与过磅，发货人按运单交付运杂费用后，货物在站内的报关和装车发运工作即由铁路负责。在专用线装车时，发货人应在火车调送前一日将货物搬至货位，并做好装车前一切准备工作。

2）请车和拨车。由铁路负责装车的货物，有关请车和拨车均由铁路自行处理。由发货人负责装车时，不论在车站的货场内装车或是在专用线装车，发货人应按铁路批准的要车计划，根据货物的性质和数量，向车站请拨车辆。发货人要正确合理地选择车种和车辆吨位，尽量做到车种适合货种、车吨配合货吨，在保证安全的前提下充分利用车辆的载重量与容积，提高运输经济效益。铁路在火车调送到装货地点或车辆交接地点期间，应事先通知发货人；发货人根据进货通知按时接车，同时组织装车力量，在规定的时间内完成装货工作，按时交车，并将装货完毕时间通知车站。

3）货物装车。货物装车应具备 3 个基本条件：第一，货物包装完整、清洁、牢固，货物标志与标记清晰完整；第二，车辆车体完整清洁，技术状况良好，具备装货条件；第三，单证齐全，内容完备、准确。由发货人装车的货物，发货人应对其负责装车的货物进行现场监装，由铁路负责装车的货物一般应由铁路监装，在必要时可要求发货人在车站货场检查装载情况。

4）加固。对于敞车、平车及其他特种车辆装运超限货物、箱装和裸装的机械设备及车辆等货物，应在装车时放置稳妥，捆绑牢固，以防止运送途中发生移动、坠落、倒塌及相互撞击，保证安全运送。

货物加固工作，应由铁路负责（自装车和专用线装车由发货人负责），但发货人应检查加固情况，如不合要求，应及时提醒铁路方面重新加固。

5）施封。施封是保证货物运输安全的重要措施之一，以便分清铁路与发、收货人之间，铁路内部之间的相互责任。一般来说，装运国际联运出口货物的棚车、冷藏车、罐车必须施封。货车施封时，应使用只有在毁坏后才能启开的封印。

铁路装车时由铁路施封，发货人装车由发货人施封或委托铁路施封，此时发货人应在运单“铅封”栏内注明“委托铁路施封”字样。对出口货物和换装接运的进口货物，各发站和进口国境站必须用10号铁线将两侧车门上部门扣和门鼻拧紧，在每一个车门下部门扣处施封。

3. 在国境站的交接

在相邻国家铁路的终点，从一国铁路向另一国铁路办理移交或接收货物和车辆的车站称为国境站。根据国际货物和国境铁路议定书的规定，国际铁路联运进出口货物在国境站的交接由两国铁路负责进行，并附有连带责任。

（1）国境站货运调度根据国内前方站和邻接国境站的货物列车到达预报和确报，通知交接主管处和海关做好列车的接车及检查准备工作。

（2）出口货物列车进站后，铁路会同海关接车，并将列车随带的运送票据送交接主管处处理，货物及列车接受海关的监管和检查。

（3）交接主管处内部联合办公：由铁路、海关、外运分公司等单位按照业务分工进行流水作业，密切配合协作，加速单证和车辆的周转。

①铁路主要负责翻译运送票据，编制货物和车辆交接单，并以此作为向邻国铁路办理货物和车辆交接的原始凭证。

②外运分公司负责审核货运单证，纠正单证差错和错发、错运事故，并将进出口货物报关单、运单及其他随附单证送海关办理报关手续。

③海关根据报关单查验货物，在单、证、货相符，合乎国家政策法令规定的条件下，准予解除监督、验关放行。最后由双方铁路具体办理货物和车辆的交接手续，并签署交接证件。

4. 货物的交付

在货物到达终点站后，由该站通知收货人领取货物。在收货人付清一切应付的运送费用后，铁路将第一、五联运单交收货人凭以清点货物，收货人在领取货物时应在运单第二联上填写领取日期并加盖收货戳记。收货人只有在货物损坏或腐烂变质、全部或部分丧失原有用途时才可拒收。

（二）国际铁路联运出口代理业务流程

1. 接受委托并确定运输线路和托运类别

国际货运代理人接受委托书应仔细审核委托书内容，明确委托事项，判断整车、零担等托运类别，并确定运输线路，尤其是发送路、过境路和到达路。

托运类别即国际铁路运输方式，根据托运货物数量、性质、体积和状态等的不同划分为整车货物运输、零担货物运输和大吨位集装箱货物运输，整车适于运输大宗货物；零担适于运输小批量的零星货物；集装箱适于运输精密、贵重、易损的货物。按运输速度划分为慢运、快运和整车货物随旅客列车挂运。

（1）整车货物运输。整车货物是指一份运单托运的货物，按其体积、重量或是种类需要单独使用一辆及以上火车装载的货物，还包括用5吨集装箱运送的货物。整车货物运费较低、速度较快，便于运力分配计划，且运量大，一般火车每节车厢的装载量为60吨左右。

（2）零担货物运输。零担货物是指一份运单托运的货物，其重量不超过5000千克，按其体积或种类不需要单独车辆运输的货物，还包括用铁路专用1吨集装箱运送的货物。一批货物重量超过5000千克或是单件重量不足10千克、体积不足0.01立方米的货物不能按零担办理。

（3）大吨位集装箱货物运输。货主自备大吨位集装箱一般为符合国际标准的20尺、40尺集装箱，每个重集装箱都按一张运单办理，空集装箱免费办理返回运输。目前我国铁路与俄罗斯、哈萨克斯坦铁路之间签订了大吨位集装箱相互使用的协议，出口货物可利用返还的集装箱办理运输。货主可向中铁集装箱运输中心申请提空箱。铁路运输同一车内不允许装载不同铁路到站的两个20尺集装箱，或一重一空两个20尺集装箱。

（4）快运、慢运、随旅客列车挂运。国际铁路联运货物，按运送速度可分为慢运和快运，而整车货物可随旅客列车挂运。

2. 确定运费

国际货运代理人应向铁路部门和国外代理分别询问国内运输段、过境段及国外运输段的运价，与客户明确各项费用，必要时还要签订委托代理协议；国际铁路联运运费由发送路运送费用、到达路运送费用、过境路运送费用三部分构成。

3. 托运装箱

具体的托运事项应从制订集装和装车方案开始，国际铁路联运一般使用铁路部门统一提供的集装箱。中铁集装箱运输中心是我国铁路国际集装箱的管理者和经营人，托运人如需租用集装箱必须在提箱前3天提出用箱申请，获得提箱单后，托运人可凭提箱单到指定铁路车站提空箱再到站外货主处装箱，或安排货主送货至指定车站装箱，装箱后应及时将箱号通知中铁集装箱运输中心，以便装车出境。按规定，铁路部门给予一定的集装箱免费使用期限，如出口免费使用 2 天，超期按天计收延期使用费。一般而言，出口发货从提空箱日到返重箱日（出口），进口到货按车站保持天数计为集装箱使用时间。此外，托运人也可自备集装箱。

确定货物的集装及装车方案后，国际货运代理人应向铁路部门提报“铁路货物运输服务订单”，铁路部门受理审定后下达铁路货运计划。订单的审定分为集中审定和非集中审定。集中审定指办理整车货或以整车形式运输集装箱时，应于每月 19 日前向铁路提报次月计划，一般 21 日计划即可下达；非集中审定指计划外的整车货以及零担、集装箱、班列货物可随时提交订单，一般需 7 天，等接运国同意后才能下达计划。

4. 填制国际货协运单

国际货运代理人在落实装车计划后要填写国际铁路联运运单，并交给客户确认。国际货协签约国使用的铁路联运运单是统一格式的国际货协运单，它是承运人与托运人之间缔结的运输契约，是货物收据，但不具有物权凭证的功能，不能转让。

《国际货协》规定，国际货协运单分为快运和慢运两种，在运单左侧有标注，两种运单格式相同，均用白纸印制，快运运单带有红边以示区别。挂运旅客列车的货物用快运运单托运。国际货协运单一般使用发送国文字并附俄文、德文翻译，往越南民主共和国、中华人民共和国、朝鲜民主主义人民共和国、蒙古人民共和国及相反方向，以及过境中华人民共和国铁路发送货物时，运单和运单副本中所记载的事项只译成俄文。中朝、中越之间的运单可只用本国文字填写，我国经满洲里、绥芬河发往俄罗斯的运单可只用中文填写。

5. 代理报关

国际铁路联运的出口报关可以在发货地申报，通关后将报关单、发票、装箱单、合同、关封等单据与国际铁路联运运单一起随车到国境站；若时间紧急或不方便，也可将报关资料快递给国境站代理公司，在国境站口岸办理报关。

若在口岸报关，需办理主管地海关的注册证书编号在口岸海关进行海关异地备案核转注册手续，口岸报关所需文件需在发运前 10 个工作日准备好，包括装箱单、发票、正本合同、出口退税核销单、出口货物明细单、检验检疫出境货物通关单或换证凭单、相关批文、原产地证等，必须单单一致、项项一致、单货一致。假设一批货物从北京站始发经满洲里过境运往俄罗斯，可以在北京或满洲里报关。

6. 货交车站装车发运

国际货运代理人应将货物妥善装箱并交到起始站指定堆场，等待货物通关后，由铁路部门负责装车发运和货到过境站的换装事宜。传递信息给国境站及目的站代理或联系单位。

7. 发运后事项

国际货运代理人在发运后对此单业务进行归档登记，并将运输信息通知给客户、国境站代理和国外代理，与客户、国内外代理结算费用。最后将报关单的核销联、客户交来的核销单退还给客户，以便其办理核销退税。

二、国际铁路联运进口业务

（一）国际铁路联运进口货物运输业务

国际铁路联运进口货物运输与联运出口货物运输的流转程序基本相同，只不过在流转方向上正好相反。

1. 确定货物到达站

国内订货部门应提出确切的到达站的车站名称和到达路局的名称，除个别单位在国境站设有机构者外，均不得以我国国境站或换装站为到达站，也不得以对方国境站为到达站。但必须注明货物经由的国境站。

2. 正确编制货物的运输标志

各部门对外订货签约时必须按照统一规定编制运输标志，不得颠倒顺序和增加内容，否则会造成错发、错运事故。

3. 向国境站货运代理寄送单证，办理委托代理手续

收货人在订立合同后，要及时将包括合同副本及其附件、补充协议书、合同更改书及有关确认函电等在内的资料寄送经由国境站的外运公司，并办理委托代理手续，作为核放进口货物的依据。对于需要办理审核手续的进口货物还应以最快方式寄送口岸外运，以防止货物因无法报关报验而被滞留。

4. 联运进口货物在国境站的交接与分拨

进口货物在国境站的交接程序与出口货物的交接程序基本相同，铁路会同海关到发线接车、双方铁路根据列车长提供的货物交接单办理交接，海关对货物执行监管、铁路负责签办交接证件，在交接过程中，如发现有残短应进行详细记载，以作为铁路双方签署商务记录的原始依据。翻译货运单据，组织货物换装和继续发运。外运负责根据进口合同资料对运单及其他所有货运票据进行核对，如无问题便制作进口货物报关单向海关办理进口报关，海关根据报关单查验货物，在单、证、货相符的情况下签

字放行。换装后的车辆按流向编组向内地运输。

对于由国外集中发运的小额订货、零担合并为整车发运的货物，以及国外发货人将不同到站收货人按一份运单发运的货物，如果能直接运输到内地由收货部门自行分拨，口岸外运可直接发至内地到达站由其处理，否则，外运部门应在提取货物后进行开箱分拨，并按照合同缮制有关货运单证，向铁路重新办理托运手续，将货物分别分运给各个收货人。在分拨、分运中发现有货损、货差情况如属于铁路责任应找铁路出具商务记录，如属于发货人责任，应及时通知有关进口单位向发货人索赔。

5. 到达取货

联运进口货物到站后，铁路根据运单和随附的单证，通知收货人提取货物，并核收运杂费。到站铁路负责将货物连同运单及内附单证一并交付给收货人。收货人在接收货物时应会同铁路共同检查货物状态，清点数量，如发现异常情况或货损货差，则应要求铁路根据国内规章规定如实编制商务记录。

货物提取与交付的基本程序如下。

①货到目的地后，铁路应将其背面已由铁路记载各段运输情况，并盖有各种运输戳记的运单第 6 联寄交收货人。

②收货人凭运单第 6 联或凭商务记录办理提货。正常情况下，收货人凭运单第 6 联到车站办理提货，然而如果收货人在领取原批货物时已收到商务记录，则随补充运行报单到达的货物，收货人必须持商务记录到车站提货。比如，运单记载 100 台，但到站仅为 95 台，商务记录有 5 台未到，则收货人可先凭运单提取已到的 95 台，待其余 5 台到后，凭商务记录直接到车站提货。

③收货人付清运单上所载的一切应付运送费用。即使发生货损货差，收货人也应按运单向铁路支付全部款项，当然并不妨碍事后领回多交付的款项。

④收货人与铁路在现场点交称重货物，如无误，在铁路将货物和运单正本交付收货人后，收货人应在运单第 3 联货物交付单背面“货物交付收货人”栏虚线下面填记货物领取日期，并加盖收货人戳记。如出现货损货差，收货人应要求铁路编制商务记录，以作为日后索赔之用。

（二）国际铁路联运进口代理业务流程

1. 接受货主委托

国际货运代理人接受货主委托，与收货人沟通运输线路、方式、货物性质等细节，收货人应提出确切的到达站的车站名称和到达路局的名称，并注明货物经由的国境站。

2. 明确费用、编制唛头

国际货运代理人应及时向铁路部门和国外代理询问相关费用并与客户沟通，必要时还要与客户签订代理协议。按照我国联运进口货物的规定，应在订货工作开始前，由国家统一编制向国外订货的代号，作为收货人的唛头，进口商必须按照统一规定的收货人唛头对外签订合同。

3. 办理报关

国际货运代理人应及时将发票、装箱单、合同、核销单等报关单据寄送国境站代理，委托国境站代理办理报关、换装、运输等事宜。

4. 到货交接

货到目的站后安排提货并交付给客户，并与客户、国境站代理结算费用。

三、国际铁路联运单据

（一）国际铁路联运运单及其作用

国际铁路联运运单见表 5－5，是发货人与铁路之间缔结的运输契约，它规定了铁路与发、收货人在货物运送中的权利、义务和责任，对铁路和发、收货人都具有法律效力。该运单从始发站随同货物附送至终点站并交给收货人，它不仅是铁路承运货物出具的凭证，也是铁路同货主交接货物、核收运杂费用和处理索赔与理赔的依据。

表 5－5　　　　国际铁路联运运单

<table>
<tr><td colspan="7">1 运单正本 — Оригинал накладной
（给收货人）—（Для получателя）</td><td colspan="2">29 批号—Отправка №</td></tr>
<tr><td rowspan="3">国际货协运单 — Накладная СМГС
中铁— КЖД</td><td>1 发货人—Отправитель</td><td colspan="7">2 发站—Станция отправления</td></tr>
<tr><td>签字—Подпись</td><td colspan="7" rowspan="3">3 发货人的声明—Заявления отправителя</td></tr>
<tr><td>4 收货人—Получатель</td></tr>
<tr><td colspan="2" rowspan="2">5 到站—Станция назначения</td></tr>
<tr><td colspan="7">8 车辆由何方提供—Вагонпредоставлен/9 载重量—Грузоподъёмность
10 轴数—Оси/11 自重—Масса тары/12 罐车类型—Тип цистерны</td></tr>
<tr><td rowspan="2">6 国境口岸站—Пограничные станции переходов</td><td rowspan="2">7 车辆—Вагон</td><td rowspan="2">8</td><td rowspan="2">9</td><td rowspan="2">10</td><td rowspan="2">11</td><td rowspan="2">12</td><td colspan="2">换装后—После перегрузки</td></tr>
<tr><td>13 货物重量
Масса груза</td><td>14 件数
К-во мест</td></tr>
<tr><td></td><td></td><td></td><td></td><td></td><td></td><td></td><td></td><td></td></tr>
</table>

续 表

15 货物名称—Наименование груза	16 包装种类 Род упаковки	17 件数 К-во мест	18 重量（公斤）Масса (в кг)	19 封印—Пломбы	
				数量 К-во	记号—знаки
				20 由何方装车—Погружено	
				21 确定重量的方法 Способ определения массы	

23 运送费用的支付—Уплата провозных платежей	22 承运人—Перевозчики	(区段自/至—участки от/до)	车站代码 (коды станций)
24 发货人添附的文件—Документы, приложенные отправителем			
	25 与承运人无关的信息，供货合同号码 Информация, не предназначенная для перевозчика, № договора на поставку		
26 缔结运输合同的日期 Дата заключения договора перевозки / 27 到达日期—Дата прибытия	28 办理海关和其他行政手续的记载 Отметки для выполнения таможенных и других административных формальностей		

铁路运送国际联运货物时，使用国际铁路货物联运运单，发货人在托运时，应按每批货物逐项填写运单，签字后向铁路发站提交。

（二）国际铁路联运运单的构成（见表5-6）

表5-6　　国际铁路联运运单的构成

第……张	各张名称	各张的领收人	各张用途
1	运单正本	收货人	随同货物至到站
2	运行报单	将货物交付收货人的承运人	随同货物至到站
3	货物交付单	将货物交付收货人的承运人	随同货物至到站
4	运单副本	发货人	运输合同缔结后，交给发货人
5	货物接收单	缔约承运人	缔约承运人留存

续　表

第……张	各张名称	各张的领收人	各张用途
6	货物到达通知单	收货人	随同货物至到站
无号码	补充运行报单	承运人	给货物运送途中的承运人 （将货物交付收货人的承运人除外）

注：补充运行报单的份数应同参加运送的承运人数量一致（但将货物交付收货人的承运人除外）。是否需要为缔约承运人编制补充运行报单，由缔约承运人确定。

（三）国际铁路联运单及其填写规范

国际铁路联运单及其填写规范如表 5－7 所示。

表 5－7　　国际铁路联运运单的填写规范

各栏编号 填写人	各栏名称及其内容
左上角 承运人	国际货协运单 填写缔约承运人名称
1 发货人	发货人 填写： ①发货人名称（应与注册文件一致），姓名（自然人），通信地址； ②如缔约承运人对发货人进行编码，则注明由该承运人确定的发货人代码（在填写代码的格内）； ③还可以注明电话号、传真号（连同区号），电子信箱； ④发货人签名（根据发送国国内法律）。发货人签名确认其在运单中所记载事项的正确性
2 发货人	发站 填写： ①发站名称及铁路简称； ②发站代码（在填写代码的格内）； ③从不适用国际货协的国家运送货物时，应注明变更运输合同法律规范的车站名称、代码及铁路简称
3 发货人	发货人的声明 记载下列事项： ①绕路运输时的具体运送经路； ②发生货物运送或交付阻碍时如何处置货物的指示； ③运送易腐货物时的保护措施和保温制度； ④描述货物或车辆托运时查明的、发货人所提供的车辆、多式运输单元和汽车运输工具的破损情况；

续　表

各栏编号 填写人	各栏名称及其内容
3 发货人	⑤运送机动车辆、机械时，注明“易破碎零件不加防护运送”“第_______号机械的钥匙”； ⑥如经不同轨距铁路运送时，注明同承运人商定的货物（包括空车），运送办法一一记载：“换装到另一轨距车辆”，“更换到另一轨距车辆转向架（如有换轮合同，则注明合同号及其缔结日期）”或“采用变距轮对”； ⑦发货人对其在运单上所作修改的声明； ⑧运送冻结货物时，注明货物含水量百分比和采取的预防措施（“货物冻结”“撒入石灰的数量占_______%”“用油处理的数量占_______%”“分层垫入锯末”等）； ⑨变更运输合同法律规范（向不适用国际货协的国家运送货物）时，最终收货人的名称及其地址； ⑩变更运输合同法律规范（向不适用国际货协的国家运送货物）时，有关寄送运单的指示； ⑪押运人权利范围； ⑫关于在运单上添附补充清单数量的记载； ⑬采用其他运输方式运进/运出货物时，应记载：“采用_______（运输方式），从_______（始发国国名）运进”或“采用_______（运输方式）运往_______（终到国国名）”； ⑭运送声明价格的货物时，记载：“货物声明价格_______（款额应大写）”； ⑮记载关于采用1520mm轨距敞车类货车（特种平车除外）装载的限界货物装载和加固条件：“技术条件第_______章第_______项”“第_______号国家技术条件”“第_______号地方技术条件”或“第_______号图”； ⑯使用发货人提供的车辆运送货物时，如运送中需将货物换装到另一轨距车辆内，应记载：“在_______站（注明换装站名称）进行货物换装后空车应交付_______（注明空车收货人名称及其通信地址）”或“在_______站（注明换装站名称）进行货物换装后空车应经由_______国境站（注明其名称）发往_______站（注明到达路、到站和收货人名称），承运人为_______（承运人名称）”，此外应为参与运送的每一承运人注明运送费用的支付人的名称和代码
4 发货人	收货人 填写： ①收货人名称（应与注册文件一致），姓名（自然人），通信地址； ②如交付货物的承运人对收货人进行编码，则注明由该承运人确定的收货人代码（在填写代码的格内）； ③还可注明电话号、传真号（连同区号）、电子信箱； ④在向不适用国际货协的国家运送货物时，应注明在变更运输合同法律规范的车站改办运输合同的承运人简称

续 表

各栏编号 填写人	各栏名称及其内容
5 发货人	到站 填写： ①到站名称及铁路简称； ②到站代码（在填写代码的格内）； ③在向不适用国际货协的国家运送货物时，应注明变更运输合同法律规范的车站名称和代码、铁路简称，并记载“运送至________站（终到站及到达国名称）”
6 发货人	国境口岸站 ①按同缔约承运人商定的货物运送经路，注明发送国和过境国的出口国境站名称及代码、铁路简称； ②在货物运送中使用轮渡时，应注明将货物转交轮渡或从轮渡接运的港口及车站名称； ③如有可能从一个出口国境站通过邻国的几个进口国境站办理货物运送，还应注明运送所要通过的进口国境站名称
7～12	①往运送途中换装货物时，将原车辆记载事项划消，但原字迹需能辨认，并应在下面记载货物换装后每一车辆的事项； ②被换装到单独车辆内的货物多出部分与货物主要部分同时发送时，应填写该车辆的相应事项； ③运送由承运人装车的集装箱，或由发货人装载到承运人提供的一辆车上，但按不同运单办理的集装箱时，各栏不予填写； ④对装入由发货人提供的一辆车，但按不同运单发往同一收货人的集装箱，应将车辆事项补充记载在其中一份运单上
7 发货人或承运人（取决于何方装车）	车辆 ①注明车号； ②注明车辆所属者名称和车辆配属路简称； ③使用机械冷藏车组运送货物时，应补充记载“机械冷藏车组________（注明机械冷藏车组号码），（________）（注明车组中的货车数量）”； ④使用跨装车组运送货物时，应注明所有车辆的号码及“跨装”字样； ⑤按一份运单运送两辆或两辆以上车内的货物，或按一份运单运送使用发货人提供的两辆或两辆以上车辆装运的数个集装箱时，应注明“见所附清单”； ⑥运送自轮运转货物时，应注明设备（每台）、车辆或轨道运行机械的号码
8 发货人	车辆由何方提供 做下列记载： “П”，即承运人提供车辆时； “О”，即发货人提供车辆时。 实际由收货人提供的车辆，等同于发货人提供的车辆

续　表

各栏编号 填写人	各栏名称及其内容
9 发货人或承运人（取决于何方装车）	载重量 ①填写车辆上记载的载重量（用 t 表示）； ②如在车辆上标有数个载重量，则应注明最大载重量（用 t 表示）
10 发货人或承运人（取决于何方装车）	轴数 ①注明车辆的轴数； ②运送自轮运转货物时，注明设备（每台），车辆或轨道运行机械的轴数
11 发货人或承运人（取决于何方装车）	自重 ①填写车辆上记载的自重； ②当用过磅的方法确定空车重量时，车辆上记载的自重写成分子，而过磅确定的自重写成分母
12 发货人或承运人（取决于何方装车）	罐车类型 使用 1520mm 轨距罐车运送货物时，应注明车号下方标记的罐车类型
13 承运人	货物重量（换装后） ①注明换装到每辆车内的货物重量； ②当多出部分同货物主要部分同时发送时，应注明装载到单独车辆上的货物多出部分的重量
14 承运人	件数（换装后） 注明换装到每辆车内的货物件数

续 表

<table>
<tr><th>各栏编号
填写人</th><th>各栏名称及其内容</th></tr>
<tr><td>15
发货人</td><td>货物名称
①填写通用货物品名表规定的每种货物的名称和 8 位代码；
②注明货物上所作的记号、标记和号码；
③运送危险货物时，还应根据国际货协附件第 2 号《危险货物运送规则》注明货物名称及信息；
④运送易腐货物时，应填写“易腐”，使用棚车通风运送货物时，还应注明“通风”；
⑤运送冻结货物时，应注明“冻结”；
⑥运送动物时，应注明“动物”及“不准驼峰溜放”；
⑦运送易燃货物时，应注明“易燃”及“隔离车 3/0 - 0 - 1 - 0”；
⑧运送由押运人押运的货物时：
a. 注明“由发货人的押运人押运”。如押运人使用单独车辆或押运数辆重车时，还应补充记载：“押运人所在车辆的车号为________”。
b. 注明押运人的姓名及其通过国境所必需的证件号码。如押运人押运数辆重车时，还应补充记载：“押运人所使用车辆的运单上注明这些事项。
c. 如运送途中更换了押运人，应注明“在________（更换押运人的车站和铁路名称）更换押运人”。
⑨当押运人使用的车内安装供暖（火炉）设备时，应注明“火炉取暖”；
⑩使用运送用具运送货物时，在货物名称下面，应注明运送该货物所使用的运送用具名称。
<u>划虚线的格内</u>
运送多式运输单元和汽车运输工具时，应注明下列事项：
①运送汽车列车，汽车、挂车、半挂车或可甩挂汽车车身时，注明多式运输单元和汽车运输工具的具体名称和识别号、汽车列车组成，并作记载“________个备用轮胎”，“不准驼峰溜放”；
②运送通用中吨位集装箱时，记载“集装箱________（注明 9 位集装箱号）”；
③运送大吨位集装箱时，应注明由 4 个拉丁字母（其中前 3 个字母表示集装箱所属者代码，最后一个字母“U”表示货运集装箱）和 7 位数字组成的 11 位集装箱识别号；在集装箱号后面加破折号，其后注明表示集装箱尺寸和类型的 4 位代码，然后在括号中注明集装箱的标记总重；
④按一份运单运送两个或两个以上集装箱时，应注明“见所附清单”；
⑤使用跨装车组运送长大货物时，应注明“不准驼峰溜放”；
⑥运送非常规货物时，应做下列记载：
a. 经 1520mm 轨距铁路运送超限货物时，应注明“超限货物________（超限程度）”，经其他铁路运送时，应注明“在________铁路（铁路简称）是超限货物”；
b. 在运送带有检查架的超限货物时，在办理超限货物运送的运单上，应注明“检查架放在第________号车内”，而在办理运送带有检查架的车辆的运单上，如检查架放在空车内应注明：“本车用于装载第________号车内货物的检查架”；如检查架放在重车内应注明：“车上放有第________号车内货物的检查架。”</td></tr>
</table>

续　表

各栏编号 填写人	各栏名称及其内容
15 发货人	c. 运送超限货物和用特种平车运送货物时，注明“不准驼峰溜放”或“不通过驼峰”（是否必须注明这些事项，由承运人决定）； d. 运送按自身技术特性需限速运行的货物时，应注明“速度不得超过________km/h”； e. 运送在二级或超级装载限界范围内装载的货物时，应相应注明“二级限界”或“超级限界”
15 承运人	变更运输合同时，应注明“运输合同已变更”，并加盖承运人戳记； 超限货物从一种轨距车辆换装到另一轨距车辆时，应注明“在________铁路（铁路简称）是超限货物”或“超限货物________（超限程度）”； 如“货物名称”栏中虚线前或虚线后的篇幅不足，可使用整栏填写
16 发货人	包装种类 ①注明车辆、多式运输单元或汽车运输工具中所装载货物的包装种类； ②运送货捆货物时应注明：分子——货捆，分母——货捆中的每件货物的包装种类，如货物没有包装时，应注明“无包装”； ③运送没有容器和包装的货物时，应注明“无包装”字样
17 发货人	件数 ①在货物名称同一行上，用数字注明货物件数； ②运送堆装、散装或灌装货物时，相应注明“堆装”“散装”“灌装”字样； ③用敞车类货车或开顶集装箱运送货物时，如件数超过100件，则记载“堆装”字样； ④运送货捆货物时用分数注明：货捆数目（分子），装入货捆中的货件总数（分母）； ⑤采用可多次使用的运送用具运送货物时，应注明这些运送用具的数量； ⑥使用多式运输单元或汽车运输工具运送货物时，应注明多式运输单元或汽车运输工具内装载的货物件数，使用汽车列车运送货物时，应注明汽车和挂车内的货物件数及汽车列车内的货物总件数； ⑦运送空的多式运输单元或汽车运输工具时，应注明其数量
18 发货人	重量（千克） 用数字注明： 在与货物名称同一行注明每种货物的毛重（含包装重量），包括自轮运转货物的重量；多式运输单元或汽车运输工具的自重；未包含在车辆自重内的运送用具重量；货物总重
19 发货人或承运人（取决于何方施封）	封印 注明无押运人押运的车辆、多式运输单元或汽车运输工具上施加的封印数量和记号。使用锁封装置时，应注明锁封装置的名称、记号、货物发送路简称

续 表

各栏编号 填写人	各栏名称及其内容
20 发货人	由何方装车 视由何方（承运人或发货人）装车。注明“承运人”或“发货人”字样
21 发货人	确定重量的方法 根据确定货物重量的方法，注明： ①“用衡器”（注明衡器类型）； ②“按标记重量”； ③“按标准重量”； ④“丈量法”； ⑤“计量法”； ⑥“计量器”
22 发货人	承运人 应注明缔约承运人（最先注明）和接续承运人（最后注明交付货物的承运人）的简称和代码，以及每个承运人办理运送的相应区段（以车站作为各区段的界线，注明车站名称及其代码）
23 发货人	运送费用的支付 根据“承运人”栏内的事项，按办理运送的承运人顺序注明各承运人简称、向每一承运人付款的支付人名称及付款依据（支付人代码、合同日期及合同号等）
24 发货人	发货人添附的文件 ①注明发货人在运单上添附的所有文件。如某一文件添附数份，应注明份数； ②如运单中注明的添附文件在运送途中将被取下，则在该文件名称后面注明应取下文件的铁路简称，即：“给________（取下这些文件的铁路简称）”
25 发货人	与承运人无关的信息，供货合同号码 记入与该批货物有关，但并非承运人所需的发货人信息。 如履行行政手续所需的文件未添附在运单上，而是寄往相应的行政检查机关，则应做下列记载：“________（注明文件的名称、号码和日期），提交________（注明行政检查机关的名称）”。 可记入其他信息，包括出口单位和进口单位间缔结的供货合同号码（如出口单位和进口单位的合同仅有一个号码）。如供货合同有两个号码，出口合同为一个号码，进口单位为另一个号码，则记入出口单位合同号码
26 承运人	缔结运输合同的日期 在发站应加盖缔约承运人日期
27 承运人	到达日期 在到站应加盖承运人日期戳 如货物未到达，应注明“货物未到达”，并加盖承运人戳记

续　表

各栏编号 填写人	各栏名称及其内容
28 海关、行政机关	办理海关和其他行政手续的记载 做下列记载： 海关——执行海关查验； 其他国家机关——履行行政手续
29 承运人	批号 注明货物批号

简单实训

国际铁路货运代理合同纠纷

2月8日，粮油公司食品进出口公司（简称粮油公司）与莫斯科国家对外贸易经济公司食品国外贸易公司（简称全俄食品）签订33500吨冻猪肉的出口合同，约定交货方式为DDU莫斯科到站。2月6日，中国某运输公司（简称运输公司）同粮油公司签订了一份委托代理协议。协议约定：粮油公司委托运输公司全权办理甲方15000吨冻猪肉以国际铁路联运方式自满洲里后贝加尔口岸向莫斯科的国外段运输业务。国际铁路联运手续由粮油公司在发货站办理，国内段运费由粮油公司自行向发货站结算。运输公司负责同外方代理结算国外段费用。运费标准每吨217美元，包括口岸报关、商检费。粮油公司应当在每批货物发货时向运输公司支付该批货物的全部运费。粮油公司负责根据运输公司的要求缮制运输单据，并负责出具商检报关及动植物检疫需要的有关文件，运输公司不对因单证填写不当及报关资料不全而引起的任何不良后果负责，粮油公司应当在发车后两个工作日内先以传真，后以快递方式向运输公司提供国际联运单副本（第三联）的复印件。运输公司应当在换装后7日内将口岸换装信息以书面形式通知原告。运输公司通过国外代理为货物的运输通畅提供保障并努力保障货物在运输过程中的完整。

合同订立后，粮油公司于2月20日至28日组织发运6列货物，货物顺利抵达目的地，双方运费已结清无争议。

3月20日起至5月2日，粮油公司又陆续组织发运了11列货物。但粮油公司并未按照委托代理协议的要求在发车后两个工作日内先以传真后以快递的方式向运输公司提供国际联运单副本的复印件。直至4月14日至4月18日，运单才陆续传真给运输公司，但仍有两列从未通知。至5月14日已有10列货物运抵到站，6月9日最后一列货物也运抵到站。在此期间，发生了以下事件：

（1）4 月 1 日开始，俄罗斯铁路当局上调运价，运输公司在 4 月 1 日以后多次以传真的方式同俄罗斯代理协商运价。但运输公司一直没有正式通知粮油公司俄罗斯境内的运费发生变化。

（2）4 月 25 日，粮油公司通知运输公司，有两列货物因无随车单证，并且其中一列商检证书全无，导致收货人无法报关。

（3）5 月 4 日，全俄食品通知粮油公司，因运单第 20 栏空白，导致铁路向收货人收取过境运费，认为粮油公司违反了贸易合同，并以运费未付为理由拒收货物。

（4）5 月 11 日，运输公司驻莫斯科代表处以传真方式向运输公司汇报了同俄罗斯代理联系的情况。其中提到，俄罗斯代理多次同运输公司联系新的运价，但均未得到确认，所以无法将货物交给货主。

（5）5 月 16 日，全俄食品致函俄罗斯代理，表示拒收货物，并称：莫斯科铁路车站只有在货物通关后和在移交订货人或变更到站后，方可开列车辆滞留费和铁路运费账单。由于中方违反合同条件，故我们无法及时处理货物，并不能办理通关手续……由于关税提高和从其他人处能够得到更加优惠的猪肉，我司的全部订货人均拒收货物。

（6）5 月 16 日，俄罗斯代理致函运输公司，提到 4 月 1 日以后俄罗斯运价发生变化，运输公司同俄罗斯代理一直没有就运价达成一致。4 月 1 日以后到达的 11 列货物产生滞留，不知由谁支付运费。同时俄罗斯代理表示最主要的问题还在于收货人因货价高为由拒收货物。

（7）5 月 17 日，运输公司驻莫斯科代表处以传真的方式向运输公司汇报了 16 日俄罗斯代理函件中的主要内容。

（8）5 月 17 日，粮油公司致函运输公司因运费和滞车费未付导致全俄食品销售困难并拒绝提货。

（9）5 月 17 日，运输公司向俄罗斯代理确认了运费及滞车费。

（10）5 月 22 日，俄罗斯代理致函运输公司，提出货物滞留车站的原因有：由于运输公司在 4 月 19 日才通知发货信息，造成代理未能及时安排俄罗斯境内的运输。但最主要的原因是全俄食品因销售的原因拒收货物。

（11）5 月 24 日，运输公司收到俄罗斯代理发来的 583354 美元（包括运费及滞车费）的账单，以及粮油公司支付运费 400600 美元的确认。

（12）5 月 25 日，运输公司收到粮油公司支付的 400600 美元的运费及滞车费。

（13）5 月 26 日，运输公司代表粮油公司支付运费及滞车费共 583354 美元。俄罗斯铁路在收到上述费用后，即放行了大部分的货物，全俄食品也接收了货物。

（14）5 月 31 日，全俄食品称还有 204780 美元的滞车费需要支付，上次在计算的时候遗漏了。原因是 5 月 1 日起政府规定的铁路滞车费提高了 9.6 倍，但铁路局在 5 月下旬才得到通知。

（15）粮油公司拒绝支付204780美元的滞车费，运输公司也没有支付。故俄罗斯铁路留置了其中3列的货物，变卖后冲抵滞车费。

3月18日，粮油公司以运输公司未按照委托代理协议的约定及时支付运费而导致粮油公司的货物灭失为由，向四川省成都市铁路运输中级人民法院提出诉讼，要求运输公司赔偿货物损失、利息损失及出口退税损失，共计800余万元人民币。

案例思考：阐述本案中各当事人的法律地位和权利义务，分别辨别粮油公司和运输公司、运输公司与俄罗斯代理、粮油公司与俄罗斯铁路、粮油公司与全俄食品之间的关系。从本案中，可以得到哪些经验教训？

任务三　国际公路货运代理业务

任务导入

昆曼公路（昆曼高速公路）是中国的第一条国际高速公路，起于云南省会昆明，止于泰国首都曼谷，是亚洲公路网编号为AH3公路中的一段。全长1800余千米，中国境内827千米、老挝境内247千米、泰国境内约813千米。于2008年12月正式通车。它主要进行“蔬菜换石油”的国际陆运，即由泰国公司把石油通过昆曼公路用油罐车拉到中国磨憨口岸，中国向泰国出口新鲜蔬菜；用来缓解云南成品油供应长期紧张和泰国不宜种植蔬菜的问题，而且还有利于打造“云菜”品牌，带动农民增收。国际公路运输的发展同时也给货运代理行业带来了发展的空间。因此国际公路货运代理业务也是不可忽视的。

相关知识

公路运输代理业已经渗透到公路运输领域内的各个角落，成为公路运输的重要组成部分，其作用也得到各方面的认同。

一、公路货物运输业务

（一）公路整车货物运输业务

1. 整车货物运输的概念

根据公路货物运输的规定，一次货物运输在3吨以上者可视为整车运输，如货物重量虽在3吨以下，但不能与其他货物拼装运输，需单独提供车辆办理运输，也可视为整车运输，但以下货物必须按整车运输：

（1）鲜活货物，如冻肉、冻鱼、鲜鱼，活的牛、羊、猪、兔、蜜蜂等；

（2）需用专车运输的货物，如石油、烧碱等危险货物，粮食、粉剂的散装货物等；

（3）不能与其他货物拼装运输的危险品；

（4）易于污染其他货物的不洁货物，如炭黑、皮毛、垃圾等；

（5）不易于计数的散装货物，如煤、焦炭、矿石、二矿砂等。

2. 公路整车运输操作流程

（1）托运人（货运代理人或发货人）填制承运人印制的运单（托运单）向承运人托运。货物托运单是承、托双方订立的运输合同或运输合同证明，它明确规定了货物承运期间双方的权利、责任，是公路运输部门开具货票的凭证；是调度部门派车、货物装卸和货物到达交付的依据；在运输期间发生运输延滞、空驶、运输事故时是判定双方责任的原始记录；是货物收据、交货凭证。

在填写托运单时内容要准确完整，字迹清楚，不得涂改，托运人、收货人的姓名、地址应填写全称，起运地、到达地应详细说明所属行政区；货物名称、包装、件数、体积、重量应填写齐全。

（2）承运人收到由货物托运人填写的托运单后审核运单中货物的详细情况（名称、体积、重量、运输要求），检验有关运输凭证，审批有无特殊运输要求，确定运输里程，计算运杂费，签章受理。

（3）承运人会同托运人核实理货。货物的核实理货工作一般有受理前的核实和起运前的验货。受理前的核实是在货方提出托运计划并填写货物托运单后，运输部门派人会同货方进行，货物起运前的核实工作称为理货或验货，承、托双方共同验货；落实货源、货流；落实装卸、搬运设备；查清货物待运条件是否变更；确定装车时间；通知发货、收货单位做好过磅、分垛、装卸等准备工作。

（4）承运人配车装运。托运人为货运代理时，由货运代理实际监装，车辆到达装货地点，监装人员应根据货票或运单填写的内容、数量与发货单位联系发货，并确定交货办法。散装货物根据体积换算标准确定装载量，件杂货一般采用以件计算。在货物装车前，监装人员应注意并检查货物包装有无破损、渗漏、污染等情况，一旦发现，应与发货单位商议修补或调换，如发货单位自愿承担因破损、渗漏、污染等引起的货损，则应在随车同行的单证上加盖印章或做批注，以明确其责任。装车完毕后，应清查货位，检查有无错装、漏装，并与发货人员核对实际装车的件数，确认无误后，办理交接签收手续。

（5）装货完毕承托双方办理交接手续。按行车路单，包装货物件交件收，散货磅交磅收，集装箱凭铅封交接。

（6）承运人发车运输。自承运人接收货物时起至交付货物时止，对货物的灭失、损坏负赔偿责任（但人力不可抗拒的自然灾害、货物性质变化及自然耗损、包装完好内货短损及有押运保管的除外）。

（7）承运人将货物运到目的地向收货人交付。收货人为货运代理时，货运代理应到场同承运人交接，按路单核收件数和散货磅单重量，检验无误后在承运人所持结算凭证上签章。卸货时应根据运单及货票所列的项目与收货人点件或监秤记码交接。如果发现货损货差，则应按有关规定编制记录并申报处理。收货人可在记录或货票上签署意见但无权拒收货物。收货人核收货物后在货票收货回单上签章，承运人的责任即告终止。

（二）公路零担货物运输业务

1. 公路零担货物运输的概念

在公路运输中，零担货物是指一次托运、计费重量不足 3 吨的货物，零担货物运输是以零担货物受理、零担货运站经营和零担线路运输为主要内容，包括零担货物的受理、仓储、运输、中转、装卸和交付等业务的一种道路运输生产方式。

2. 公路零担货物运输操作流程

（1）受理托运。承运人采用不同的受理方法办理托运手续。由托运人填写托运单，公路零担货物托运单一式两份，一份由起运站存查，另一份则于开票后随货同行。凡货物到站在零担班车运输路线范围内的，则称为直线零担，可填写“零担货物托运单”。如需要通过中转换装的，称联运零担，可填写“联运货物托运单”。

（2）托运人审核。

（3）过磅起票。承运人收到托运货物后及时验货过磅，按托运单号贴标签和填写货票并向托运人收取相关费用。

（4）验收入库。承运人按单核对货物无误后，按待运货位、急运货位、到达待交货位分类，并按流向堆码在指定货位上，一票货物不能堆放两处。零担货物入库是承运人对货物履行责任的开始。

（5）配载装车。首先，按车核对吨位容积，按同一到站货物的重量体积、理化性质、形状大小合理配载，编制货物清单，收集好随车单证；其次，按装货清单装车；最后，清点货物在随车单证上签章并检查苫盖、捆扎和关锁。

（6）发车运行。站车交接后货运班车严格按班点发车，车辆按规定路线行驶。

（7）货物中转。需要中转的货物，在规定的中转站中转，由中转站从落地法、坐车法、过车法3种不同方式中选择最优办法，重新集结装车，再继续运至最终目的地。

（8）到达作业。直接运达目的地的车辆到站后，承运车同车站办理单证和货物交接，单货相符后，由车站做出到货通知书，通知收货人到车站提货。合同运输货物安排送货上门。货物交付完毕，收回货票提货联，零担承运人的运输责任才告结束。

3. 整车货物运输与零担货物运输业务的比较

无论是整车货物运输、零担货物运输，其业务运作过程均由发送管理、在运管理、中转管理、交付管理四个方面构成，但它们之间仍有许多不同之处，其比较如表5－8所示。

表5－8　公路整车货物运输与零担货物运输的比较

项目	整车货物运输	零担货物运输
承运人责任期间	装车至卸车	货运站至货运站
是否进站储存	否	是
货源与组织特点	货物品种单一、量大、货价低，装卸地点比较固定，运输组织比较简单	货源不确定、货物品种多、量小、质量高、价格贵、站点分散、运输组织相对复杂
营运方式	直接的不定期运输形式	定线、定班期发运
运输时间	相对较短	相对较长
运输合同形式	通常预先签订书面运输合同	通常以托运单或运单作为合同的证明
运输费用	单位运费率一般较低	单位运费率一般较高

（三）公路集装箱货物运输业务

1. 公路集装箱货物运输的运作特点

（1）受理的货物种类受限。从经济性、安全性等方面考虑，有的货物不适宜集装箱运输。

（2）定期经营方式。

（3）增加了集装箱业务内容，主要为空箱调运、装箱、拆箱、还箱等业务。

（4）增加了集装箱单证，如装箱单、装箱证明单、设备交接单等。

（5）运费计收方法特别。

（6）货物交接地点更多。

2. 公路集装箱货源组织形式

（1）计划调拨运输：这是集装箱货源组织最基本的形式，就是由公路运输代理公司或配载中心统一受理由口岸进出口集装箱货源，由代理公司或配载中心根据各集卡公司的车型、运力等情况，统一调配运输计划。

（2）合同运输：合同运输是由船公司或货主与集卡公司签订合同，确定某一段时间运箱量多少的货源组织形式。

（3）临时托运：临时托运主要是一些短期的、临时的客户托运的集装箱，但也是集卡组货的一个不可缺少的货源组织形式。

3. 集装箱出口公路进港发送作业流程

（1）受理托运。托运人向承运人填报托运单，目前通用的做法是托运人（通常是货运代理人）将海运订舱单传给承运车队，车队审查装卸货地点、提空箱及发重箱地点后，接受委托。

（2）编制运输计划。汇总计划，与货运代理或船舶代理联系向谁提取空箱。

（3）换取提箱单。持加盖承运公司公章的订舱单到船舶代理公司换取提箱单。检查核对订舱单号、提空箱地点和发重箱地点、结关期。

（4）领取空箱。将提箱单送交集装箱码头换取集装箱设备交接单、集装箱装箱单和封具，按提箱地点的工作时间提取空箱，提箱后将箱号、封号通知货运代理和船舶代理。

（5）运送空箱。将空箱连同装箱单、铅封运往发货人仓库或货运代理指定的货运站。

（6）重箱进港。货运站装箱时，货运代理应到场监装并办理海关、商检手续。装毕加封后将重箱连同已签署的装箱单运往集装箱码头堆场或指定地点待装船。同时将装箱单和设备交接单交集装箱码头办理交接手续，取得交付收据。

（7）结算运费。将箱号、封号、订舱号、码头交付收据传真给货运代理和船舶代理，交付收据转交财务结算费用。

4. 集装箱进口公路出港送达作业流程

（1）受理托运。目前通用的做法是托运人（通常是货运代理人）将集装箱放行提单作为托运手续凭证送达承运人，注明船名、箱型、箱数、箱号、收货人地址和电话及运输要求。

（2）编制运输计划。承运人汇总计划，据此向货运代理人和船舶代理人联系提取重箱。了解是否转关，以及重箱箱型、箱号、重量、数量。

（3）提取重箱。将进口运输通知单、提箱单送交集装箱码头，换取集装箱设备交接单，提取重箱。向集装箱箱管代理交压箱费。

（4）运送重箱。整箱货运送到收货人仓库或工厂，由收货人安排卸箱。拼箱运到货运代理指定的货运站，由货运站拆箱。

(5) 退送空箱。整箱和拼箱卸空后，将空箱附设备交接单运送回集装箱码头或船公司代理指定的地点，退回押箱费用。

(6) 集装箱交接。退送空箱时，经检验无误后，取回集装箱退还回单。

(7) 运送拼箱货物。集装箱拼箱货拆箱卸下，由货运代理人经过外轮理货公司理货后，交承运车队运送至各个收货人。

二、公路运输货运代理业务流程（见图5-15）

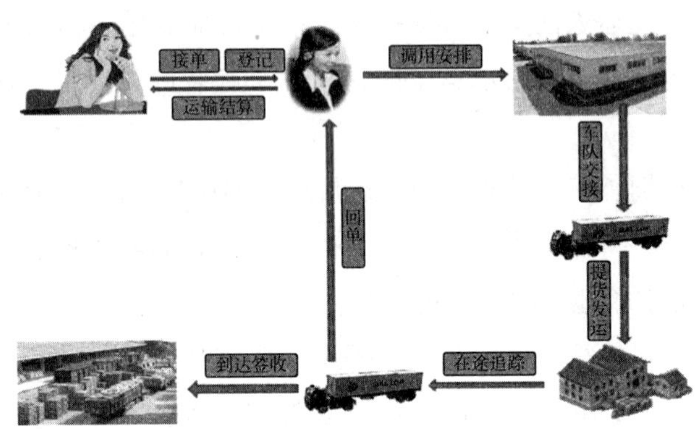

图5-15　公路运输货运代理业务流程

（一）接单

公路运输主管从客户处接受（传真）运输发送计划，公路运输调度从客户处接出库提货单证并及时核对单证。

（二）登记

运输调度在登记表上分送货目的地、分收货客户、标定提货号码。司机（指定人员及车辆）到运输调度中心拿提货单，并在运输登统本上确认签收。

（三）调用安排

填写运输计划、运输在途、送到情况，追踪反馈表，并用电脑输出相应的单据。

（四）车队交接

根据送货方向、重量、体积统筹安排车辆。报运输计划给客户处，并确认到厂提货时间。

（五）提货发运

按时到达客户提货仓库，检查车辆情况，办理提货手续。提货完毕时，注意盖好车棚，锁好箱门，办好出厂手续，并及时电话通知收货客户预达时间。

（六）在途追踪

建立好收货客户的档案。司机及时反馈途中信息，与收货客户通过电话保持联系，及时通报送货情况。认真填写跟踪记录，有异常情况立即与客户取得联系。

（七）到达签收

通过电话或传真确认到达时间。司机将回单通过邮政速递或发传真返给运输公司，签收运输单，定期将回单送至客户处。将当地市场的情况及时反馈给客户。

（八）回单

按时准确到达指定卸货地点，将货物交接给收货客户，尽量做到百分之百签收，保证运输产品的数量和质量与客户出库单一致，并帮助了解收货人对客户产品在当地市场的销售情况。

（九）运输结算

整理好收费的各种票据，做好收费汇总表交至客户，经客户确认后交回结算中心。结算中心开具发票，向客户收取运费及相关费用。

三、国际公路联运单据

（一）公路货物运单的含义

公路货物运单是公路货物运输及运输代理的合同凭证，是运输经营者接收货物并在运输期间负责保管和据以交付的凭据，也是记录车辆运行和行业统计的原始凭证。

（二）公路货物运单的种类

公路货物运单分为甲、乙、丙三种。甲种运单适用于普通货物、大件货物、危险货物等货物运输和运输代理业务；乙种运单适用于集装箱汽车运输；丙种运单适用于零担货物运输。

国际公路货物运输合同公约（CMR）运单一式三联。发货人和承运人各持运单的第一、第三联，第二联随货物走。CMR 运单不是议付或可转让的单据，也不是所有权凭证。

（三）公路货物运单的签发

运输合同应以签发运单来确认。无运单、运单不正规或丢失不影响运输合同的成立或有效性。

运单应签发有托运人（发货人）和承运人签字的三份正本，这些签字可以是印刷的或经运单签发国的法律允许，可由托运人（发货人）和承运人以盖章代替。第一份应交托运人（发货人），第二份应交付跟随货物，第三份应由承运人留存。当待装货物在不同车内或装有不同种类货物或数票货物，托运人（发货人）或承运人有权要求对使用的每辆车、每种货或每票货分别签发运单。

（四）公路货物运单的内容

公路货物运单应包括下列事项。

（1）运单签发日期和地点。

（2）托运人（发货人）名称和地址。

（3）承运人名称和地址。

（4）货运接管的地点及日期和指定的交付地点。

（5）收货人名称和地址。

（6）一般常用的货物品名和包装方法，如属危险货物，说明通常认可的性能。

（7）件数和其特殊标志和号码。

（8）货物毛重或以其他方式表示的数量。

（9）与运输有关的费用（运输费用、附加费用、关税和从签订合同到交货期间发生的其他费用）。

（10）办理海关和其他手续所必需的通知。

（11）不管有任何相反条款，该运输必须遵照有关国际公约各项规定的说明。

（12）不允许转运的说明。

（13）托运人（发货人）负责支付的费用。

（14）“现款交货”费用的金额。

（15）货物价值和交货优惠利息金额的声明。

（16）托运人（发货人）关于货物保险所给予承运人的指示。

（17）议定的履行运输的时效期限。

（18）交付承运人的单据清单。

此外，还可以在运单上列上认为有用的其他事项。

（五）公路货物运单的填写要求

（1）一张运单托运的货物必须是同一托运人；对拼装分卸的货物应将每一拼装或分卸情况在运单记事栏内注明。

（2）易腐、易碎、易溢漏的液体、危险货物与普通货物，以及性质相抵触、运输条件不同的货物，不得用一张运单托运。

（3）一张运单托运的件货，凡不是具备同品名、同规格、同包装的以及搬家货物，应提交物品清单。

（4）托运集装箱时应注明箱号和铅封印文号码，接运港、站的集装箱，还应注明船名、航次或车站货箱位，并提交装箱清单。

（5）轻泡货物按体积折算重量的货物，要准确填写货物的数量、体积、折算标准、折算重量及其有关数据。

（6）托运人要求自理装卸车的，经承运人确认后，在运单内注明。

（7）托运人委托承运人向收货人代递有关证明文件、化验报告或单据等，需在托运人记事栏内注明名称和份数。

（8）托运人对所填写的内容及所提供的有关证明文件的真实性负责，并签字盖章；托运人或承运人改动运单时，亦须签字盖章说明。

（9）托运货物时应注意：①在普通货物中不得夹带危险、易腐、易溢漏货物和贵重物品、货币、有价证券、重要票据；②托运超限货物，托运方应提供该货物的说明书；鲜活物品，托运方需向车站说明最长的允许运输期限；托运政府法令禁运、限定以及需要办理卫生检疫、公安监理等手续的货物，应随附有关证明。

简单实训

某物流公司承揽了四项货物运输任务，分别是：第一项是从上海到赞比亚（非洲）的50千克发电厂急需零件；第二项是从青岛到美国各主要城市的1000台电冰箱；第三项是从天津某食用油工厂到乌鲁木齐的500箱食用油；第四项是将某牛奶工厂在方圆50千米内收购的牛奶配送到本地超市。现假定你是这家物流公司的运输管理人员，要求从客户利益出发，为客户选择合理运输（联运）方式。

1. 公司承揽的第一项运输任务，应选择（　　）方式。

A. 公路运输　　B. 铁路运输　　C. 水路运输　　D. 航空运输

E. 管道运输

2. 公司承揽的第二项运输任务，除了在海上运输选择远洋集装箱运输外，在美国本土应选择（　　）方式。

A. 公路或铁路集装箱运输　　B. 航空快递运输

C. 内河集装箱运输　　D. 公路零担运输

E. 水陆联运

3. 公司承揽的第三项运输任务，在无须中转的情况下，应选择（　　）方式。

A. 公路运输　　B. 水路运输　　C. 铁路运输　　D. 航空运输

E. 管道运输

4. 公司承揽的第四项运输任务，应选择（　　）方式。

A. 公路运输　　B. 水路运输　　C. 铁路运输　　D. 航空运输

E. 管道运输

5. 选择运输方式的主要依据是（　　）。

A. 各种运输方式的技术经济特征

B. 各种运输方式的优缺点以及适用范围

C. 各种运输方式的技术速度

巩固提升

一、单项选择题

1. 我国将公路线路分为（　　）。

A. 三级　　B. 四级　　C. 五级　　D. 六级

2. （　　）运输的主要特点是一票托运量小，运批次多，托运时间和到站分散。

A. 整车货物　　B. 零担货物　　C. 特种货物　　D. 集装箱

3. 我国国境站与蒙古国的边境车站邻接的是（　　）。

A. 满洲里　　B. 二连浩特　　C. 图们　　D. 凭祥

4. 我国经铁路运往俄罗斯的货物通常采用（　　）。

A. 国内铁路运单　　B. 国际铁路货约运单

C. 国际多式联运提单　　D. 国际铁路货协运单

5. 对铁路运输的优点，描述不正确的是（　　）。

A. 速度快　　B. 可靠性高　　C. 灵活机动　　D. 准确性强

二、多项选择题

1. 铁路机车按原动力可分为（　　）。

A. 蒸汽机车　　B. 内燃机车　　C. 电力机车　　D. 棚车

2. 目前，国际铁路货物运输公约主要的两个公约是（　　）。

A. 《国际货约》　　B. 《统一货价》

C. 《国境铁路协定》　　D. 《国际货协》

3. 国际铁路联运费用由（　　）构成。

A. 发送路运送费用　　B. 到达路运送费用

C. 装卸费用　　D. 过境运送费用

4. 下列口岸中，（　　）是中朝过境运输的公路口岸。

A. 畹町　　B. 丹东　　C. 二连浩特　　D. 珲春

5. 公路运输的特点包括（　　）。

A. 运输量大　　B. 换装环节少，运输速度较快

C. 机动灵活，简捷方便　　D. 适宜长、短距离运输

E. 可实现直达“门到门”运输

三、技能题

某托运人从西安西站发送锦州站暖水瓶 5 件，搪瓷杯 10 件，共重 364 千克，总体积 1.2 立方米，从西安西站发送锦州站 1698 千米。暖水瓶运价号为 22，搪瓷杯为 21，因而选择 22，发到基价为 0.236 元/10 千克，运行基价为 0.0014 元/10 千克，请计算运费。

模块六　国际货运代理方案设计

学习目标

知识目标： 1. 掌握国际海洋货运代理进出口业务流程、单据、操作规范；
2. 掌握国际航空货运代理进出口业务流程、单据、操作规范。

技能目标： 1. 能够设计并执行国际海洋货运进出口代理业务方案；
2. 能够设计并执行国际航空货运进出口代理业务方案。

任务一　国际海洋出口货运代理业务方案设计

任务导入

小赵是大连昊宇国际货运代理有限公司的操作人员，专门为客户提供货运代理业务服务，现有客户业务情况如下。

辽宁服装进出口有限公司（4401247321）出口一批 PANTY 至 NHAVA SHEVA。辽宁服装进出口有限公司向大连昊宇国际货运代理有限公司询问相关服务价格，若报价满意准备将该笔业务委托大连昊宇国际货运代理有限公司全权办理货物的货运代理手续。

相关知识

一、接受货主询价

小赵首先办理报价业务。

（一）必用知识

1. 需要了解世界各大船公司并掌握其优势航线和基本点。
2. 了解发货港至各大洲、各大航线常用的及货主需服务的港口价格。
3. 了解客户询价的贸易条款。
4. 了解陆上运输成本。

（二）操作步骤

1. 询问海运价格

昊宇国际货运代理有限公司小赵，根据客户给出的信息：查看各船公司船期表，选择与客户要求一致的船公司，并打电话询问海运价格。

客户信息如下：

（1）目的地：NHAVA SHEVA。

（2）贸易条款：CIF。

（3）货物品名：裤子。

（4）箱型：20GP。

（5）货物重量：2832KG。

2. 陆运询价

昊宇国际货运代理有限公司小赵，根据客户给出的货物信息以及工厂地址，计算千米数，询问车队陆上运输成本价格。

3. 正式报价

TO 辽宁服装进出口有限公司　　　　FM 昊宇国际货运代理有限公司

CIF NHAVA SHEVA

起运港：DALIAN

目的港：NHAVA SHEVA

海运费：USD 350

港杂费：CNY 169

订舱费：CNY 200

单证费：CNY 450

THC：CNY 770

文件费：CNY 50

电放费：CNY 300

报关代理费：CNY 200

报检代理费：CNY 200

外理费：CNY 20

提箱费：CNY 240

保险费：0.3%

路上运输费：CNY 1200

VAT：6%

如果产生其他费用实报实销

以上报价截至2018年9月30日

二、接单

辽宁服装进出口有限公司对报价很满意，同意昊宇国际货运代理有限公司代理本批货运的出口业务。此时，昊宇国际货运代理有限公司小赵从辽宁服装进出口有限公司获取了订舱委托书。

（一）接受货主委托

接受货主委托后（一般为邮件或传真形式）需明确以下重点信息。

①船公司：MSK。

②船期：周五。

③到达口岸：NHAVA SHEVA。

④件数：183CTNS。

⑤重量：2832KGS。

⑥体积：16.2CBM。

⑦箱型：1×20GP。

⑧做箱要求：外拖（还有一种是场地装箱）。

⑨付款条款：预付运费CIF。

（二）订舱委托书的内容

订舱委托书没有固定格式，不同进出口公司缮制委托书不尽相同，但主要内容都要包含在内。其中主要包括托运人、收货人、装货港、卸货港、唛头、货物描述、货物毛重、货物体积、运费的支付方式、所订船期、订舱联系人、提货地址及其他特殊要求等。

SHIPPING INSTRUCTION

Material：PANTY

Quantity：2832KG

Shipper：DALIAN GARMENT CO.，LTD.

Consignee：AF Resources Corp.

P. O. Box 8091

Notify Party：AF. Steer & Co.

28 S. 2nd Street

Shipping Marks：N/M

三、舱位通知

昊宇国际货运代理有限公司小赵订完舱后等待船公司舱位通知。

订舱通知单

BOOKING ADVICE

尊敬的客户：

您好！

您委托我司出口到 NHAVA SHEVA 订舱信息如下：

船名/航次：MARSTAL MAERSK 642W（IMO 号码：9619971）

中文船名：美途马士基

订舱号：188PSTSTD64555

提单号：MSCUDV880555

箱量：1×20GP

预计离港时间：10－21

入港时间：周二 19：00—周三 17：00 入港

靠泊码头：二期码头

入港清单截止时间：周二 14：00

报关截止时间：周四 16：00（海关放行指令到达码头）

截单时间：周四 11：00（过时回复收取晚单费 450）

开放箱单地址：大连外代　联系人：刘殊丹　TEL：82513015

普柜及特种箱集龙场地：集龙　邵佳丽　62789906

冷藏验箱国际场地：付先生　87597245　15842469791

箱持有人代码：MSC

四、做箱

由于该票货物采用外拖，昊宇国际货运代理有限公司小赵委托有海关手续的车队从船公司指定提箱场地把集装箱托运到客户指定工厂装货。

（1）车队拿着配载回单，到船公司开放箱单。

（2）到船公司的放箱场地提箱。①车队调度安排司机去实施提箱工作，并将客户的需求传达给司机。入场地提箱时需要填写设备交接单；②司机现场检查出口集装箱箱况标准（根据不同客户对集装箱的要求制定不同标准）；③如发生不符合客户标准的集装箱，司机将拒绝提空箱，首先向放箱场地提出更换，如更换要求被拒，由公司操作员向客户指定船公司协调更换一事；④将符合客户标准的出口集装箱调到内陆城市。

司机现场检查出口集装箱箱况，表 6 – 1 是装货工厂对装货集装箱箱况的要求，车队进厂前由提箱司机填写以下集装箱状况检查表，如表 6 – 1 所示。

表 6 – 1　出口集装箱状况检查表

货代：		
集装箱号：		
请分别对应如下项目进行集装箱的状况检查并一一确认，并将此确认单在办理提货手续时交至发运人员		
检查项目	货代检查	工厂装箱人员检查
箱体外观完好无损，无严重锈迹	□	□
开闭箱门，检查集装箱的活动部分、胶垫及箱门开关是否良好	□	□
地板平整，无突出铁钉或木板或凸起物	□	□
集装箱内壁不能有铁钉，挂钩等凸起物及严重锈蚀	□	□
集装箱内壁和底板保持干燥，不能潮湿	□	□
进入箱体内检查顶部，侧面和角度是否透光确定密封性良好	□	□
箱体内：无泥土	□	□
无昆虫	□	□
无虫害	□	□
无杂粮	□	□
无树皮	□	□

续 表

检查项目	货代检查	工厂装箱人员检查
无霉变，无蓝变	□	□
无其他杂物	□	□
无表面油污（戴上手套触摸无油污）	□	□
无刺鼻气味（人未感到不适）	□	□
无表面明显浮尘	□	□
确定人：	□	□
检查结果： □使用 □退箱	□	□
审核人：	□	□
注意： ①货代提供的集装箱必须达到上述规范，请在到工厂装箱前检查并确认； ②工厂装货时需按上述规范检查集装箱状况并确认签字，若未达到状况的，请做退箱处理，产生的相关费用由货代自行承担； ③清扫时不能使用高粱秆制作的扫帚，应使用工具吸尘器或塑料扫帚。		

进入内陆城市工厂前箱子要符合以上标准，同时拍照留存。如到工厂后发生因箱况不符合要求而拒绝装货的情况，车队需自行修理或更换箱子，因此产生的费用由车队自行承担。

（3）到货主指定地点提货装箱。

①按客户指定的地点和规定的时间派车提货。

②最晚在提货时间当天车辆到厂以前，将当天的提货信息整理成表并发邮件。提货信息内容包括：提货时间、提单号以及对应箱/封号、提货车号、司机姓名及电话、提货地点。

③提货时司机携带海运封，海运封与箱号信息需对应。

④提货以海运封为准。司机不负责清点货物数量，对货物质量及外包装不承担任何责任。

（4）返程。重箱从工厂出发以后直接返回口岸车队指定场地或直接入港，需要给车队提供准确的入港信息（如船名/航次，以及入港时间和所靠码头）。由于船公司的原因更改入港时间、入港码头的需第一时间通知入港车队，避免造成因入港错误而产生的拖车费用。

拓展链接

场地装箱（内装）

（1）场地处于海关的监管范围，集装箱上船前统一堆存，便于海关、船公司的管理。

集装箱场地按地点分为两种，一种是货物通关前的集中地，另一种是货物通关入港后的集中堆场。区别在于职能不同，前者所指的场地能提供具体相应的服务，而后者所指的场地就是单一的集装箱堆场，目的是方便集装箱船舶挂靠时，有计划有次序地将集装箱整齐地集中堆放。

（2）集装箱场地作业遵循先进先出的原则，否则会造成空箱长期积压，超过规定时间船公司要向场地交纳超期堆存费。

（3）内装由船公司指定或者客户自行安排装箱场地，货物用散货车提离工厂，运到指定场地或仓库后装进集装箱中并对此货物进行加固。散货车司机送货凭证也以配舱回单为主。发货时间先于截载时间的2～3天排好车班。

五、办理出口报关、报检手续

昊宇国际货运代理有限公司小赵安排完入港手续后，把所有单据交给报关行，由报关行办理报检、报关手续。

六、提单的确认和修改

（1）昊宇国际货运代理有限公司小赵按照船公司要求，制作出提单样本，以邮件或传真的形式发送给客户确认提单信息，并保留客户最终确认的提单（留底）。

（2）客户确认完提单内容，问明客户“提单”的发放形式：是采用电放形式还是签发正本提单，是否出具船证等。

（3）船公司改单有截单期，超过截单期后改单，船公司需要收取相应的改单费，为了区别风险和责任，要求客户出具一份改单保函（船公司有固定格式）。

七、办理海运保险

昊宇国际货运代理有限公司小赵根据该票货物的成交方式（CIF），判断需要帮客户办理海运保险，根据合同的要求，小赵帮客户选择了保险公司及符合合同要求的险别险种。

八、签单

昊宇国际货运代理有限公司小赵收到船公司的通知，可以领取正本提单。小赵领取了正本提单三正三副，认真查看了正本提单的证章是否齐全，确认无误后小赵准备结算完成后将正本提单交给客户。

九、费用结算

船舶正常离港，根据报价小赵与客户开始结算相关费用，费用结算完成后，昊宇国际货运代理有限公司小赵终于完成该票货运的出口代理业务。

任务二　国际航空出口货运代理业务方案设计

任务导入

寰宇公司是全国最大的 HOSPITAL UNIFORM 出口企业之一，公司生产各种型号的 HOSPITAL UNIFORM，产品出口到很多国家，与众多用户建立了长期良好的合作关系。日本 FUBU COMPANY 与寰宇公司是合作多年的业务伙伴。2016 年 12 月 5 日，寰宇公司和 FUBU COMPANY 签订了一份进口 HOSPITAL UNIFORM 的销售合同，并且 FUBU COMPANY 已于 2016 年 12 月 28 日开出了信用证。

寰宇公司委托昊宇国际货运代理有限公司为其代理出口 HOSPITAL UNIFORM 空运出口业务。昊宇国际货运代理有限公司经理派操作员王畅完成该票代理业务的操作。

作为货运代理的操作员王畅首先需要熟悉空运出口业务流程，明确出港过程中货运代理与航空公司、托运人等在出口业务中的协作关系，最后完成出港业务的操作。

相关知识

一、委托运输

发货人委托货运代理承办航空货运出口货物时，应首先填写国际货物托运书（见表 6－2），并加盖公章，作为发货人委托代理承办航空货运出口货物的依据。国际货物托运书（Shippers Letter of Instruction，SLI）是一份重要的法律文件，文件上列有填制货运单所需的各项内容，并应印有授权于承运人或其他代理人代其在货运单上签字的文字说明。该票货物的托运人为寰宇公司（HUANYU COMPANY）。

表 6－2

航空货物托运书

SHIPPER'S LETTER OF INSTRUCTION

托运人姓名及地址 SHIPPER'S NAME AND ADDRESS	托运人账号 SHIPPER'S ACCOUNT NUMBER	供承运人用 FOR CARRIER USE ONLY	
HUANYU COMPANY NO. 128 ZHONGSHEAN XILU，NANJING		航班/日期 FLIGHT/DAY	航班/日期 FLIGHT/DAY
收货人姓名及地址 CONSIGNEE'S NAME AND ADDRESS	收货人账号 CONSIGNEE'S ACCOUNT NUMBER	已预留吨位 BOOKED	
FUBU COMPANY 6－2 OHTEMACHI， 1－CHOME，CHIYADA－KU， TOKYO		运费 CHARGES	
代理人名称和城市 Issuing Carrier Agent Name and City		ALSO notify：	
始发站 AIRPORT OF DEPARTUER NANJING			
到达站 AIRPORT OF DESTINATION TOKYO			

托运人声明及价值 SHIPPER'S DECLARED VALUE		保险金额 AMOUNT OF INSURANCE	所附文件 DOCUMENTS TO ACCOMPANY AIR WAYBILL
供运输用 FOR CARRIAGE NVD	供海关用 FOR CUSTOMS		

处理情况（包括包装方式、货物标志及号码等）
HANDLING INFORMATION（INCI. ME THOD OF PACKING IDENTIFYING MARKS AND NUMBERS. ETC）

件数 NO. OF PACKAGES	实际毛重（千克） ACTUAL CROSS WEIGHT（kg）	运价类别 RATE CLASS	收费重量（千克） CHARGEABLE WEIGHT（kg）	费率 RATE/CHARGE	货物品名及数量（包括体积或尺寸） NATURE AND QUANTITY OR GOODS（INCI. DIMENSIONS OF VOLUME）
88CTNS	1232. 00	Q	1232		5250PCS HOSPITAL UNIFORM DIM：4. 2CBM

二、审核单证

货运代理公司在接受托运人委托后，要对托运人提供的有关单据进行审核。所要审核的单证根据贸易方式、信用证要求等有所不同，一般主要包括商业发票、装箱单、托运书、报关单、外汇核销单、许可证、商检证、进料/来料加工核销本、索赔/返修协议、关封、到付保函等。

三、预配舱、预订舱

1. 预配舱

代理人汇总所接受的委托和客户的预报，并输入计算机，计算出各航线的件数、重量、体积，按照客户的要求和货物情况，根据各航空公司不同机型对不同板箱的重量和高度要求，制订预配舱方案，并对每票货配上运单号。昊宇国际货运代理有限公司操作员王畅填写的混载货物拼装清单，如表6－3所示。

表6－3　　混载货物拼装清单

总运单号：	999－76485211	航班号：	CA2045	装订号：01
序号	货名	件数	重量（千克）	体积（立方米）
1	HOSPITAL UNIFORM	88CTNS	1232	4.2
分运单票数：1	总计：	88CTNS	1232KGS	4.2CBM
经办员签章：			报关日期： 报关员签章：	20170117

2. 预订舱

操作员王畅根据所制订的预配舱方案，按航班、日期打印出总运单号、件数、重量、体积，向航空公司预订舱。填写订舱预报单，如表6－4所示。

表6－4　　订舱预报单

运单号	件数/数量	重量	体积	品名	目的港	预订航班日期
999－76485211	88CTNS	1232KGS	4.2CBM	HOSPITAL UNIFORM	TOKYO	20170118

四、接收单证

货运代理接受托运人或其他代理人送交的已经审核确认的托运书及报关单证和收货凭证，将电脑中的收货记录与收货凭证核对。制作操作交接单，填上所收到的各种报关单证份数，给每份交接单配一份总运单或分运单。

五、填制货运单

填写航空货运单的主要依据是发货人提供的国际货物托运书，应逐项填制航空货运单的相应栏目。填制航空货运单是空运出口业务中最重要的环节，货运单填写的准确与否直接关系到货物能否及时、准确地运达目的地。航空货运单是发货人结汇的主要有效凭证，因此货单的填写必须详细、准确，严格符合单货一致、单单一致的要求。

货运单包括主运单（见表6-5）和分运单（见表6-6）两种。所托运货物，如果是直接发给国外收货人的单票托运物，填开航空公司运单即可。如果货物属于以国外代理人为收货人的集中托运货物，必须先为每票货物填开航空货运代理公司的分运单，然后再填开航空公司的主运单，以便国外代理对总运单下的各票货物进行分拨。

六、接收货物

接收货物是指航空货运代理公司把即将发运的货物从发货人手中接过来，并运送到自己的仓库。接收货物一般与接单同时进行。接货时应对货物进行过磅和丈量，并根据发票、装箱或送货单点货物，核对货物的数量、品名、合同号或唛头等是否与货运单上所列一致，同时检查货物的外包装是否符合运输的要求。

七、标记和标签

1. 标记

标记包括：托运人及收货人的姓名、地址、联系电话、传真、合同号、操作（运输）注意事项。

2. 标签

航空公司标签上的前三位阿拉伯数字是所承运航空公司的代号，后八位数字是总运单号码。分标签是代理公司对出具分标签的标志，分标签上应有分运单号码和货物到达城市或机场的三字代码。

一件货物贴一张航空公司标签（见图6-1），有分运单的货物，再贴一张分标签（见图6-2）。

表 6－5　　航空主运单

999 | 7648 | 5211　　　　999—

Shipper's Name and Address	Shipper's Account Number	Not Negotiable Air Waybill Issued by	中国国际航空公司 AIR CHINA BEIJING CHINA
HAO YU INTERNATIONAL FREGHT AGENCY CO., LTD QIXIA JING'AN DISTRICT SOUTH STREET VILLAGE, NANJING		Copies 1, 2 and 3 of this Air Waybill are originals and have the same validity.（6）	
Consignee's Name and Address SAKURA CORP 1060 MING TO-KU TOKYO, JAPAN	Consignee's Account Number	It is agreed that the goods described herein are accepted for carriage in apparent good order And condition (except as noted) and SUBJECT TO THE CONDITIONS OF CONTRACT ON THE REVERSE HEREOF. ALL GOODS MAY BE CARRIED BY AND OTHER MEANS INCLUDING ROAD OR ANY OTHER CARRIER UNLESS SPECIFIC CONTRARY INSTRUCTIONS ARE GIVEN HEREON BY THE SHIPPER. THE SHIPPER'S ATTENTION IS DRAWN TO THE NOTICE CONCERNING CARRIER'S LIMITATION OF LIABILITY. Shipper may increase such limitation of liability by declaring a higher value for carriage and paying a supplemental charge if required.	
Issuing Carrier's Agent Name and City		Accounting Information FREIGHT PREPAID	
Agent's IATA Code	Account No.		
Airport of Departure (Addr. of First Carrier) and Requested Routing NANJING			

To	By First Carrier Routing and Destination	to	by	to	by	Currency	Code	WT/VAL PPD	WT/VAL COLL	Other PPD	Other COLL	Declared Value for Carriage	Declared Value for Customs
NRT	CA					CNY		×		×		NVD	NCV

Airport of Destination	Flight/Date For carrier Use Only	Flight/Date	Amount of Insurance	INSURANCE - If Carrier offers insurance, and such insurance is requested in accordance with the conditions thereof, indicate amount to be insured in figures in box marked "Amount of Insurance."
TOKYO NARITA	CA2045	JAN. 18, 2016		

Handing Information

(For USA only) These commodities licensed by U.S. for ultimate destination .... Diversion contrary to U.S. law is prohibited

No of Pieces RCP	Gross Weight	Kg lb	Rate Class	Commodity Item No.	Chargeable Weight	Rate Charge	Total	Nature and Quantity of Goods (incl. Dimensions or Volume)
88CTNS	1232	K	Q		1232	18	22176	HOSPITAL UNIFORM MESA: 4.20CBM
88CTNS	1232						22176	

Prepaid	Weight Charge	Collect	Other Charges
22176			AWA: 50
	Valuation Charge		
	Tax		
	Total other Charges Due Agent		Shipper certifies that the particulars on the face hereof are correct and that insofar as any part of the consignment contains dangerous goods, such part is properly described by name and is in proper condition for carriage by air according to the applicable Dangerous Goods Regulations.
50			
	Total other Charges Due Carrier		HAO YU INTERNATIONAL FREGHT AGENCY CO., LTD JAN 16, 2017 NANJING Signature of Shipper or his Agent
Total Prepaid	Total Collect		
22226			
Currency Conversion Rates	CC Charges in Dest. Currency		Executed on (date)　at(place)　Signature of Issuing Carrier or its Agent
For Carrier's Use only at Destination	Charges at Destination	Total Collect Charges	999—

表 6－6　　　　**航空分运单**

HY20161205

Shipper's Name and Address	Shipper's Account Number	
HUANYU COMPANY NO. 128 ZHONGSHEAN XILU , NANJING		昊宇国际货运代理有限公司 Copies 1, 2 and 3 of this Air Waybill are originals and have the same validity.
Consignee's Name and Address FUBU COMPANY 6-2 OHTEMACHI, 1-CHOME, CHIYADA-KU, TOKYO	Consignee's Account Number	It is agreed that the goods described herein are accepted for carriage in apparent good order And condition (except as noted) and SUBJECT TO THE CONDITIONS OF CONTRACT ON THE REVERSE HEREOF. ALL GOODS MAY BE CARRIED BY AND OTHER MEANS INCLUDING ROAD OR ANY OTHER CARRIER UNLESS SPECIFIC CONTRARY INSTRUCTIONS ARE GIVEN HEREON BY THE SHIPPER. THE SHIPPER'S ATTENTION IS DRAWN TO THE NOTICE CONCERNING CARRIER'S LIMITATION OF LIABILITY. Shipper may increase such limitation of liability by declaring a higher value for carriage and paying a supplemental charge if required.
Issuing Carrier's Agent Name and City		Accounting Information FREIGHT PREPAID
Agent's IATA Code	Account No.	
Airport of Departure (Addr. of First Carrier) and Requested Routing NANJING		

To	By First Carrier Routing and Destination	to	by	to	by	Currency	CHGS Code	WT/VAL PPD	WT/VAL COLL	Other PPD	Other COLL	Declared Value for Carriage	Declared Value for Customs
NRT	CA					CNY		×		×		NVD	NCV

Airport of Destination	Flight/Date For carrier Use Only	Flight/Date	Amount of Insurance	INSURANCE - If Carrier offers insurance, and such insurance is requested in accordance with the conditions thereof, indicate amount to be insured in figures in box marked "Amount of Insurance."
TOKYO NARITA	CA2045	JAN. 18, 2016		

Handing Information

(For USA only) These commodities licensed by U.S. for ultimate destination ....Diversion contrary to U.S. law is prohibited

No of Pieces RCP	Gross Weight	Kg lb	Rate Class	Commodity Item No.	Chargeable Weight	Rate Charge	Total	Nature and Quantity of Goods (incl. Dimensions or Volume)
88CTNS	1232	K	Q		1232		AS ARRANGED	HOSPITAL UNIFORM MESA: 4. 20CBM
88CTNS	1232							

Prepaid	Weight Charge	Collect	Other Charges
		AS ARRANGED	
	Valuation Charge		
	Tax		
	Total other Charges Due Agent		Shipper certifies that the particulars on the face hereof are correct and that **insofar as any part of the consignment contains dangerous goods, such part is properly described by name and is in proper condition for carriage by air according to the applicable Dangerous Goods Regulations.**
	Total other Charges Due Carrier		HAO YU INTERNATIONAL FREIGHT AGENCY CO., LTD JAN 16, 2017 NANJING Signature of Shipper or his Agent
Total Prepaid		Total Collect	
Currency Conversion Rates		CC Charges in Dest. Currency	Executed on (date) at(place) Signature of Issuing Carrier or its Agent
For Carrier's Use only at Destination		Charges at Destination	Total Collect Charges

Air Waybill No.	999－76485211
DESTINATION NRT，TOKYO，JAPAN	TOTAL NO. OF PIECES 88CTNS

图6－1　航空公司标签

昊宇国际货运代理有限公司		
MASTER AWB NO.	999－76485211	
HOUSE AWB NO.	HY20161205	
FROM：NANJING	TO：FINAL DESTINATION NRT，TOKYO，JAPAN	TOTAL NO. OF PIECES 88CTNS

图6－2　分标签

八、配舱

配舱时需运出的货物都已入库。昊宇国际货运代理有限公司操作员王畅接收寰宇公司的该批 HOSPITAL UNIFORM，核对货物的实际件数、重量、体积与托运书上的预报数量无差别。然后核对了预订的舱位、板箱，确认搭配合理，按照航班机型、板箱型号、高度、数量进行了配载。

九、订舱

操作员王畅依照发货人的要求选择了最佳的航线和承运人，然后领取并填写订舱单向航空公司申请舱位，向航空公司提供了包括货物的名称、体积、重量、件数、目的地，要求出运的时间等的信息。航空公司根据情况安排舱位和航班。操作员王畅还为寰宇公司争取了最合理的运价，以便维护客户，争取长期合作。

订舱后，航空公司签发了舱位确认书（舱单），同时给予了装货集装器领取凭证，以表示舱位订妥。

AIR CARGO MANIFEST

MAWB NO.	DEPARTURE	DESTINATION	AIRPORT OF DESTINATION	FLIGHT/DATE
999－76485211	NANJING	NRT	TOKYO NARITA	CA2045/JAN. 18，2017

SHIPPER'S NAME AND ADDRESS	CONSIGNEE'S NAME AND ADDRESS
HAO YU INTERNATIONAL FREGHT AGENCY CO.，LTD QIXIA JING'AN DISTRICT SOUTH STREET VILLAGE，NANJING	SAKURA CORP 1060 MING TO－KU TOKYO，JAPAN

续 表

HAWB NO.	SLAC	NO. OF PKG	WT. IN KG	COMMODITY	NAME AND ADDRESS	
					SHIPPER	CONSIGNEE
HY20161205	88	88	1232	HOSPITAL UNIFORM	HUANYU COMPANY NO. 128 ZHONGSHEAN XILU，NANJING	FUBU COMPANY 6－2 OHTEMACHI，1－CHOME，CHIYADA－KU，TOKYO
TOTAL：	88	88	1232			

十、出口报关

昊宇国际货运代理有限公司操作员王畅制作报关委托书，把所有单据交给报关行，由报关行办理报关手续。

十一、出仓单

配舱方案制订后操作员王畅就可着手编制出仓单（见表6－10），其中包括出仓单的日期、承运航班的日期、装载板箱形式及数量、货物进仓顺序编号、总运单号、件数、重量、体积、目的地三字代码和备注等。

出仓单交给出口仓库，用于出库计划，出库时点数并向装板箱交接。

表6－7　出仓单

运单号	件数	重量	目的港	板号
HY20161205	88CTNS	1232 千克	NRT	PMC3728
日期 2017. 01. 15	航班 CA2045			

十二、提板箱装货

订妥舱位后，航空公司吨控部门根据货量出具了发放“航空集装箱、板”凭证，操作员王畅凭此向航空公司箱板管理部门领取了集装板办理相应的手续。

注：提板、箱时，应领取相应的塑料薄膜和网。对所使用的板、箱要登记、消号。

十三、签单

货运单在盖好海关放行章后操作员王畅到航空公司签单。航空公司对运价及货物的性质进行了审核。

注：如货物为危险品等需要办理相应的证明和手续。

十四、交接发运

操作员王畅签单完成后将单、货交给航空公司，接下来就由航空公司安排航空运输。

注：交单就是将随机单据和应由承运人留存的单据交给航空公司。随机单据包括第二联航空运单正本、发票、装箱单、产地证明、品质鉴定证书。交货即把与单据相符的货物交给航空公司。交货前必须粘贴或拴挂货物标签，清点和核对货物，填制货物交接清单。大宗货、集中托运货以整板、整箱称重交接。零散小货按票称重，计件交接。

十五、航班跟踪

货主或其代理从单、货交给航空公司后就需对航班、货物进行跟踪。对于需要联程中转的货物，在货物运出后，要求航空公司提供二程、三程航班中转信息，确认中转情况。及时将上述信息反馈给客户，以便遇到不正常情况时能及时处理。

信息服务在出口货运操作的整个过程中，航空货运代理公司应将订舱信息、审单及报关信息、仓库收货信息、交运称重信息、一程及二程航班信息、集中托运信息以及单证信息等及时地传递给货主，做好沟通和协调工作。

参考文献

[1] 肖建辉. 国际货运代理实务［M］. 北京：清华大学出版社，2012.

[2] 陈军，李海华. 国际货运代理实务［M］. 北京：科学出版社，2009.

[3] 朱华兵，陈罡. 国际货运代理实务［M］. 杭州：浙江大学出版社，2013.

[4] 李春富，山囡囡. 国际货运代理操作实务［M］. 北京：中国人民大学出版社，2014.

[5] 刘小卉. 国际货运代理［M］. 上海：上海财经大学出版社，2011.

[6] 倪承超. 国际货运代理实训［M］. 北京：清华大学出版社，2008.

[7] 赵加平，张鸿琨. 国际货运及代理实务［M］. 北京：中国海关出版社，2014.

[8] 马洁. 国际货运代理实务［M］. 北京：中国物资出版社，2010.

[9] 向吉英. 国际货运代理［M］. 西安：西安交通大学出版社，2014.

[10] 何善华，陈广仁. 国际货运代理实务［M］. 广州：暨南大学出版社，2013.

[11] 黄中鼎. 国际货运代理实务［M］. 北京：中国人民大学出版社，2014.

[12] 申纲领. 国际货运代理实务［M］. 北京：电子工业出版社，2012.

[13] 方光罗. 国际货运代理［M］. 2 版. 大连：东北财经大学出版社，2008.